The BEST WAY

中堅中小企業トップのための
コンサルタントが伝授する

「経営改革マニュアル」

藤本 忠司 著

同友館

はじめに

本書は、企業の永遠のテーマである「改革／改善」のテクニックを凝縮したものです。

経営環境の変化は待ってくれません。その経営環境に対応しながら、若しくは先取りしながら、会社をつねに時代に合ったビジネス展開や組織にしていかなくてはなりません。

トップの方の本音として、「でもね」「しかしね」「できれば素晴らしいけど」で止まっている方々が多いのも事実です。「道」は「意思」のないところには、できません。その「道」にどのうように、設計図を描き、天候や天災に翻弄されながらどのように工事を進めればいいのかを本書では述べています。特に、次の２つの内容について述べています。

◆ こうすれば成功します
◆ この条件が揃えば失敗します

また、本書を使っていただき成果を出すため、特に次の２つの視点で執筆しています。

◆最も効果のある「中堅企業」を対象に執筆しています
◆特に、問題意識も持っておられるトップの方々が、読んで役立つ考え方や仕組みを満載しています

まず、なぜ「中堅企業を対象」とするのかについて述べます。

従業員規模では、コンサルティングで効果のあるボリュームゾーンである200名以上500名以下を想定しています。この人数より少ない会社は当書の「良いとこどり」をして部分的に活用して下さい。多い場合は今までやってきたことの振り返りやどこに「メリハリ」をつけて経営改革するかを検討して下さい。

コンサルティングの原理原則は、規模による違いは存在しません。しかし、人数規模による違いにより、解決したい経営課題に対する「実施内容」「時間軸」「深さ」が違います。

決して、中堅企業が素晴らしく、それ以外はダメということではありません。特に現在は、企業の価値イコール従業員規模でもありません。俊敏な動きで、筋肉質で身軽さの持っている企業も、規模の大小に関係なく存在しています。規模を追わず外注比率が高く、一人当たりの利益が大きい100名前後の超優良企業も多く存在しています。50名でも安定的な業績を確保できて

いる企業も存在しています。

しかし、私の経験則により、200名以上500名以下の規模の場合が、ダイナミックに変革できる規模だと感じています。どこの企業でも「改革/改善」の取り組みの拙劣のバラツキがあります。理由は、企業ごとの特性が必ずありますが、それ以外の企業規模と比較して、今までのコンサルティング経験において次の2つの特徴があります。

1 ひとつの活動内容について、ある程度深掘りができます

- 上述の人数未満の企業では、さまざまなことを同時並行しても浅く広くなりやすい。強いリーダの存在により、同じことをやってもアウトプットの大きなバラツキが出やすい
- 同以上の企業では、ひとつの職務が細分化され、本丸に入るまで、部門間調整など多大な労力と時間がかかってしまう。特に数千~数万人の企業で顕著となります

2 はまれば、組織立った活動ができ成果追求に貪欲になれます

- 同未満の企業では、経営幹部・管理職が忙しく日常業務が主体となり、抜本的な改革に時間が取りにくい状況です
- 同以上の企業では、大型船の舵を切るためパワーが必要で動きが遅く、結果として「成果」があいまいになりやすくなります。特に、成果は「トップ」「社内政治」「部門間の力関係」「割を食う部署の発生」「OBの意向」などが複雑に絡みやすくなり、組織の持っ

ている「癖」に大きく依存してしまいます

次に、「問題意識も持っておられるトップに是非読んでほしい」という点について述べます。コンサルティングに入る前に、結果はある程度推測できる場合が多いことも事実です。最も重視しているのは、トップの考え方です。コンサルティングを手法など「部品」とだけしか見ていないトップの考え方では、あまり成果が出にくくなります。手法はあくまでも部品であって、部品の習得がメインとなると失敗してしまいます。

会社は、トップの「器」で決まります。宝くじが当たったような運で、注目企業となり成長する企業もあります。結果的にトップが大きな「器」になっている企業は、成長しています。しかし、その「器」以上に勝手に自己増殖して、成長する企業には私自身遭遇したことがありません。よくある事例で説明します。

ある企業では、他社のコンサルティング・ファームに入ってもらっていましたが、成果が出ませんでした。よって、生産性本部に依頼し成果を出したいという場合があります。さまざまな打合せで分かったことは、以前のコンサルティング・ファームの悪い点も一部あるかもしれませんが、過去のコンサルティング内容を確認すれば、しっかりとした内容をやられていました。

このトップの言下には、次のようなメッセージがありました。「俺のやりたいことを愚直に代弁してやってくれ!!」と。

トップに迎合して、思い通りに組織を動かすようにしてほしいという要望です。それは、決して間違っていません。しかし、このトップの問題点は、強力なリーダシップを持っておられましたが、過度に「独断専行」となっていました。周りはイエスマンで固めていました。

なぜそれが分かったというと、こんな繰り返しがありました。

トップ〜経営幹部数名と、意見交換をして、あることの説明を受けました。その後、「これは、そもそも〇〇という方針に立たれているのですか?」と、ある幹部に聞きました。すると、全員トップの顔を見ました。ゆっくりとトップが答え始めました。また、違う経営幹部に他の内容の説明を受けた後、「このような考え方で、こうしたらいいと考えますが、如何ですか?」と聞きました。すると、全員即座にトップの顔を見ました。「回れ右」と掛け声をかけているように。

些細なこともトップにお伺いを立て、決定の権限を持っていないようでした。トップの意向に沿うように、皆仕事をされていました。よく観察してみると、トップに対して、腫れ物に触るようしていました。勝手なことをいって、トップの気を損ねたら、自分は一大事となってしまいます。後で聞くと、何でもホウレンソウするようになっていることが分かりました。

過去支援を受けたコンサルティング・ファームは、他社では大きな成果を出しています。その指導内容を愚直にやっていると成果が出るはずです。相性だけで、そのような結果には絶対になりません。このような企業では、形を変えて同じことが繰り返されます。人・組織を使い、金を遣い、成果の出にくい活動をやらされる当事者達はたまったものではありません。止めた理由は、トップの地雷を踏んだということが後から分かりました。確認すると真っ当な内容でしたが、トップの「こだわり」までは分かりませんでした。

そこで、新たな切り口で手法や展開方法を依頼されます。

しかし、我々生産性本部のご支援も同じ結果になることが容易に予想できます。導入段階では、ここを説明し耳が痛いこともお話をしています。コンサルタントのレベル差や相性があっても、目的は成果を出すことであり、「好き嫌い」「相性」などで時間とお金の浪費をさせたくありません。

成果が出ない要因は、環境変化によるものであったり、経済情勢であったりしません。それは問題の一部であって、大きな問題や病巣は社内にあります。その要因を、トップにはいえませんが、従業員は知っています。結果が容易に予想できる同じような改革は、従業員も「また、負け戦か」と厭戦感しか持てなくなってしまいます。

トップだけは、今回は何とかなると信じています。不幸なワンパターンで水戸黄門のような番組が、会社という舞台で演じられています。

あるセミナーで、大手企業の事務局が悩んでいました。上司にセミナーに行けといわれ、参加していました。その方は、専任事務局です。質問は次のような内容でした。

◆トップがその気にならなければ成功はしないと、よく分かっている。その気がないトップの下で改革をしなければならないため、私は面倒臭いことばかりだ。どうすれば良いでしょうか？

◆役員に具申すると、「他部門の役員がどう思うかな」という意見でそのまま終わり、真剣に取り合ってくれない。その後、なしのつぶてになってしまう。直接他部門の役員にはいえないし、トップには「チクリ」になるため、上司である役員への配慮もあっていえない

◆取り敢えず、同僚や部下などできる範囲のことをやっています。「やっている振り」しか私にはできません

この方は、実情を聞いてほしいという気持ちが強く、敗戦処理のピッチャーのような「損な役回り」でした。全く評価されないムダなことをやっているという気持ちが強いのです。今まで相当真剣に悩んでいたことがわかります。部門長からセミナーに参加して、自主的に事務局が活動のレベル・アップをせよという指示をもらっていました。できたら専任事務局をやめたいという本音が見え隠れしています。

こんな状況を解決できるのはトップしかいません。

「組織の論理」「立場の論理」で「改革ゴッコ」に振り回されるメンバーもたまったものではありません。役人の世界でも先輩の否定は一切しないし、のらりくらりとした「不思議な世界」がたくさんあります。こうならないように、トップが口先でいっているだけではダメです。トップの本気でない活動は、決して真剣勝負はできません。成果の果実は勝ち取れません。

さまざまなノウハウが我々にはありますが、ノウハウだけでは解決できないことも多く存在します。その壁は、会社ごとが持っている「聖域」です。その鎧が強固であればある程、失敗してしまいます。最初は、「何でも思い切ってやって下さい。聖域はありませんから…」といいながら、さまざまな内容に切り込むと「そこまでは…」「ここまでは…」「そんなことまで要求していません」「これだけは…」と例外対象を設けられます。

具体的には、現状踏襲でお茶を濁してほしいのです。従業員に向けて改革せよとメッセージを出したかったのでしょう。今のままで十分満足しており、変えたくないのです。しかし、トップの気持ちは従業員には大きく変わってほしいのです。これでは、改革はムリです。

トップの取り巻きが、自分達のできる範囲で活動をして、部門長ごと・管理職ごと壁をつくらざるを得ないのです。トップと直談判をして、総論賛成・各論反対の実情をどうハンドリングするかが成否の分かれ目となります。よって、成功する改革／改善にするために、是非ともトップに読んでほしいのです。

図表 0-1　章関連図

失敗しない改革/改善の進め方

STEP	分類	章	目的	具体的内容
A	事前準備	1	問題提起	何もしないと追い詰められる企業経営環境
		2	事前知識	改革/改善を本格的にスタートする前の予備知識
		3	計画	成功させるための事前の検討と仕掛け
B	具体的展開	4	スケジュール	改革/改善のタイムテーブル
		5	決め方処方箋	やることをしっかり決める「アクション・プラン」のつくり方
		6	やり切る処方箋	「決めたらやり切る」ための組織マネジメント
C	グローバル展開	7	海外展開例	海外現地企業の改革/改善を進める留意点

本書はさまざまな企業で、効果的に改革／改善を展開するための方法論です。内容は、図表0－1「章関連図」を見て下さい。今後の企業経営の動きをもとに、改革／改善できる活動展開とは何かを述べ、成功確率を上げられる支援書として、広く活用できる内容としました。

そのために、各単元にポイントを記載しています。自社の状況を自問自答できるように記載しています。会社を変えるには、エンジンが必要です。そのエンジンは、「問題の本質はどこにあるか？」を自分で考えてもらうことです。与えられたもの・責任を外に持っていくと、決して成功しません。そのエンジンで変えてみようと思わないと進みません。そのことを自問自答して、自分（自社）がやってきた過去の改革／改善に照らし合わせ、チェックをお願いします。

また、文章の中に出てくるアルファベット3文字の企業（例：ABC社・BCD社など）は仮称です。事例として自社に当てはめてお読みいただければと存じます。尚、ストレートに伝わるように、本文は「である」調で作成しています。

本書で使う「ことばの定義」については、改革／改善を含め以下にまとめました（図表0－2）。次のような方々にも、読んでもらいたいと考えています（図表0－3）。

末筆ながら、筆の進みが遅くご迷惑をお掛けし、懇切丁寧なご対応とご尽力賜りました同友館編集部　佐藤文彦様に深く感謝する次第です。

2014年11月3日

図表0-2　ことばの定義

NO	呼称	内容説明
1	ビジョン	●経営理念を具体化させるための目指す将来像を示す ●その経営の状態は「ありたい姿」「なりたい姿」で表す。そのための組織の持っている価値基準〔バリューズ・こだわり〕・存在価値〔ミッション〕を明確化する
2	トップ	●CEO（Chief Executive Officer；最高経営責任者）で、代表取締役会長・代表取締役社長などで、会社の方向性を決め実践出来る最終意思決定者である
3	人財	●量的に確保するための従業員ではなく、人は会社の重要な経営リソースであり、財産という意味で「人財」と表記する
4	スタッフ	●製造業でいうライン（作業者）・スタッフ（管理間接要員）の区分ではなく、サービス業・製造業等関係なく正社員・派遣社員/パート等非正規社員を総称とする
5	商品	●提供している製品・商品・サービスをさす。商品は「商い」ができるものであり、製品は出来てしまったものである。商品は、あくまでもお客さまに価値を認められ満足してその対価を受け取ることのできるものであり、適正な利益を確保できるものをさす。
6	ビジネス・パートナー	●仕入先、サプライヤー、アウトソーシング等外注先、協力企業、一括請負、派遣企業など外部から商品・サービスを調達する企業の総称である
7	改革	●「ありたい姿」「なりたい姿」をもとに、具現化させていくための活動で、大きく会社の方向性のハンドルを切ること
8	改善	●ボトムアップで今より少しずつ継続して、より良くいくための活動で、現場の日常管理活動、小集団活動などをさす
9	付加価値	●純売上高（総売上高-返品）から、外部流出費用（材料費・購入品・外注品など調達品）を控除したもの ●この付加価値は、企業が事業を運営していく上でその絶対額を確保できないと赤字になってしまう。また、多くの企業では、在庫の増減をプラスした必要付加価値設定により、原価計算等を実施している
10	AS	●アフター・サービス〔アフター・セール・サービス〕で、売る前のサービスをビフォアー・サービスという ●各企業ともリピート発注をもらうために、アフター・サービスには力を入れ、競争が発生しにくいため、収益源として見直されているのが実態である

図表0-3　読んでほしい対象者

NO	対象	目的
1	成果を出したい企業トップ	客観的に自社を見詰め直し改革／改善を成功させるため
2	事業承継を受ける次期経営者	自分がトップになったときにどうすべきかを考え、ある特定分野で改革/改善を実行し、トップになるための訓練をするため
3	経営企画部門トップ	厳しい経営環境を考えると危機感が強く、現状踏襲では存続が厳しいと考えている方のヒントとするため
4	事業部門を抜本的改革進めるトップ	担当事業部門の改革/改善を検討し、自責での活動展開を検討するため
5	子会社／関連会社のトップ及び経営企画重役	親企業の方針をもとに、自社の経営改革を展開したいと思われるトップへのヒントを提供するため
6	ファンドの方々	M&Aで経営再建をして企業価値を上げるための方策等を検討されている方のため
7	全社改革／改善事務局のトップ	事務局として成功させるための「要因特定」をして、トップへ具申等をするため

目次

A	事前準備	問題提起	何のための改革／改善か？

第1章 何もしないと追い詰められる企業経営環境

●何もしないことは大きなリスクであり，待っていても好転することはない

改革と改善の違い

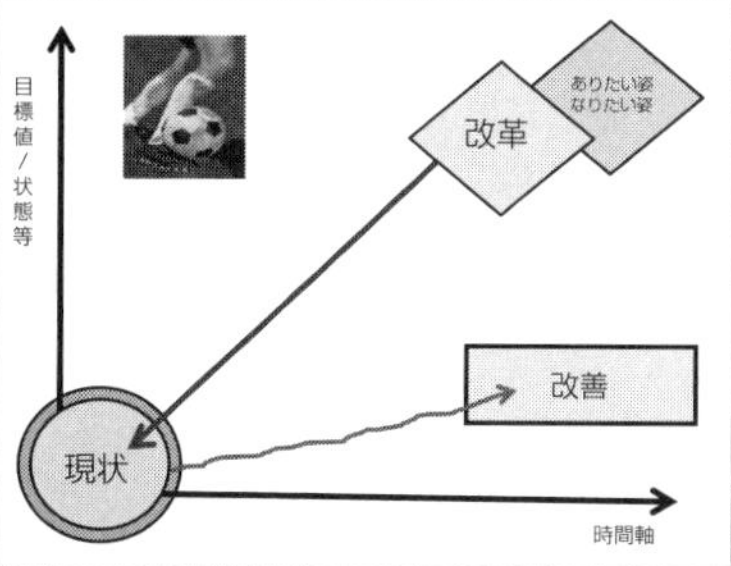

国内製造業の「負のスパイラル」〔例〕

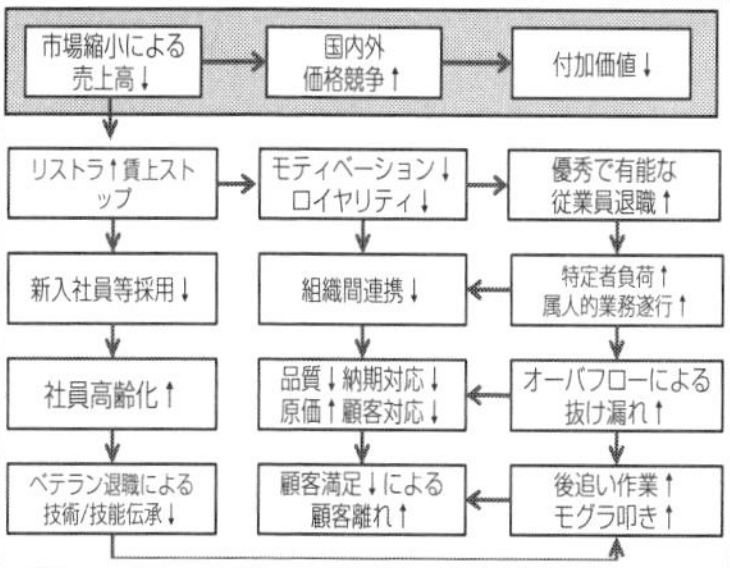

改革／改善はスタートあって終わりなし

組織類型比較
「成果の出やすい企業の実績〔例〕」
単純明瞭型
凡事徹底型
即断即決型
組織間負けず嫌い型
願いましては対応力吸収型
「成果の出にくい企業の実績」
良きに計らえ型
モティベーション欠落／活動の一部化型
手法先行・データ集計負荷大型
いい放し・やらせ放し型
スマート・器用貧乏型
組織基盤未成熟型
独善的なし崩し型
知っているつもり泥船認識不足型
後継者不在型／取り繕い報告慣れ型
改革／改善も下請外注思考停止型

繁閑差比較による改革／改善のスタート時期の比較検証

多忙時スタートの経営メリットがある点	閑散時スタートの経営メリットがある点
実践と収益の関係	活動時間確保
少人化	新情報システム導入
従業員への還元	
経営幹部強化	
管理職強化	
職場内コミュニケーション	
ヨコ展開	
ベンチマーキング	

●いつスタートするか？●
スタートは，多忙時にやる方がメリットがある。しかし，さまざまなことを考えて，時期が熟してから改革／改善を取り組む必要はない。条件を待っていると「ないものねだり」となってしまう

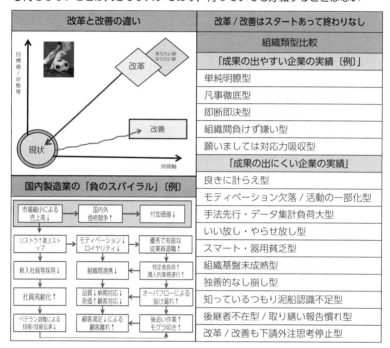

第1章 何もしないと追い詰められる企業経営環境

1 「改革」と「改善」の違い

「改革」と「改善」は違う。違いについて確認したい。

図表1－1「改革と改善の違い①」図表1－2「改革と改善の違い②」を参照してほしい。

「改革」とは、「ありたい姿」「なりたい姿」という目的地に到着するために、会社の方向性のハンドルを大きく切ることである。今やっていることが経営環境に合っていない場合、そのまま自動車を運転しても、目的地までは絶対に到着しない。到着するためには、過去からの慣習を否定することでもあり、痛み・抵抗・摩擦が伴う。成否は、トップの「強い意思」「本気度」「不断の努力」にかかっている。

一方「改善」とは、日々の業務の中で、発生している問題を解決することである。そのためには、実務を遂行している管理・監督職や従業員のレベルが高く、現場力が強くないと成功しない。ボトムアップで今より少しずつ継続して、より良くいくための活動となる。

では、企業にとってどちらが重視すべき点だろうか？

図表 1-1　改革と改善の違い①

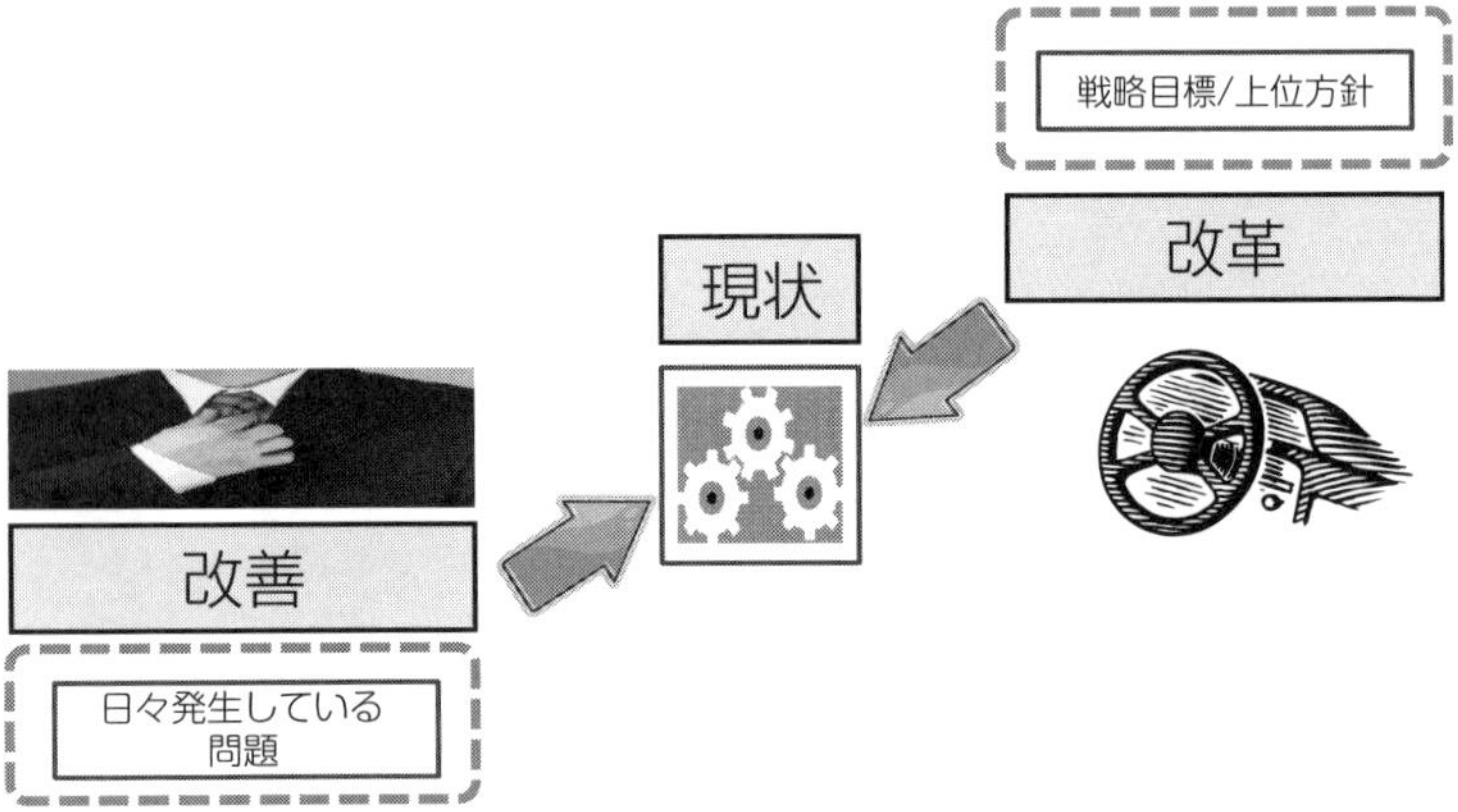

図表 1-2　改革と改善の違い②

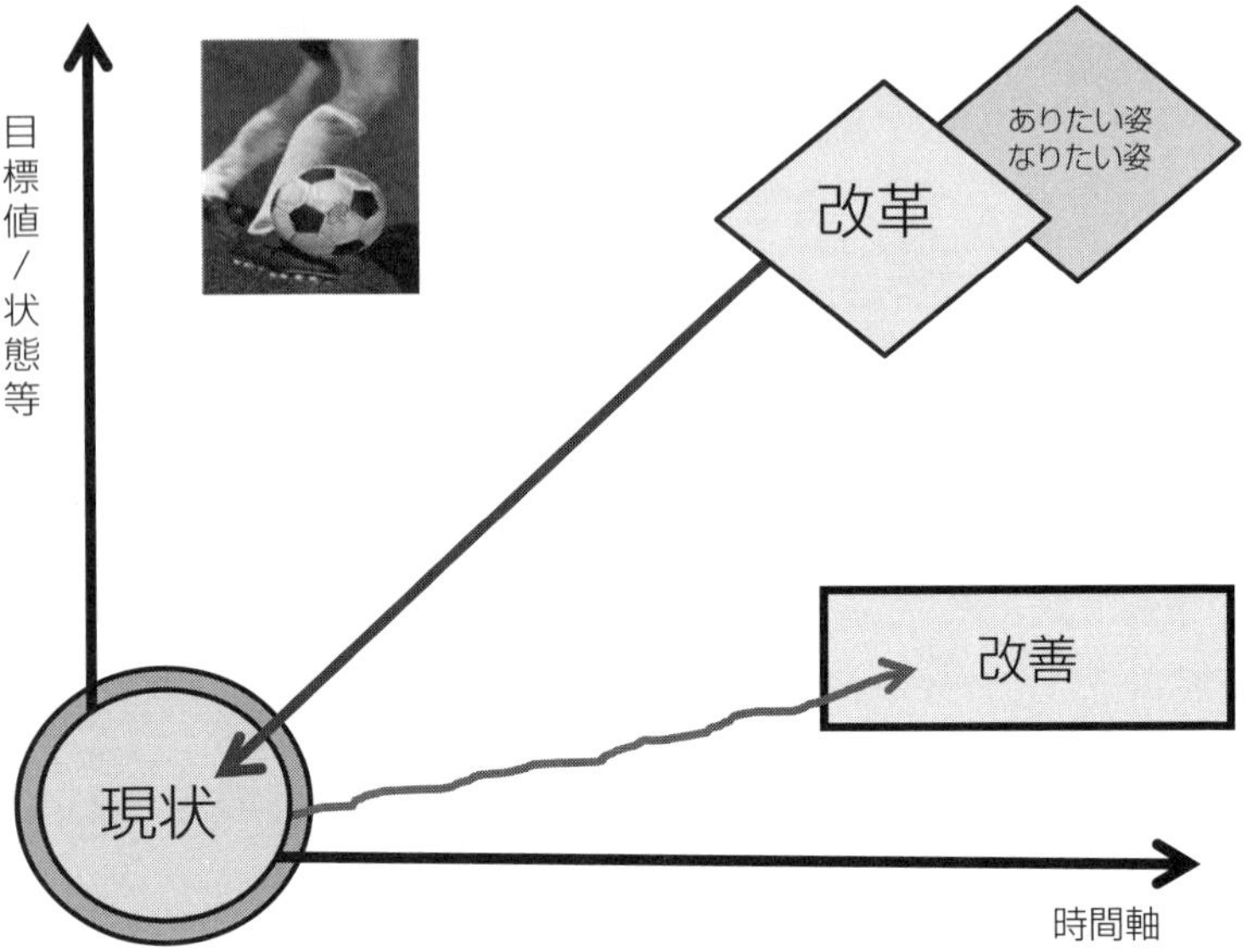

多くのトップの中には、「改善」を馬鹿にしている方もいる。そんな「チマチマ」したことをやっても、経営は良くならない。経営戦略を大きく変え、儲かる会社にしないとならない。「改善」なんて価値がないと。そうだろうか？

そんなことはない。

結論は、どちらも重要である。「改革」を成功させるためには、「改善」できる組織能力がセットとなる。何をやるにしても「決めたことを決めた通りに実行できる」「当たり前のことを当たり前にできる」組織は、強い。「凡事徹底」できる組織は、大きなこともできる。できない組織は、何もできないし浸透もできない。

2　改革／改善はスタートがあって終わりなし

改革／改善は、企業が存在する限り永遠に続けなければならない。

環境変化は必ず発生し、立ち止まるということは許されない。お客さまが変わり、経済が変わり、為替相場が変わり、各国の生活・技術レベルが変わり、競合先が変わり、考えが変わり、従業員が変わり、売価～コスト～利益が変わり、商品が変わる。

立ち止ることは一切ない。よって、その外部及び内部環境に先んじること、或いは順応していかねばならない。企業が存在する限り、永遠に継続しなければならないゴールのないマラソンである。ディズニーランドのように、永遠に完成しないのである。

経営コンサルタントになって、20年となる。多くの企業の改革／改善を支援してきた。人間の顔が１００人いれば、全員違って１００通りが存在する。その中にも似た方はおられ、類型化できる企業も多かったが、同じコンサルティングは全く存在しなかった。企業ごとのトップの性格・信条・ビジネス環境・組織の癖に合わせ、コンサルティングの依頼内容も違う。よって、その活動展開もさまざまである。

同じような取り組みをしても、どの企業でもアウトプットは大きく違った。私の関係したクライアントにおける成果を基準にして、類型を独自の名前を付けて分類してみたい。では、まず良い例を図表１－３「成果の出やすい企業の実績（例）」で見てみたい。

外部からすばらしい評価をもらっている企業は、誰がやってもうまくいくように思われている。業績のよくない企業からは、羨望の的で見られている。「あの企業は、何をやっても成果が出る。うちにも、そんなマジックを教えてほしい」と考える。白旗を揚げ、我が社はダメだと自己卑下してしまうトップも多い。

実態として好業績企業の内部に入ると、そんなことはない。問題のない企業というのはない。

図表 1-3 成果の出やすい企業の実績(例)

NO	組織類型	目的
1	単純明瞭型	方針/メッセージはシンプルかつ明確で，理解しやすい各部門同じ方向を向き，部門間調整も容易で必達する
2	凡事徹底型	細部にこだわることにより，顧客の信頼も厚く，結果的に戦略的な大きなことも取り組みができる。大きな成果も出せる
3	即断即決型	風通しの良い組織で，根回し/資料なし，つねに真剣勝負をすることにより，改革/改善スピードが他より他社2～3倍速く展開できる
4	組織間負けず嫌い型	さまざまな組織が切磋琢磨して,「我が部門ならでは」の独自の工夫を競い合うように改革/改善が加速している
5	願いましては対応力吸収型	過去の改革/改善の「維持定着すべきこと」と「現在には合わなくなっていること」を区分し環境変化に迅速に対応できている。変えるべきことを明確にして改革/改善ができる

人数が多い企業ほど、バラツキも大きい。「金太郎飴」のように、従業員意欲が高く、均一な成果を上げていることなどありえない。一次的に良くなっても、コンサルティングを実施していて思うことは、経営とは「一進一退」。一歩進んで二歩後退、三歩進んで二歩後退。うまくいっていると安心していると、進まなくなってしまう。相当力を入れても、ビクとも動かなかった部署が、諦めかけたら急に改革／改善が加速した。「固定概念」「思い込み」が改革／改善では敵である。さまざまな問題があっても、それを放任している企業は、全く変わらない。

成熟度の高い企業は、どんな環境変化があっても、粛々と愚直に改革／改善を進めている。ゴールの共有度の高さ・成果に対する貪欲さ・問題の核心をつかみ本質を改革する飽くなき探求心・組織間の良好なコミュニケーション・進捗／成果の見える化など、経営努力の積み重ねは「嘘」をつかない。

では、悪い例を図表1－4「成果の出にくい企業の実績（例）」で見てみよう。

コンサルティングで興味深いことは、同じ企業であれば何を深掘りしても、同じ結果に到達する。例えば、製造業の場合、営業強化のための改革／改善をすると、ある問題に突き当たる。それを改革するために営業だけをいじめても成果は出にくい。また、生産部門の改革／改善を展開し深掘りすると、同じ問題に突き当たる。それを無視して生産部門だけを改革しようと思うと成果は出ない。

特に、中堅・中小企業は、改革／改善の成果がトップで決まるといっても過言ではない。自分は変えたくないが、経営幹部を含めた従業員全員には変わってほしい。従業員の自主性任せ、勝ち組と呼ばれる企業へ生まれ変わることを期待する。これは、ないものねだりである。

周りを変えようと思うならば、まず自分から変えなければならない。塊より始めよ。トップに対しては、部下から指摘できない。トップは孤独であり誰も教えてくれないため、自分で判断しなければならない。名経営コンサルタントであった故一倉定《いちくらさだむ》氏は、「郵便ポストが赤いのも、電信柱が高いのもトップの責任」と分かりやすいことばで、トップの気構えを説かれていた。

図表 1-4　成果の出にくい企業の実績（例）

NO	組織類型	目的
1	良きに計らえ型	トップは最初だけで，後は無関心/不関与で表面的な対応で終わる。トップは決してそのつもりがない場合もあるが，経営幹部が都合よい報告を受け，うまく進んでいるつもりになる
2	モティベーション欠落/活動の一部化型	合意形成が弱いため，「改革/改善のための改革/改善」となり，従業員は，押し付けられてやる気が起こっていない。改革/改善は，一部の部門や担当だけの活動となり形骸化してしまう。「暖簾に腕押し」「馬耳東風」「砂に水」のような状態となっている
3	手法先行・データ集計負荷大型	トップが，手法先行で「魔法の杖」を要求して成果が付いてくると思っている。成果も出ていないのにデータ取りも強く要望している
4	いい放し・やらせ放し型	進捗管理の全体会議だけで，トップが現場に足を運ばず，達成するための打ち手が不十分となっている
5	スマート・器用貧乏型	改革/改善スタート時点では，喰い付きが良く器用に成果に結びつけることができる。しかし，喉元過ぎれば，飽きてしまい成果が継続できない
6	組織基盤未成熟型	トップがあるべき論で，さまざまな現場〔営業/技術/製造/管理間接等〕の実態を「それはお前たちがしっかりしろ」と突き放す。結果的に，自分達で「できる範囲」で改革/改善を展開するだけとなる
7	独善的なし崩し型	さまざまな改革/改善を展開するが，コンサルタント評価や手法評価に長け，当社には合っていないと，途中で我慢ができずやめてしまう
8	知っているつもり泥船認識不足型	プライドが高く外部を受け付けない多くの社内評論家の存在し，「総論賛成/各論反対」で前に進まない
9	後継者不在型/取り繕い報告慣れ型	トップが偉すぎ，使えない経営幹部がトップの顔色ばかり気にしている。適当に誤魔化す習慣化・資料づくりがうまい
10	改革/改善も下請外注思考停止型	自社をどうしたいのか，何も考えていない。ただ，親企業のいわれたことに遅れて対応することしかしていないため，親会社依存体質から抜け出せない。 会議をしても「小田原評定(おだわらひょうじょう：議論をしているが，一向にアクションを起こさず無為な会議を続ける)」となることが多い

私なりに理解すると、取引先の理不尽な取引や環境変化などに、一々腹を立てたり、反応したりしていても仕方がない。腹を立てて非難しても、状況が打開されるのであれば、糾弾すればいい。時間を遣っても解決できないことは、頭の切り替えをする。終わったことに時間を遣うことはムダと割り切り、全て受け入れる度量が必要と考えている。逃げないこと。格好つけて批判しない。その場を逃げても、必ず自分に返ってくる。つまらないプライドや鎧を着ているだけ。いい訳をしても何も生まれない。いい訳を考える時間があれば、打開するために知恵を出した方が良い。

トップは、改革／改善を成功させたいのなら自己否定ができ、その内容を公言できると、従業員はついてくる。20年近く付き合いしているトップは、年齢に関わらず全員に正直である。表裏がない。タイムリーに適正な情報を提供してくれる。

次に、ここ数年の間に改革／改善の内容／質が明らかに大きく変わってきた。その内容を次に見てみたい。

3 10～15年前の改革／改善との大きな違い

「改革／改善」すべき内容がここ数年大きく変わってきている。コンサルティング現場で特に気になるのは、多くの企業で改革／改善の対応力が確実に落ちていることを実感する。このまま数年経過してしまうと、ますます企業は弱体化してしまう。

過去は、同業者の動きを真似て頑張っていれば、何とか利益が確保できた。ここへきて、海外消費地での地産地消や日本国内の人口減少により、市場が成熟化し、ものが売れなくなってきた。10年前とは比べものにならないくらい閉塞感が漂っている。

2000年初頭ではまだ、何があっても何とかするという気概・気骨があったが、最近は反論できる元気もなくなっている。打ちひしがれて、痛みを痛みと感じない「パンチ・ドランカー状態」となっている企業も多い。

団塊の世代の大量リタイアにより、組織間の調整機能が弱くなっている。過去培った知恵の蓄積も流出してしまい、組織間の調整のカンコツが継承されていない。初動も遅れ、危険予知もできない。結果的に、微調整せずに改革／改善を進めてしまう。軌道修正をどうしたらいいか分からず、表面的な活動に終始しやすい。

組織が弱くなってきた要因のひとつとして、ＩＳＯ・ＥＲＭ・ＢＣＰ／ＢＣＭなどのマネジメント・システムに慣れてきたこともある。決められたテンプレートを埋め、さまざまなメニューをこなせばよいという外部機関の支援に慣れてしまっている。結果的に、企業の関係者が考えなくなってきた。出来合いの安易な手法や進め方を要求するようになってきたことも由々しき状況である。

また、非正規社員の増大・情報システム投資による間接要員削減などにより、管理職が担当者になってしまっている。グレーなこと、守備範囲が決まっていないこと、飛込みや突発事項などは、全て管理職が背負わざるを得ない。目先の仕事をこなすことで精一杯となっている。よって、全体を見渡し、明日のことは考えられる余力はなくなっている。

さまざまな外部と内部の質的変化により、10～15年前に改革／改善を成功した方々が同じことをやると、必ず失敗してしまう。同じ条件・環境は存在しない。その時代の「行動様式」に適合させた改革／改善を進めなければならない。「ファッション」も「ヒットソング」も変わってきているのだから。

改革／改善といっても、難易度が高まっている。複雑な経営課題が絡み合っている。では、どのように考えればいいかを次におさえたい。

4 どこにも責任転嫁はできない最悪シナリオ

このままじっと耐え忍んでも、光明が見えてくることはない。現在の企業が苦しめられている経営環境は、このままでは良くならない。下り坂を降りているようなものである。立ち止まっていると、会社の業績は、ドンドン下っていく。意思を持って登り努力をして相当な頑張りにより、やっと現状維持ができる状況となっている。

その主な背景について、製造業を例として述べてみたい。

図表1－5『国内製造業の「負のスパイラル」』で、全体像を示している。皆分かっていることは、国内人口減少により、国内市場縮小となり、売上高は何もしないと確実に下がっていく。また、自動車メーカなど一度現地生産化となると、二度と国内へ戻らない「地産地消」が進んでいく。

さらに、厳しいこととして国内市場であっても海外メーカの技術のキャッチ・アップにより、海外調達品との価格競争もしなければならない。市場規模が小さくなっていくのに関わらず、価格競争がさらに加速していく。さまざまな艱難辛苦が待ち構えている。

結果的に、企業の血液である「付加価値」がドンドン下がっていく。今までさまざまな企業が取り組んできた打ち手は、「リストラによる従業員数削減」「賃上げストップ」「新入社員採用削

図表1-5　国内製造業の「負のスパイラル」

■このままだと，「国内市場縮小」「海外メーカの技術のキャッチ・アップ」等により，何もしないと会社は必ず「縮小均衡」となってしまう

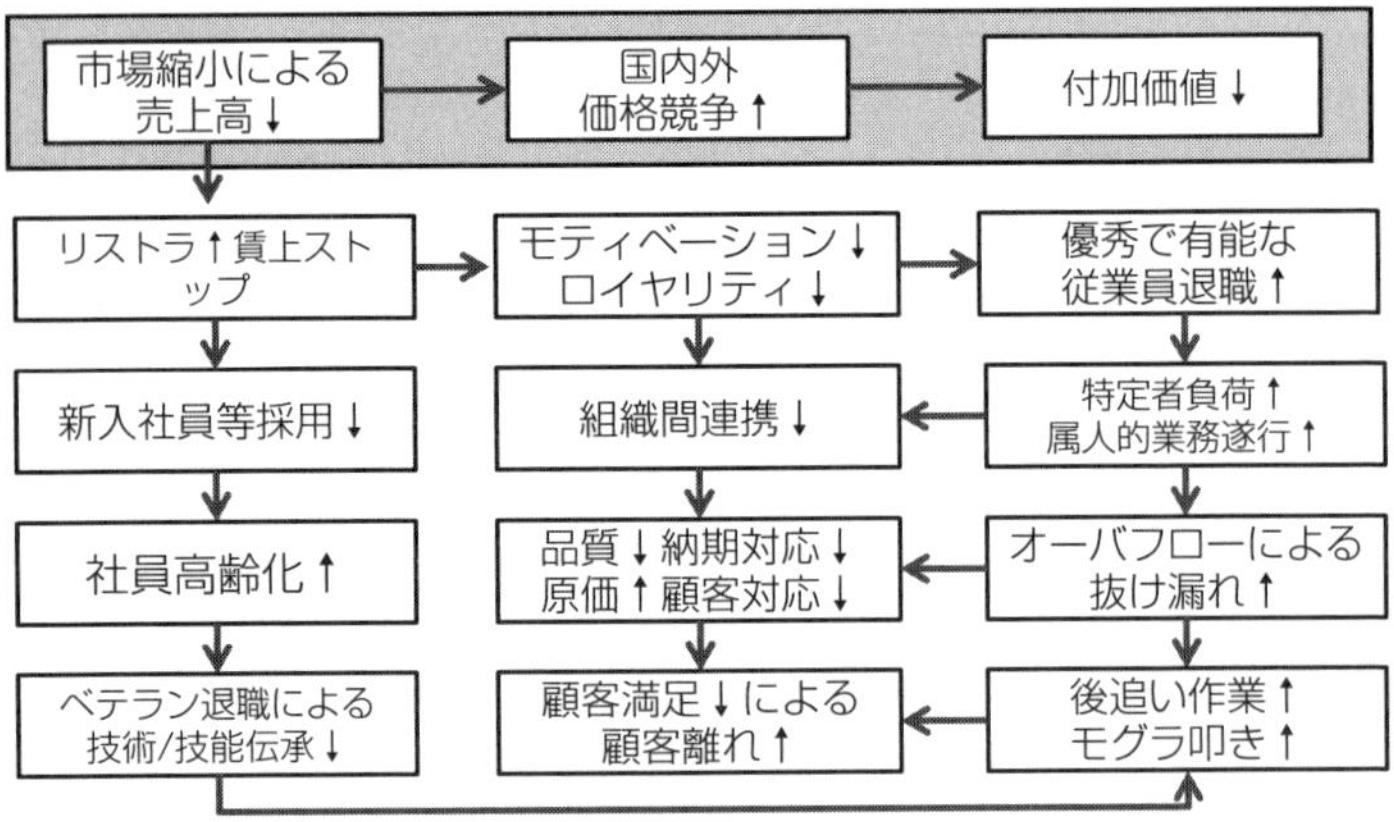

減／ストップ」「外注化」「強烈な値引きコストダウン」等である。新入社員が入らないと「社員は高齢化」が進み、毎年社員の平均年齢が1歳ずつ上がっていく。緊急避難的にベテラン社員の雇用延長にて頭数を確保しているが、いつまでも継続はできない。技術／技能伝承が手薄となっていく。

　また、「リストラ」「賞与も払えず賃上げストップ」となると、従業員の「モティベーション」や「愛社精神」も下がっていく。そうなると、仕事の役割分担を欧米のように細かく決めずに、チームワークで仕事をする良さがドンドンなくなっていく。そうなると、「品質悪化」「納期対応悪化」「原価アップ」「小まめな顧客対応不足」等により、顧客満足が悪化してお客さまが離れてしまう。

　さらに、「モティベーションダウン」「ロイヤ

リティ」が下がると、優秀で有能な従業員の退職が加速する。すると、特定者の業務負荷が上がり、余裕がなくなるため応援できない属人的業務遂行が増えていく。オーバーフローによる抜け漏れが必ず発生して、「後追い作業」「モグラ叩き」が増えていく。そうなるとお客さまに迷惑をかけてしまい、顧客離れの要因となってしまう。

国内に残る下請企業は、この状況が顕著だ。ゴールのない消耗戦である。受注量は、減る一方。海外移管により、ロット数も減ってしまい、過去と同じ売上高は、3～5倍の品目をこなさないと達成できない。価格は上がらず、大量品の美味しい品目は、海外移管や海外調達になってしまった。あまり儲からない手間のかかる品質のうるさい品目だけ残っている。

さらに、毎年コストダウンの要望を受け、1～2%の対応をしなければならない。「供給者責任」はどうなるのかと脅され、甘んじて受けてしまっている。海外メーカとの取引では「供給者責任」イコール「コストダウン」という論法は通じない。「供給者責任」とは、継続的に安定的によいものを供給することである。事業が継続できない状況でこのことばはあり得ない。

また、日本特有のビジネス慣習として、試作品から量産試作品を納入した後、外観品質でさまざまな品質レベルを上げる親企業が多い。量産試作の時点では、すでに量産価格は決定しており、変更は許されない。下請企業は「検査工数アップ」「完成品歩留りの悪化による多めの投入」

などにより、コストアップに苦しんでいる。「検査項目の増加」「検査時間の増加」「検査担当の増員」など、目に見えないコストがドンドン増えていく。さらに、検査リードタイムを確保するために、今までの納期管理から前倒しにして製造しなければならなくなる。休日出勤や時間外残業で対応せざるを得ない。これも「供給者責任」という名前のもとに、従わざるを得ない悲しい状況となる。

欧米企業は、条件が変わると適正なコスト要求をしてくる。これはビジネスでは常識である。

国内製造業は、「負のスパイラル」だから将来は暗いというつもりはない。変えないと何も変わらない。何も変えないと悪くなるばかりだ。経営で重要なことは、客観的に正確に自社の状況を把握することである。それからが、改革／改善のスタートとなる。見たくないことを見ないで逃げているだけでは、何も変わらない。

トップの決断と実行で、多くの従業員及びその家族が影響を受ける。お客さまやビジネス・パートナーも然りである。その将来は、トップが握っている。どのように考えればいいかを、第三者の目で見てみたい。

5　改革／改善の最適スタート時期

現状打破したい。抜本的にビジネス・モデルを見直すために、改革／改善に早期に取り組みたい。従業員も減ってきた。管理職も忙しそうだ。監督職が特に忙しそうだ。一人当たりの業務負荷が増えギスギスしてきた。どこの企業でも同じようなトップの悩みである。

そのような中で、特に「改革／改善はどのようなタイミングで、いつスタートすれば良いか」と悩むことが多い。時間は待ってくれない。このままでは、将来の光明が見えない。いえることは、繁閑の波はあるが「変えないと何も変わらない」のは事実である。

さて、スタート時期はどのように考えたら良いのかをおさえたい。

結論は、どんなに経営環境が変わろうと、経営には民主主義はない。あるのは、トップの強い意思だけである。「改革／改善はスタートがあって終わりなし」でやり続けることが基本である。時期が熟してから改革／改善に着手し成功した企業には、実際に遭遇したことはない。また、ちょうど良い平時まで待ちたいというトップもいるが、自社の都合良い平時というのは永遠に訪れない。多忙時と閑散時には、どちらもメリット・デメリットがある。それもどうトップが考えるか、定義するのかによって、全く違う。トップの意思ひとつである。

どこの企業も「売上は増えていないが、今までと比べて仕事量が増えてきた」「目先の業務に追われ余裕がない」という状態がほとんどである。よって、多忙なラインを持っている経営幹部・管理職ほど、改革／改善について好意的に受け取れない。賛成する者は皆無である。部下にもコミュニケーションを取る暇もなく、さまざまな問題を抱えている。そんな中で、部下に機嫌を損ね退職されたら大変なこととなる。反対されるのは「自然の流れ」となる。

特に、管理職を集め意見を聴く必要はない。改革／改善をやることを前提で、意見を求め民主的に進める場合、従業員を増やしてほしいと要望も多く出る。管理職が大いに「賛成する」ことは、周りの同僚との関係が悪くなるため、流れる空気に影響される。賛成する者はいなく、トップは悩むこととなる。トップ以外の答えは、決まっているからである。

トップの中には、少し暇になるまで待とうとする方もいる。これは大きな間違いである。その理由を比較してみよう。図表１－６「繁閑差比較による改革／改善のスタート時期の検証」に示す。

図表１－６では、比較項目において、メリットのある方に★印とハイライトでスミを入れている。

図表１－６の通り改革／改善は、忙しい時期の方がやりやすい。忙しいときこそ、業務に直結でき、収益に直結できる。受注が少ない場合、実践ではなく「素振り」ばかりとなる。仕事がな

図表 1-6　繁閑差比較による改革 / 改善のスタート時期の比較検証

NO	比較内容	多忙時	閑散時	備考
1	実践と収益の関係	★改革/改善したことをすぐに実践に移せる ★収益に直結する	●素振りとなり実践ができない ●収益に直結しにくい	
2	活動時間確保	●取りにくい ●計画的に時間調整しないとメンバーが集まりにくい	★取りやすい ★計画的にスケジュール化・時間調整できる	
3	少人化〔改革/改善により効果があると人を他の業務へ〕	★生産性が上がると，外注費の取り込み・時間外就業削減ができる ★できる人に仕事が集中することを改革/改善により，教育訓練の時間を確保できる	●生産性が上がると，固定的人員配置だと，コストは同一となるため，具体的アクションを起こさないと収益が良くならない ●非正規社員の契約解除・構内外注費削減の後，正規社員異動或いはリストラなどに発展し，「改革/改善すれば自分の身が危ない」「やれば損」という意識が出来上がる	
4	従業員への還元	★収益が上げやすく還元しやすい ★従業員のモティベーションを上げやすい	●還元しにくい ●従業員のモティベーションを上げにくい	
5	経営幹部強化	★実務と連動して，コミッティ等により，全体を見渡し，全社的見地により判断/調整できるスキルが早期に伸びる ★次期後継者の候補選定ができる	●実務と遊離して，コミッティでは理想論やあるべき論に終始する場合が多い ●資料をまとめたり，理論武装がうまかったりすると，経営幹部に評価されやすい	

NO	比較内容	多忙時	閑散時	備考
6	管理職強化	★実務と改革/改善を一体化しないと成果が出しにくいため，優先順位付けが出来やすい	●実務と関係なしに，「やりたいこと」「できること」で終わりやすい	
7	職場内コミュニケーション	★部下とのコミュニケーション時間を取らないと成果がでない ★小さな具体的成功事例を蓄積しやすく，職場内が活性化しスパイラルアップしやすい	●部下とのコミュニケーションを取る時間はあるが，問題点が発掘されにくく，成果はでにくい ●架空の成果は予想として出るが，ミーティングに集まるだけでスパイラルアップはしにくい	
8	ヨコ展開	●情報収集など余裕がない ★効果がすぐ出る内容をトップ方針だと展開しやすい	●情報収集や教育の時間的余裕あり ●仕事がないので検証しにくい	
9	ベンチマーキング	●企業訪問/情報収集の時間が確保できにくい ★成果が上がると，外に目が向き，他社事例等を活用しやすい	★企業訪問/情報収集の時間確保はしやすい ●仕事がないので，活用しにくい	
10	新情報システム導入	●負荷がかかるのでしにくい ●要件定義等が不十分となりやすい	★時間があるので，十分検討に時間がかけやすい ★要件定義もジックリしやすい	

い場合、架空の効果を積み上げても空しい。

また、閑散時は、改革／改善が進めば、相互の疑心暗鬼となりやすい。つまり、生産性向上により、ムダがなくなり、人が余ってくる。その際、非正規従業員削減・懇意にしている構内外注廃止・外注費の取り込み・正社員のリストラなどに遡及する。そうしないと、収益につながらない。結果的に、「改革／改善すれば損となる。自分の首を絞めることになる」と実感することとなる。よって、暇なときの改革／改善は、スムーズにいかない要素が多いのも事実である。

しかし、その中でどのように工夫して改革／改善に取り組むかは、トップの意思ひとつである。一時的に忙しくなってきて、時期尚早と考える日本企業のトップが多い。費用対効果で、忙しいときこそ投資する欧米系とは違う。タイミングをじっと待って、やがて「もう1年経過してしまった」「2年経過してしまった」という日本企業が多い。「Time is money.」ということばがある。しかし、企業経営では、お金で時間は買えない。二度と戻らない「Time is life.」である。砂時計の砂が、少しずつ落ちている。決して逆には戻すことはできない。

「勝ち組」と呼ばれる企業の共通の特徴がある。改革／改善を次のように進めている。

◆厳しい方針・目標がトップより出される

◆それも、即実行だ。繁閑は関係なしだ

◆しかし、今振り返るとあのときやっていなかったら、今はどうなっていることか。考えると怖くなる。今となっては、やってよかった

◆トップのいうことにちゃんと、ついて行こう。さらに、トップに応えるよう我々も今後さらに努力しよう

◆トップもしっかり事実を見てくれ、しっかり評価してくれる

トップの意思決定や判断によって、「お客さまへの影響」「愛する社員・家族への影響」「ビジネス・パートナーへの影響」など、各々の将来が変わってくる。当たり前であるが、責任重大である。

さて、ここまで「何もしないと追い詰められる企業経営環境」について見てきた。改革／改善しないことは、リスクと捉えてほしい。タイミングを待って条件が揃うまで待って何もしないことは、後悔しか残らない。第2章では、「改革／改善」を取組む前に、どのように考えて、着手すべきかを述べたい。

A	事前準備	成功条件	企業基盤整備

第2章 改革／改善を本格的にスタートする前の事前検証

●自社の「組織の癖」を理解して，企業の土台づくりをしないと何をやっても成果はでない

ありたい改革／改善活動の展開	「組織の癖」で何をやっても同じ結果
	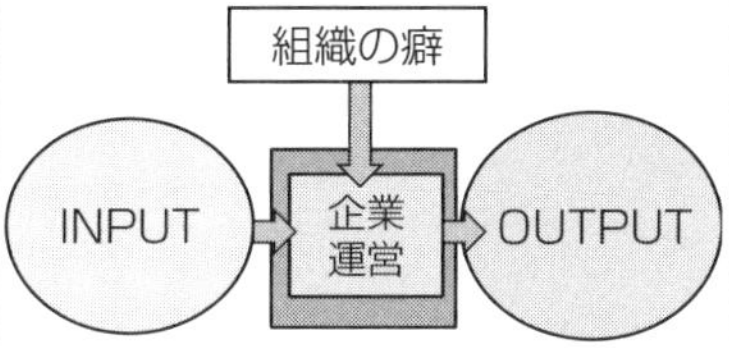

改革／改善を加速する土台づくり

A	企業基盤把握の4大着眼点
1	決める
2	守る
3	続ける
4	異常時のホウレンソウ

B	トップがぶれてはならない4大方針
1	経営幹部と従業員の一枚岩で同じゴール
2	軸のぶれない一貫性保持
3	答えは現場。敵は内部にあり。管理間接は現場の応援団。現場は生き物，自助努力を基本に鮮度管理
4	具体的な武器を持った行動改革／コミュニケーション改革による人づくり／組織づくり

C 改革／改善展開の2×5

No	基本方針	No	具体的実施事項・留意点
1	やることをしっかり決める	1	目標値と打ち手の整合性
		2	やる気の出る確実な落とし込み
2	決めたらやり切る	3	トップ～経営幹部～管理・監督者～事務局はつねにいい続け，凡事徹底できる組織づくり
		4	タイムリーで適正な進捗管理
		5	やり切るための創意工夫

D 「1-5-20」の原則

Step	%	呼称
1	1	専任事務局
2	5	改革トレーナ
3	20	改革リーダ
4	50	改革／改善味方
5	80	改革／改善メンバー
Remaining 20%		抵抗勢力

第2章 改革／改善を本格的にスタートする前の事前検証

この章は，自社の改革／改善を進める上で，自社に合った内容としてチェックすべきことを述べる。我が社はどうかなと，自問自答してほしい。また，随所に事例を紹介している。自社に当てはめて比較しながら，改革／改善の着眼点や活用事例として読んでほしい。

1 あなたの会社の土壌整備

一朝一夕で、組織は変わらない。

トップの不断の努力によって、会社は徐々に変わっていく。一進一退である。いいな思っていると、うまくいかない場合も多いし、うまくいかないと考えていると動き出す場合もある。しかし、着実に取り組んでいると変わり始めてくる。いえることは、魔法の杖で生まれ変わることはない、ということだ。

コンサルティングに入る前、第一印象で「この企業は成功するな」「ここが変わらないと成功しないな」と感じることも多い。その企業を過去の実績・経験・知見により、ある程度予感は当たる。では、何をもとに評価しているかおさてみたい。

◆会社に入ったときの第一印象
◆職場の流れる空気
◆従業員の目の輝き・表情
◆従業員の動き・働き
◆マナーエチケットなど節度
◆決められたことが確実に守られている組織風土
◆さまざまな掲示物とその運用状況
◆トップと従業員の会話でのやりとり
◆さまざまな会議でのやりとり
◆何となく伝わる組織連携の良さ
◆改革／改善を進める上での何に拘っているのかの価値観

図表 2-1　ありたい改革／改善の展開

定性的な情報の他に、定量的な情報も見る。社内に存在しているさまざまな数値の動きを把握する。その上で、さまざまな企業と比較して、過去の類型化したパターンの中で、どこの企業に近いかをあてはめてみる。場合によっては、○についてはここの企業、●については違う企業と当てはめ、大雑把に把握する。これは、経験もある程度必要であるが、基本的な考え方／見る目は30年弱あまり変わっていない。

では、どのような点を見ているか？

端的にいうと、図表2－1「ありたい改革／改善の展開」の状態がどうなっているのかを把握する。一体となった活動が展開できるかどうかを判断する。今までできていないことが、生まれ変わったように急にできることはない。特に重視している点である「凡事徹底」ができる組織になっているかどうかをチェックする。

図表２－１は、トップ～スタッフまで一気通貫でギアが噛み合っている状況である。各階層のメンバーは、自ら主体的に動く動力を持ったギアである。お互いの歯車が噛み合い、企業の「ありたい姿」「共通の目的／目標」に向かって邁進する。ひとつの歯車だけが動く個人プレーでは限界がある。必ずパワーダウンして止まってしまう。個別のギアが主体的に動き、噛み合っている状態が組織の活性化である。「熱意・やる気のあるトップ」が、「熱意・やる気のある経営幹部」を育てる。

この歯車は連鎖する。

「熱意・やる気のある経営幹部」が、「熱意・やる気のある管理職」を育てる。「熱意・やる気のある管理職」が、「熱意・やる気のある監督職」を育てる。「熱意・やる気のある監督職」が、「熱意・やる気のある従業員」を育てる。「熱意・やる気のある従業員」が、「熱意・やる気のある新人／非正規社員」を育てる。馬を河につれていくことはできるが水を飲ませることは出来ない。

会社を変えるのは、気が遠くなるような長い年月がかかる。改革／改善に慣れていない企業は、組織を強固にするためには本来20年以上の蓄積が必要となる。その理由として、監督者が優秀な従業員を育成し、管理職が優秀な監督者を育成し、経営幹部が優秀な管理職を育成し、トップが自分の分身である経営幹部を育てる。最低でも、３～５年はぶれないような継続性や忍耐力

図表2-2 結果的に意図していない改革／改善の失敗

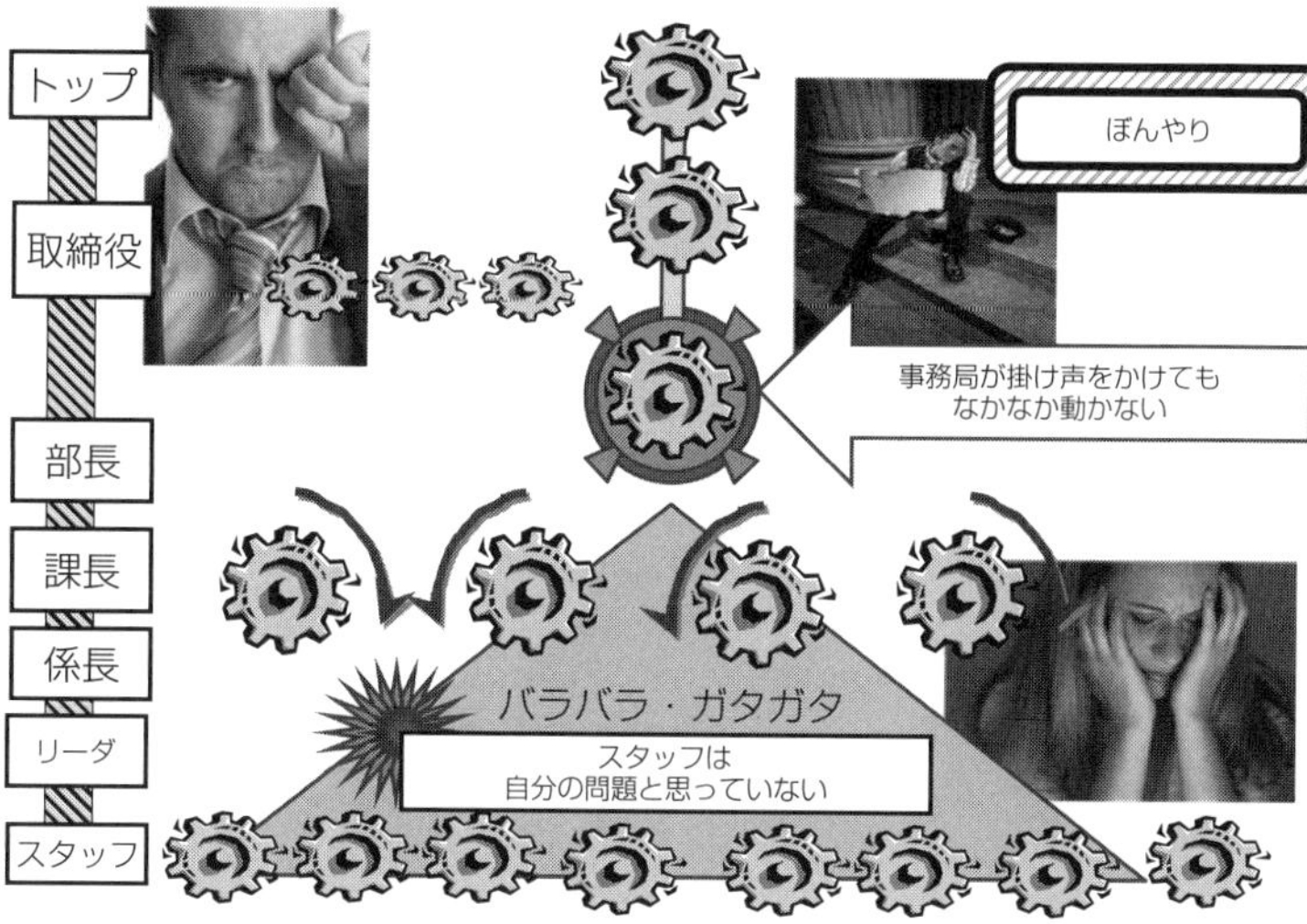

が求められる。

一般的には、「改革／改善の成功体験がないトップ」が、経営幹部を育成する。「改革／改善を成功体験がない経営幹部」が、管理職を育成する。こうなると結果的に、実務担当者である監督者に負担がかかり、自分達で工夫しながら経験をもとに学ぶこととなる。

改革／改善で失敗している企業の特徴を述べたい。

図表2－2「結果的に意図していない改革／改善の失敗」のような状況になっている。各階層の歯車が噛み合っていない。事務局だけが「シャカリキ」になって一所懸命活動を進めるが、全く響かない。いくら掛け声をかけてもなかなか動かない。事務局は、上位者が動いてくれないことをトップにはいえない。多くの事務

局は、自分がいいやすい後輩・同僚だけに指示命令するようになりやすい。結果的に、下に行けば行くほど実務に近い者ほど、改革／改善は一部の誰かの活動と思っている。多くの従業員が、自分がやるべきこと・自分の問題と思っていない。

事務局が元気な改革／改善はうまくいっている証拠である。改革／改善がスムーズに軌道に乗り、自己効用感が高くなる。そうなると、さらに加速させたくなる。まさに好循環となる。

一方、事務局が病んでいる場合がある。その際、必ずトップが事務局をフォローしてほしい。何もしないと、事務局だけの個人的責任にしてしまうこととなる。トップは、事務局選任を間違えたという結論になってしまう。悪循環となっていく。そのようなことを期待していなくても、結果的にそうなってしまっている。うすうす気になっていても、放任してしまっているトップもいる。事務局が動きやすい環境整備はトップしかできない。

従業員全員が心地よく、全ての利害が合う改革／改善はできない。「全体最適」とは、部分最適の否定である。改革は大きく考え方や仕事のやり方を変えることである。「全体最適」を、各部門の責任者には任せておけない。部門を超えたことこそ、トップしかできないことである。

●事前準備● ポイント1 会社の土壌 重要度 👆👆👆

① あなたの会社の土壌は、改革／改善の芽が生える条件が整えているか、を確認する
② 企業はトップで全て決まる。自分が変わらないと都合良く従業員は変わらない

次に、改革／改善のゴールについておさえたい。

2 「達成すべきこと」の明確化

「何がゴールか」「どこに到達すべきか」を、明確化されているようでされていない改革／改善も多い。では、どのような改革／改善の名称があるかをおさえたい。今までご支援してきた改革／改善は、次にようにさまざまな内容がある。

◆ 顧客価値追求改革
◆ 全社コスト構造改革

◆グローバル〇〇改革
◆在庫適正化改革
◆シェアアップ〇〇改革
◆全社サプライ・チェーン改革
◆全社業務プロセス改革
◆ワークライフ・バランス改革
◆ビジネス・パートナー協創改革
◆〇〇年ビジョン改革
◆モジュール一体ものづくり改革
◆組織イキイキ活性化運動　など

ここ20年間で最も多かった改革／改善は、「コスト構造改革」である。売上高の絶対額が増えず、売価ダウンのダブルパンチとなっているためだ。利益を上げるためには、外部調達コスト／内部コストを下げないとダメだ。トップからは、「この厳しい経営環境から脱却するために、従業員一丸となって頑張ろう」とキックオフされる。

一方、従業員は、経営環境の厳しいことは分かっているが、過去十数年やってきた。従業員の感想は、また「時間外残業規制・経費削減・調達品／外注品の買い叩き」と考えている。従業員は、何を目指し、どのような「勝ち筋」を進もうとしているのかを知りたい。目先の収支確保の活動は分かる。しかし、最も従業員が知りたいのは、その改革／改善が終わった後の、会社の将来像である。

厭戦感たっぷりで、取り敢えず目先のコスト削減で終わる改革／改善が多い。そこで、多くの悲劇が生じてしまう。

株式会社ABC（仮名：ABC社で以下表記同）の例を見てみよう。

トップ本人は、従業員に何をしてほしいのかを、具体的にいっているつもりだが、伝わっていない。従業員にしてみれば、曖昧で抽象的なことばで、「何となく厳しい」ことは伝わっている。しかし、5年前と3年前と今年の内容は何が違うのか分からない。

トップにしてみれば、同業も含め大変な状況が伝わらないのがもどかしい。業務時間中に雑談し、呑気に笑っている管理職を見ると叱責したくなる。また、会議で問題意識が希薄な発言や文書・メールがあると、益々危機感の共有をしなければならないと考える。部課長を中心に、「お前らもっとしっかりしろ」と会議の場で声を荒げてしまう。

こうなると、部課長はトップの意向に沿うように、怒られないための「回避行動」に出てしまう。よって、耳あたりの良いことしかいわなくなってしまう。それは、部課長がトップの意向を理解しているのではなく、「回避行動」に出ているだけなのに。

従業員にとっては過去の延長線上で、危機感を煽るだけ。光明が見えない中で、ただ重い気持ちで働かざるを得ない。会社の将来像を見い出せず、優秀な従業員は転職してしまう。さらに、残った従業員への負担がかかっていく。

従業員へ「頑張れ」「頑張れ」と今までいわれてきた。今までサボってきた訳ではない。トップから、数値目標が提示された。しかし、高い目標値に対し、どうやったらいいのか分からない。取り敢えず、アクション・プランを作成する。全体の利益計画や経費予算などあるが、売上高が漸減している現状では達成が難しい。

売上高予算・経費予算など数値目標はあるが、その目標は金融機関などへ説明するための「数字先行計画」だった。答えのない将来に向かって、何の戦略性もなく、今までの同じやり方で改革／改善を進めようとすることである。

トップや経営幹部で作成した予算計画は、相当厳しい数値目標で達成できるとは思えない。さらに、お客さまからのコスト要求は厳しくなるばかり。また、品質も過去では全く問題がなかったのに、明らかに厳しく難しくなってきた。手間がかかるばかりになってきた。

ＡＢＣ社の従業員は、自社の経営状況を見る鏡として、感覚的に分かっていることがある。業績が悪くなると、経営幹部や管理職の会議が増えることだ。業績会議・プロジェクトなど、さまざま会議体が、雨後の竹の子のように発足する。

さらに、お客さまからの連絡や部下から少し相談したいことなどがあっても、会議拘束により不在が増えてしまう。会議終了後、自分の机に戻った上司の顔色を見ると、相談しにくいオーラが充満している。さまざまな取り組みが順調ではないことが読み取れる。今日は、相談をやめ明日にしようと考えてしまう。以前も怒涛の如く叱責されたことを想い出す。

翌日上司は出張だった。結果的に対応が後手となってしまった。お客さまからも対応が悪いとクレームをいわれる場合も増えてきた。進捗会議の前日には、部内の雰囲気が相当悪くなる。その1週間前には、さまざまなことを聞かれ資料づくりの負荷も増えてきた。

ABC社をこのような状態にさせている原因は、「達成すべきこと」が明確になっていないことだ。

従業員にとって、目先の厳しさを共有して利益を上げたいということは分かる。経営に余裕がないことも分かる。しかし、締め付けられるだけ、我慢するだけでは辛いだけ。その頑張りの後、この会社の将来像を共有したい。それに向かって頑張りたい。このままでは、自分として5年は耐えられない。窮乏生活を強いられるだけ。息を止めて崖っぷちを歩いているような感じだ。良い転職先が見つかるまで、自分の趣味に生きて、タイミングが合えば転職しようと思ってしまう。

トップは、「厳しい」「大変だ」と危機感を植え付けるだけだった。目先の「現象対応」に終始

図表 2-3　「達成すべきこと」は目的地〔どこまで〕×時間軸〔いつまで〕

し、起こってしまったことに「遅れて対応すること」は、「後追い」である。これを「事実前提の経営」という。改革と並行して事実に向き合い改善することが重要である。しかし、遅れて対応ばかりしていると疲弊してしまう。

私のコンサルティングでは、改革／改善を達成すれば3～5年間程度競争優位性が発揮できるようにする。他社が追いついてくる努力をしている期間に、次の打ち手により更なる将来の布石を打てるように進めている。将来いつまでに「どうありたいか」「どのような状態にしたいか」などを決めて改革／改善を進める。これを「事実前提経営」ではなく、「価値前提経営」という。

「達成すべきこと」は将来の勝ち筋を明確にすることである。従業員を鼓舞するためには、将来像を明確化にしないとついて来ない。将来像とは、旅行でいう「目的地」である。その「目的地」にいつまでに着くかを決めたのが、「達成すべきこと」である。単なる返済計画の数値目標だけではない。図表2-3『「達成すべきこと」は目的地〔どこまで〕×時間軸〔いつまで〕』に表わす。

その目的地にいつまでに行き、具体的な交通手段や宿泊先を決めたのが「旅程表」であり、それが経営計画である。その目的地に3年間、5年間にわたって到着する場合もある。その目的地までに、年度ごと・半期ごと・四半期ごとにどこまで行くかを決めることを「マイルストーン管理」という。

●事前準備● ポイント2 「達成すべきこと」 重要度 ☝☝

①従業員を鼓舞できる「達成すべきこと」を、「価値前提」で具体的に決めなければならない

②「達成すべきこと」は、単なる数値目標ではなく、目的地〔どんな状態でどこまで〕×時間軸〔いつまで〕を決めていく

「達成すべきこと」という日本語と意味は分かる。しかし、実際の改革/改善では、その意味

通りには進まない。では、どのようなことが起こっているかを次に見てみよう。

3　「達成すべきこと」と「できること」の違い

「達成すべきこと」は、決して「できることをやること」ではない。

この意味を理解できると、迷ったときの改革／改善の基本的考え方に立ち戻れる。立ち戻らないでそのまま終わる改革／改善も多い。往々にして、さまざまな現象や意見に流されてしまう。結果的に「できること」を一所懸命やっていれば良いと思ってしまう。その真摯な姿は、褒められるべきだと考える。欧米企業と違い、日本企業は改革といいながら、「できること」を一所懸命やれば許される傾向にある。

日本企業は、トップダウンで決めるべきことも、合議にてボトムアップで決めていくことが多い。結果的に、各自保身の気持ちもあり立場・立場に配慮してしまう。会議は重ねれば重ねるほど、皆が納得いくような平均点で「ソコソコ主義」のアクションとなりやすい。トップは、各部門の経営幹部・管理職・今までの先輩などに配慮して、徹底できないことも多い。強力なリーダシップを持っている創業者トップであれば、違うが。

これらにより、「できること」の積み重ねで何とか乗り越えようとする。結果として、痛みの

図表2-4　未達成でも一所懸命やることで評価

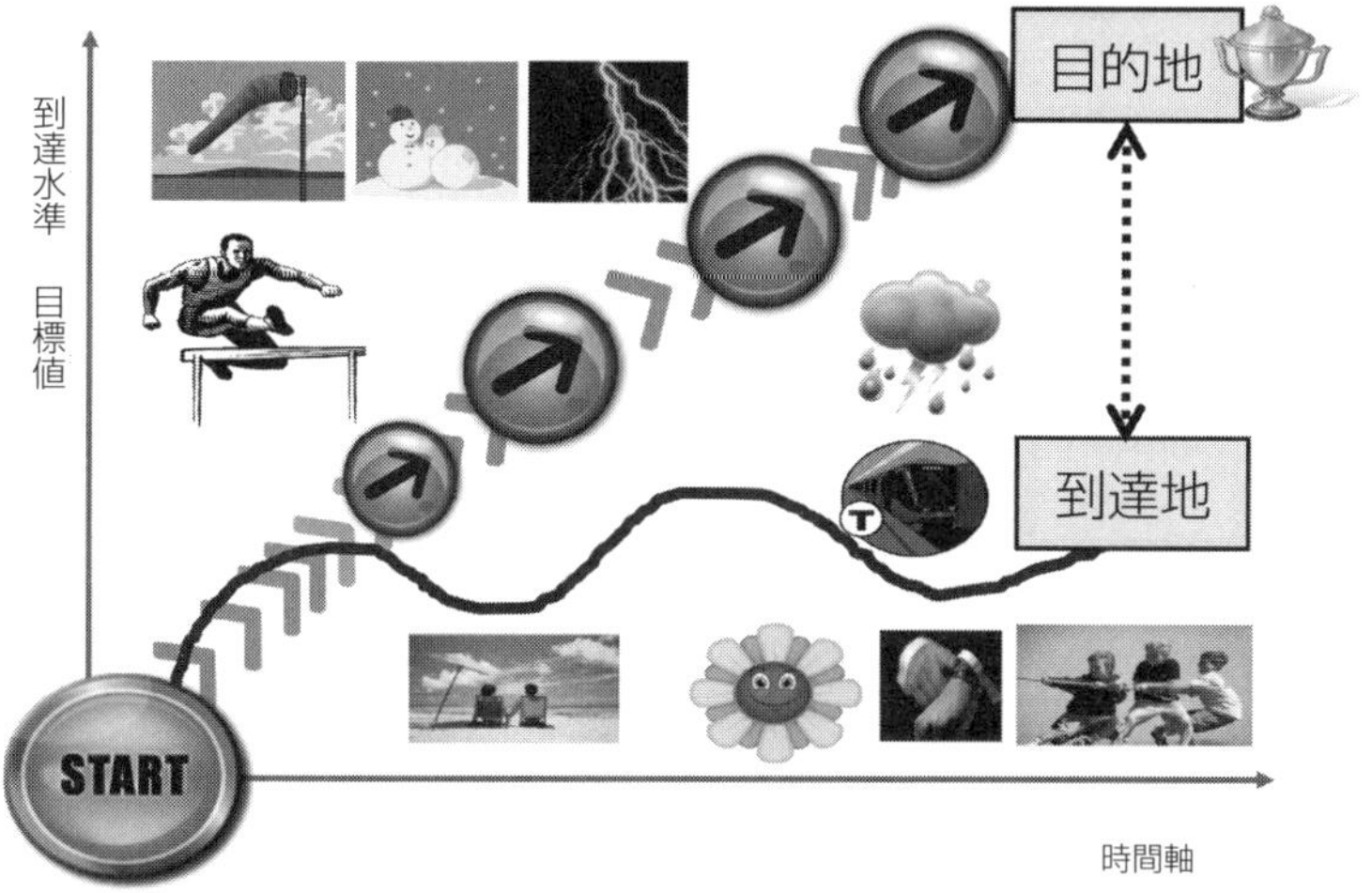

伴う改革はせずに「問題の先送り」になってしまう。チマチマした小手先の対応を繰り返していく。しかし、成果が出にくいため、会社は消耗戦を選んでしまう。お茶を濁した改善をやり続ける。

積み上げ型の改善を、日本人が得意とする理由がここにある。抜本的なことをせず、いつまで経っても苦境を打開できない。同じやり方のアプローチで、延々と続けていく。目先の若干の好景気や不景気に翻弄されながら。図表2－4「未達成でも一所懸命やることで評価」に示した。

トップに少しの環境変化で、簡単に目標達成を諦めることはしてほしくない。経営幹部や管理職のさまざまな状況報告を安易に認め、次の手を打とうとしない。トップの「甘さ」は、会社の実力となる。部下にとって、「泣き言」を聴いてくれ「ものわかり」の良いトップは、「組しやすい」相手となる。

いうことだけは過激なトップもいる。しかし、土俵際で簡単に諦める。これは決して柔軟性ではない。何が何でも達成するという強い意思を持っていない。達成するために、如何に経営努力をしたのかが、ポイントである。この毎日の積み重ねにより、企業体質は大きな差異が出てくる。厳しくいえないトップは、厳しい局面を乗り越えられない。


決めたことに愚直に向かい、予期せぬ理不尽なことも受け入れ、「達成すべきこと」へ真摯な努力を積み重ねる。このような企業は、前章の通り感覚的に10％も存在しない。一般的に、いかにどこの企業も諦めが早いかが分かる。コンサルタントとして、ご支援しているとモティベーションがダウンすることもある。正直者が馬鹿を見てしまうからだ。いくら愛社精神を持ち、ロマンを持って働いていても、利益が上がっていないと、誰もついて来なくなる。

「達成すべきこと」への強い執着心がないと、環境が悪いなど誰もが納得しやすい悪者を見つけ、簡単に諦める風土が出来上がる。その後、何でも「打ち上げ花火」の文化が蔓延する。トップは、「うちの従業員は能力がないから」「リーダシップを発揮できる人財がいないから」などと、愚痴が出てくるようになる。このような習性・組織風土は一朝一夕には出来上がらない。トップの心の持ち方ひとつで、起こるべくして起こるのである。

●事前準備●　ポイント3　「達成すべきこと」と「できること」の違い　重要度

①「達成すべきこと」は「できること」に粛々と取り組むことではない

②「達成すべきこと」は、トップの諦めない強い執着心ひとつで決まる

自社では、「やっているつもり」だが、成果が出ない場合も多い。その場合、外部を有効活用すると、糸口が見えてくる。では、どのように考えればいいかを見てみたい。

4　外部の声を有効活用

外部の声は、効果的に活用すると改革／改善の加速できる。固定概念がなく素直に外部の声を聴くトップは、改革／改善が進みやすい。その活用のポイントについて確認したい。

社内の風通しの良い企業は、外部の声を活用しなくても自由闊達で建設的な意見が出てくる。敢えて外部の声を必要ない場合も多い。このような企業は、感覚的に1割程度である。残り9割は、外部の声の活用方法の拙劣により、成果も変わってくる。

図表 2-5　残り 9 割の組織 2 類型

NO	比較内容	パターン①	パターン②
	呼称	指示命令型トップダウン	調整型ボトムアップ
1	トップのリーダシップ	強い	弱い　調整型
2	意思決定	トップダウン	ボトムアップ
3	人数規模	比較的少ない場合が多い	財閥系等大企業に多い
4	特徴	●環境変異の激しい業種・業態に適合している	●環境変異の少ない業種・業態に適合している
5	メリット	●即断即決ができる ●環境変異の察知ができると動きが速い	●合意形成を得やすい ●過去経験のあることに関しては，さまざまな部門の意見が入り効果が上がりやすい
6	デメリット	●トップに適正な情報が入らないと方向性を間違う ●後継者が育ちにくい ●トップの指示を具体的内容にブレークダウンできないと「いいっぱなし」となりやすい ●ヤラサレ感強い ●指示待ち族になってしまう ●建設的意見出にくい	●初動が遅くなり，機会を逸する場合あり ●優秀な経営幹部・管理職がいないと何も進まない ●積み上げ型計画により，全体最適なりにくく、部分最適化になりやすい ●内部調整に時間がかかる ●声の大きな部門が強い ●ワリの食う部門あり

その9割は、図表2－5「残り9割の組織2類型」のように、程度の差はあるが「指示命令型トップダウン」と「調整型ボトムアップ」の2つに大別できる。

この2つのパターンが、どちらか正しいかというつもりはない。重視することは、「達成すべきことを達成できる組織づくり」になっているかどうかである。

「トップダウン型」が機能しない場合がある。「いうだけ」「いいっぱなし」になりやすい。このような習慣がついてしまうと、誰も自分の問題と思わず、何も改革／改善できない組織となる。トップダウンがうまく機能している企業は、次のいずれかができている場合である。

●トップが細かな点まで指示・命令をして結果の確認をしている
●参謀がしっかりしており、具体的な行動まで落とし込み及びフォローが確実に出来ている

トップダウンに慣れている企業は、指示待ち族となっている。どう行動すればいいのかまで、詳細を決めて納得いくまでブレークダウンする必要がある。

一方、「調整型ボトムアップ型」は、チームワークを重視しながら進める。特に人望を重視しながら、コーチングなどでモティベーションを上げるような取組みをしていることが多い。しかし、調整だけではこれからの荒波を乗り越えられないことも出てくる。合意形成に時間がかかってしまい、足して2で割った凡庸な「ソコソコ」の打ち手となる場合も多い。

経営判断には、唯一の正解はない。特定の考えにこだわると、方向修正が取りにくくなり、身動きができなくなる。現状を受け入れたくないと見ない振りをしても、好転はしない。そのために、現状を打開したいのなら、「内部の声」を十分に聞きながら、「外部の声」にも耳を傾けることである。「外部の声」とは、主に次のような声である。

- ◆お客さまの声
- ◆お客さまのお客さまの声
- ◆ビジネス・パートナーの声
- ◆コンサルタントの声

世界経済や日本経済は、益々混とんとして変化が激しく不安定な動きが増していく。戦いのルールも変わっていく。過去の成功体験や教訓も、陳腐化してしまう。遭遇したことのない場面でどう考えるかは、選択肢が多い方が良い。外部の声を聴くと、必ずやらなくてはならないことはない。決めるのはトップであり、その選択肢を多面的に検討したい。

例えば、経営コンサルタントを使うと、一面的ではなく、多面的なアプローチができる。改革とは、過去の延長線を否定することである。過去と同じ枠組みで意思決定していると、成功確率

図表 2-6　コンサルタントを受け入れる場合の壁〔例〕

■コンサルティングは，多くの企業で利用されている。しかし，「喰わず嫌い」の企業も多く存在する

■主な「喰わず嫌い」の企業の類型は以下のようなものである

NO	基本的な考え方	その深層心理
1	コンサルタントは，内部の人間ではない	所詮，コンサルタントは，我が社のことは分かっていない。我が社のことは我々が一番よく分かっている。偉そうなことをいって何もできない
2	コンサルタントに色々いわれたくない	大きなお世話である。自分達のことは自分達が一番分かっているから，自分達で改革/改善はできるという自負をもっている
3	ムダな費用をかけたくない	機械などの投資ではなく，形が残らないため，費用はムダに使いたくない。うまく行く保証がない
4	つまらない手法を教えてもらっても使えない	過去手法の教育/指導により使ってみたが，成果が出なかった。また，そのようなことはやりたくない。コリゴリだ
5	時間の余裕がない	少人数でやっているので，時間の邪魔をされたくない。さまざま活動に時間を割きたくない
6	社内が受け入れないかもしれない。導入に不安がある	コンサルティングが，うまくいくかどうか不安がある。つまらない摩擦や支障を発生させることにより，業務を混乱させたくない

は低くなる。日本企業は、「反省ベタ」の企業が多く、同じ結果を導く会社が多い。例としてコンサルタントの導入を検討するとき、図表２－６「コンサルタントを受け入れる場合の壁〔例〕」のような場面に遭遇する。

人件費と比較して、コンサルタント・フィーは高いが、最短距離で誘導してくれるメリットがある。しかし、コンサルティング・サービスというのは、「人的サービス」につき、どうしても画一的な同質のサービスは出来ない。つまり、「企業の成熟度」「トップのリーダシップ」「マネジメント体制」「受け入れ体制」「組織風土との相性」「仕事のやり方」など条件は全く違う。

当然コンサルティングのアウトプットのバラツキが発生する。料理と一緒である。産地や鮮度などが違う材料で、同じ料理をつくれといわれても難しい。ある程度見た目は同じで調味料で誤魔化せるかも知れない。しかし、全く同じ味には仕上げらない。

有名なラーメン店が、同じ材料を使っても同じ美味しいスープも取れないこともある。コンサルティングには、ＩＳＯ関連など定型化しているものもある。しかし、「経営を」コンサルティングするというのは、全く同じものはない。つまり、次のように与えられた環境が全て違うためである。

具体的には、「素材の質／新鮮さ／形／量」「調味料」「料理を食べる人の嗜好」「料理の内容」「調理器具」「料理手順」「調理・熟成時間」「味付け」など「出来栄え」など違いが発生する。図

図表 2-7　素材や料理の違い

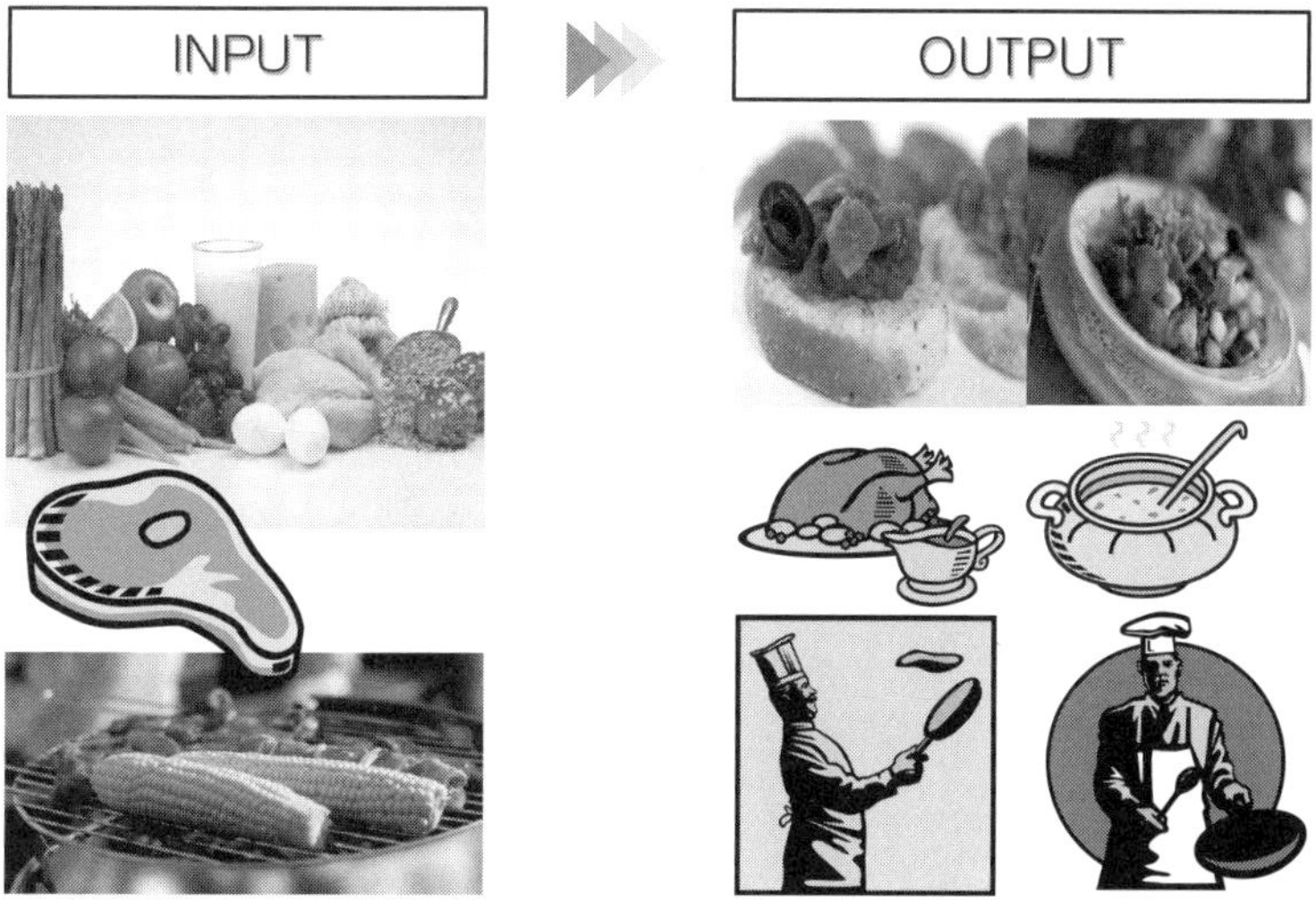

表2－7「素材や料理の違い」に表わした。
　実際のコンサルティングである料理方法／手順は、企業の特性によってカスタマイズする。カスタマイズというのは、その企業に合ったように工夫することである。素材の目利きをして、食べる人の好みも加味しながら、美味しい料理をつくるためにどうすべきかを知恵を出さなければならない。
　病院で手術を受けるとき、成功の確率が高いのは、どの病院でするかではない。どのドクターが執刀するかで決まる。成功の確率が高いドクターは、やはり臨床例が多い。執刀回数が少ない駆け出しドクターでは、応用の範囲が少ない。状況によって、的確に判断し手術ができるかどうかは、経験はものをいう。想定外のことを経験したことがないとき、パニックとなり失敗する確率は高い。コ

図表 2-8　会社特性の把握

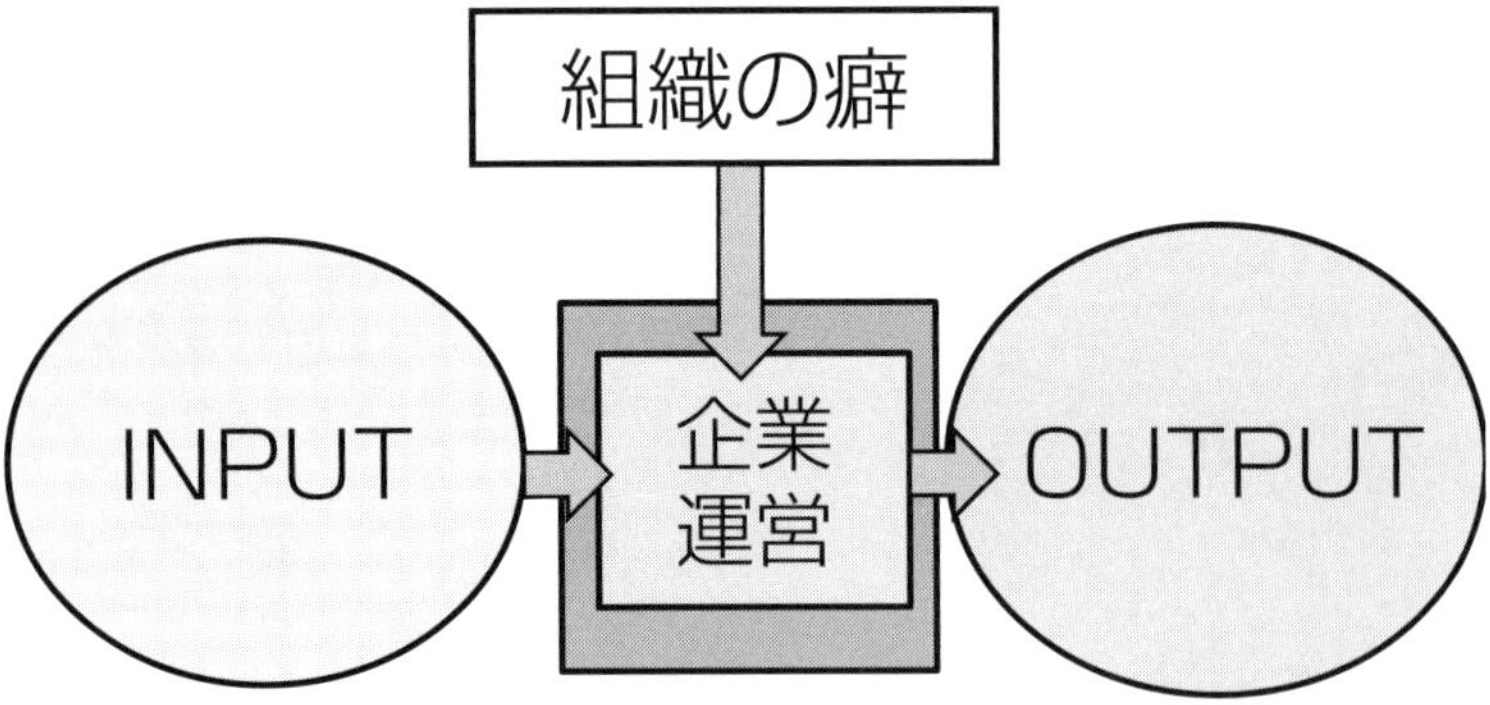

ンサルティングも、やはり患者に合わせるにはそれなりの経験が必要となる。

さて、往々にして組織では面白いことが起こる。

何をやっても、形を変え同じことが発生する。

図表２－８「会社特性の把握」に記している。違う内容を実施（インプット）しても、アウトプットは同じような結果となってしまう。それは会社ごとに持っている「組織の癖」に影響されるためである。「組織の癖」は、その会社の歴史の中で、自然と出来上がり形成された価値観・行動様式である。従業員は、その培われた色眼鏡で全ての情報を見て、聞いて、認識し、類型化し、判断の上行動する。

その「組織の癖」を把握することにより、成功確率を高めていきたい。つまり、「良い点」は生かして、「悪い点」は優先順位をつけて対策を盛り込んでいく。そうすることにより、失敗しにくい改革／改善となっていく。

特徴的な事例を紹介する。ＢＣＤ社の例を覗いてみよう。

さまざまな会議で、違和感のあるトップのことばがある。トップは、ことあるごとに「○○は、○○しかない」といい切る。経営幹部や管理職は、異を唱えられない。トップが結論を出すと、周りのメンバーにとって最終結論となってしまい、その方針に沿って論理展開をしていく。

ＢＣＤ社のトップは、ある幹部が柔らかく「○○という視点もありますが…」というと、トップは、その幹部を強い口調で論破する。多くのトップは、自分のいったことに対して反論されると、自分への権力への攻撃と受け取ってしまう。

「私の話を聴いていないのか？」と、過激ないい方をして責め立てる。これを繰り返すと、全員何もいわなくなる。やがて、何をいってもムダだから、考えないようになる。いわれたことだけやっていれば良いという行動となる。「考えること」「意見をいうこと」がムダになるのだから、いって怒られるよりは、黙って従っていた方が、気分的に楽になる。

ＢＣＤ社の幹部は、どこまで自分達で主体的に動いていいか分からなくなり、細かなことも相談するようになっていた。こんな細かなことまで相談するのか、と驚いた。決裁権限はトップにドンドン集中していた。トップが、ＯＫを出したという「免罪符」がないと何事も進まなくなっていた。

図表 2-9　企業は，環境変化対応業

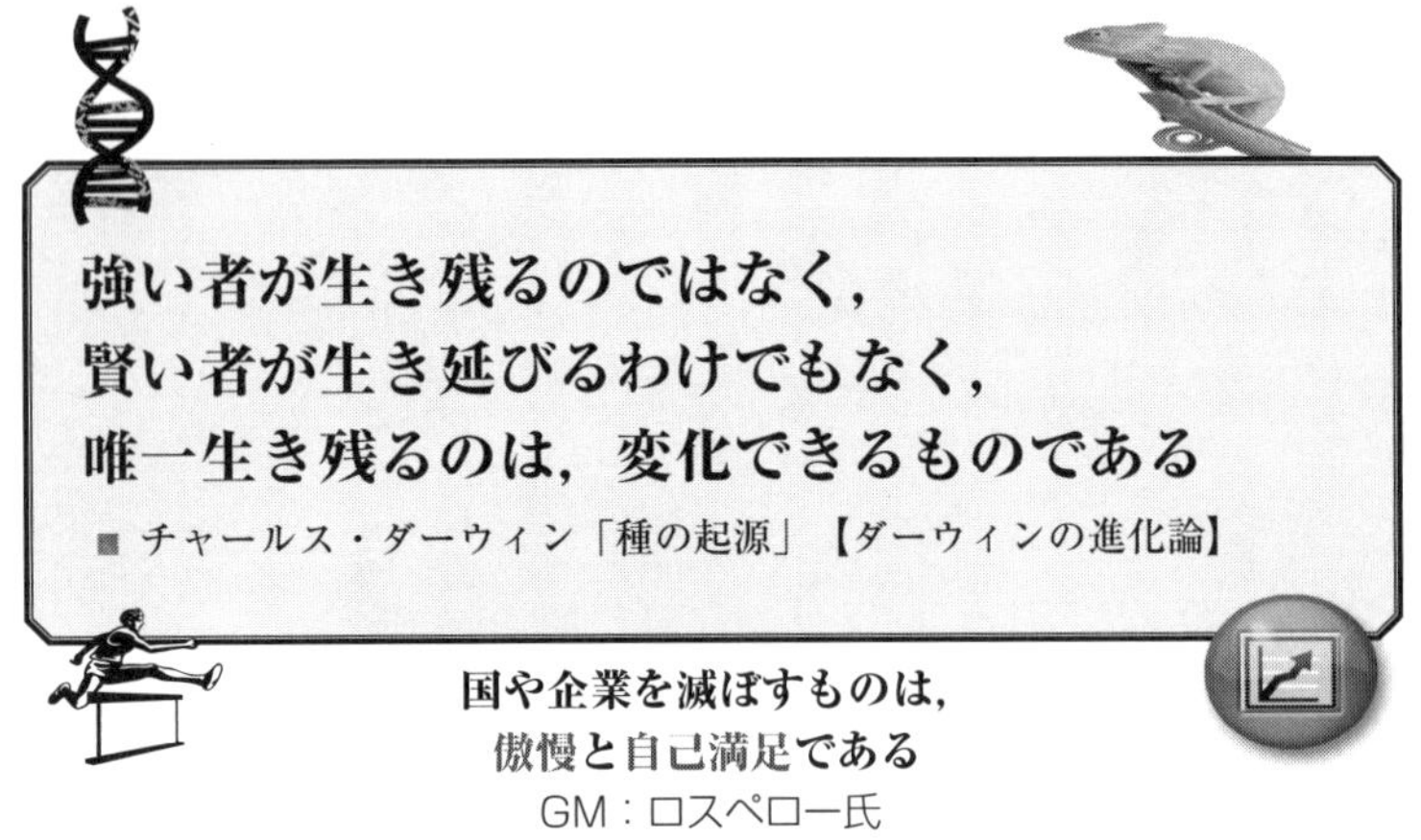
強い者が生き残るのではなく，
賢い者が生き延びるわけでもなく，
唯一生き残るのは，変化できるものである
■ チャールス・ダーウィン「種の起源」【ダーウィンの進化論】
国や企業を滅ぼすものは，
傲慢と自己満足である
GM：ロスペロー氏

ＢＣＤ社のトップは、「うちの幹部は指示待ち族で、問題意識が希薄で困ったものだ」と嘆いている。幹部を育成してほしいといわれている。しかし、結論はトップが変わらないと解決はできないことを全く分かっていない。自分で蒔いた種だということを。

どうしても、人事権のある上位者には、部下は「本音」「耳の痛いことば」はいいにくい。人事考課も、上司は自分のいうことを聞き、従順な部下には甘くなる。気に入らない部下だと、冷遇・左遷されやすくなる。そこで、「お友達」グループが出来上がり、空気ばかり察する集団となってしまう。

結論として、外部の声を有効活用して、第三者の声を聴くことをお勧めする。聴くことが目的ではなく、立ち位置が変わると、今まで見ていた世界が変わっていく。改革／改善は、「達成すべきこと」に到達することである。トップの「プライド」「こだわり」に固執するのが目的ではない。ここの部分は、トップがクレバーになれるかどうかである。

改革／改善について、よく使う2種類の名言を確認したい。

1点目は、チャールス・ダーウィン「種の起源（ダーウィンの進化論）」のことばである。「強い者が生き残るのではなく、賢い者が生き延びるわけでもなく、唯一生き残るのは、変化できるものである」。

2点目は、GMの元会長のロスペロー氏のことばである。「国や企業を滅ぼすものは、傲慢と自己満足である」。

私が、改革／改善を実施するためにコンサルティングで最初にいうことは、次の3点である。過去と他人に変わってもらうのを待つのではなく、変えられる「未来と自分」に注力してほしい。

- 全て答えは内部にあり
- 全て敵も内部にあり
- 変えられるのは「未来と自分」

●事前準備●　ポイント４　外部の声を有効活用　重要度

①「外部の声」を活用することにより、自社では気が付いていない的の射た改革／改善ができる

②「外部の声」を聴き、気付くことが重要であり、その背景等を理解すると「組織の癖」が把握できる

次にさまざまな行動様式を生んでいる要因として、社内の業績評価が影響していることも多い。その内容について確認してみたい。

5　社内の業績評価方法の見直し

自分が目をかけ処遇した部下については、可愛がり優遇しやすい。○○部門は「そうはいってもこれは仕方がない」「これは例外」と特例を設けてしまう場合もある。これでは、正直者が馬鹿を見てしまうこととなる。結局気に入られないとダメだなと、他の者のモティベーションも下がっていく。特例を認めると、その改革／改善は必ず失敗してしまう。

ＣＤＥ社には、社内で政治的な動きをする幹部が存在していた。改革／改善で、一年経過した頃の話である。その幹部は、過大表現でいかに理不尽なことをやっているか、事務局やコンサルタントの揚げ足を取って批判する。シナリオは、トップが反応するような事例を過大な事象として披露し、改革／改善そのものを「骨抜き」にしてしまうというものだ。如何に自分が会社のことを思って具申しているかを訴え、トップに対してのポイント稼ぎをする。

そうなると、たちまち改革／改善は発展的解消となり、各部門任せとなる。しかし各部門は終了したと判断する。トップがその後改革／改善の確認をすると、それなりにやっている振りをする。暇なメンバーを部門活動メンバーとして形式上対応させる。初めは、週1回定期的に活動をし、やがて月1回となり、その後レポートだけになって、消滅していく。

ＣＤＥ社の営業部長は、顧客訪問を優先させたり、他の業務に注力したりして、改革／改善を骨抜きにした。営業部長を、なぜそうさせているのか要因を深掘りすると、そうせざるを得ない状況となっていた。ここ10年間営業活動の厳しさが増していた。デフレ経済により、「短期業績志向」をせざるを得なかった。そうなると、営業は、目先の売上高確保に全精力を注ぐ。改革／改善といっても、重要度は売上が第一優先だった。

さらに、2年の短期間で担当エリアの営業部長が変わっていた。2年で成果を出さないと将来の出世が約束されていないため、漢方薬的なことに長い期間かけるわけにはいかない。2年間といっても、評価～次の処遇決定のスパンを考えると、1年半が勝負である。よって、1年半以降に成果が出ても評価されないため、半年や1年で確実に出る成果に貪欲になる。その中で特に顕著だったのが、売上に寄与できるメンバーには高評価を与え、馬車馬の如く働かせていたことだ。

本来エースは、組織力強化のために、人を育てるのが仕事である。しかし、この営業部長は、いつ芽が生えてくるか分からないような新人や中堅への教育／訓練を疎かにせざるを得なかった。何故ならば、教育／訓練には時間や労力もかかる。次に着任する営業部長のために、教育／訓練して成果が自分より上がれば、自分の評価が相対的に下がってしまう。

次の商売のネタは、研究開発や用途開発など投資しないと次の芽がでてこない。組織も個人でも一緒である。しっかり、段階を経て育成しなければならない。それが短期業績主義で、手が付けられていない企業が増えている。この状況を図表２－10「業績管理システムの弊害把握」に表わしている。

つまり、自分の評価となる業績に直結することには、興味がある。それ以外の業務は、文句をいわれない程度の最低限の協力で終わらせていた。特に、改革／改善の研修については、自部署の時間泥棒で、可能な限り邪魔しないでほしいと妬んでいた。

研修に出るだけならまだ良いが、課題を出される。「ヤラサレ感」を持ってしまい、研修部門への怨念が溜まっていた。上場企業でも四半期決算が導入されてから、この傾向が強まっている。

図表2-10　業績管理システムの弊害把握

評価 成果評価/プロセス評価/人事考課等	配置/異動	昇進/昇格	賃金/賞与
	教育/訓練	能力開発	その他

↓

短期業績志向 ＜ 経営環境に厳しさ/デフレ経済による停滞

↓

弊害		
	1	時間のかかるマネジメント層・管理・監督職の育成を手抜きせざるを得なかった
	2	エースの実務者を「馬車馬」のように成果追求をさせ，後継者育成に力を入れなかった。教えるスキル養成できず

トップが、「意図していない改革／改善の失敗」はこのようになっていく。業績評価のルールがそうさせていることをトップが分かっていない。足並みが揃っていないため、活動が盛り上がらない。経営幹部は表立った反対をしないが、応援もしない。部長にしてみれば、直属の取締役から評価されないことは、遠い世界での出来事であり表面的にやっているつもりを決め込む。

トップは、問題があると経営幹部が自主的／主体的に将来の会社のことを考え、部門間調整をしてくれると思っている。これは淡い幻想である。トップの目線で、仕事をしてくれることはムリである。下の者から見ると、トップとNO．2の距離はほとんどないと思われるが、取締役と部長の距離の百倍以上もあり、天と地の差ほどある。部分最適で業務をしている各部門が、将来の会社のことを思って、自律的に調整することなどあり得ない。風通しの良い企業で、トップと信頼関係がある場合は別であるが、このような事例は希少である。

ＤＥＦ社の経営幹部は、愚痴として次のようなことばを私にいった。

「今の陣容で当事業部は手一杯ということを、トップが分かってくれていない。残念だ。改革／改善どころではない。実情を知らないとしか思えない」。できない理由、やりたくない理由はいくらでもある。経営幹部も、総論で賛成であるが、各論では反対となってしまう。

ＤＥＦ社トップは優柔不断なところがあり、根本原因の解決をせず問題の先送りをする習性があった。トップが声を荒げても、「打てど響かず」に終わっていた。過去のリストラで組織の統廃合や一人当たりの職務範囲を拡大させた。トップは会社をスリム化していることに負い目を持ってしまった。さまざまなことに「そうはいっても仕方がない」と言い訳を許し、優柔不断にさせていた。

●事前準備●　ポイント5　業績評価　重要度

①「業績評価システム」に経営幹部・管理・監督職は影響されるため、成果を上げるために見直しが必要である

②個人的に「非協力」を叱責しても、何も良くならない。その要因をおさえ、その要因を除去すると成功確率が高まる

図表2-11　改革／改善を加速する土台づくり

NO	内容	図表
A	企業基盤把握の4大着眼点	2-12
B	トップがぶれてはならない4大方針	2-13
C	改革/改善展開の2×5	2-14
D	「1-5-20」の原則	2-15～16

さて、「組織の癖」を把握して、改革／改善をどのような考え方で進めばいいかを考えたい。そのポイントは、「土台づくり」である。その土台について、見てみよう。

6　改革／改善を加速する土台づくり

ここまで、改革／改善をスタートする前の留意すべき点を述べてきた。最後に、改革／改善でトップが事前に理解すべき基本的な考え方を述べる。次のA～Dの4つを順に説明する（図表2－11）。

A　企業基盤把握の4大着眼点

会社の成熟度を見るときの基本的な視点がある。

特に重視しているのは、最も基本的な企業基盤である。具体的には、「決める」「守る」「続ける」「異常時のホウレンソウ」である。「決め方がいい加減」「仕事の守り方がいい加減」「続け方もいい加減」「異常があったときのホウレンソウもいい加減」な企業は、何をやっても成功し

図表 2-12　A. 企業基盤把握の 4 大着眼点

NO	内容
1	決める
2	守る
3	続ける
4	異常時のホウレンソウ

ない。決めることはするが、何も誰も守らない。最初は守るが、いつの間にか元通りで継続しない。守っているが、守りにくいことや守れないことがあっても、何もいわない。異常があっても情報が上がらない。やがて、大きなトラブルが発生してしまう。「後悔あとに立たず」である。

この基盤は、建物でいえば企業の基礎工事部分であり、その上に建設物の工事をする。その土台がグラグラしていると、少しの揺れで、建物は崩れていく。再度工事をやり直して、建設しても同じ結果となってしまう（図表2－12「A．企業基盤把握の4大着眼点」参照）。

B　トップがぶれてはならない4大方針

企業基盤は、一朝一夕には強固にならない。不断の努力により、一進一退を繰り返し、積み上げるものである。しかし、積み上げるには時間がかかるが、崩れるのは速い。素晴らしい組織運営ができていたトップが代わると、3～6ヵ月でおかしくなる。積み上げた組織を維持・継続できるようするためには、「ぶれてはならない方

図表2-13　B. トップがぶれてはならない4大方針

NO	ぶれてはならない方針
1	経営幹部と従業員の一枚岩で同じゴール
2	軸のぶれない一貫性保持
3	答えは現場。敵は内部にあり。 管理間接は現場の応援団。現場は生き物，自助努力を基本に鮮度管理
4	具体的な武器を持った行動改革/コミュニケーション改革による人づくり/組織づくり

針」を4つにまとめた（図表2－13「B. トップがぶれてはならない4大方針」）。

まず、全員が同じゴールを見なければならない。違うゴールを見ていると、部分最適の活動となってしまう。次に、軸がぶれないように一貫性を確保する。さまざまな環境変化はあるが、変えてはならないことは「軸」である。その目的地まで行く交通手段やルートは変えてもいいが、目的地まで目指すという「軸」はぶれてはならない。

次に、さまざまな決議事項を本社・社長室・役員室・会議室だけで決めないことである。答えは、現場に存在する。例えば、「お客さまが使われている現場」「ビジネス・パートナーが実際に作業している現場」「自社で設計・製造などの現場」など多くの現場が存在する。現場でさまざまなことを見て・聴いて・判断する。

改革／改善の敵は競合ではない。内部に必ず存在する。管理間接部門は、管理する方は心地よいが、管理される方は負担が多い。その気持ちを理解して、現場の応援団とならなくてはならない。自助努力を基本に支援し進めなければならない。

最後の4点目は、「竹やり」では成果が出ないため、最低必要限

図表 2-14　C. 改革 / 改善展開の２×５

NO	基本方針	NO	具体的実施事項・留意点
1	やることをしっかり決める	1	目標値と打ち手の整合性
		2	やる気の出る確実な落とし込み
2	決めたらやり切る	3	トップ～経営幹部～管理・監督者～事務局はつねにいい続け,凡事徹底できる組織づくり
		4	タイムリーで適正な進捗管理
		5	やり切るための創意工夫

の手法を導入する。関係者に共通言語化できれば、同じ目線で活動が進みやすい。その上で、行動やコミュニケーションを改革していく。考え方を変えていく。考え方や潜在意識に対して「変われ！」「変われ！」といっても何も変わらない。行動を変え、コミュニケーションのとり方を変えることにより、結果的に考え方が変わっていく。そうすることにより「人づくり」「組織づくり」につなげていく。

C　改革／改善展開の２×５

改革／改善の展開をする際に、大項目「やることをしっかり決めること」と「決めたらやり切ること」の両輪を重視する。この両輪がうまく回ると必ず成果がでてくる。「やることをしっかり決めること」の定義とは、「目標値と打ち手の整合性」「やる気の出る確実な落とし込み」ができた状態である。「やることをしっかり決めない状態」で成果を出せということは、何の準備もなく漠然と、運を天に任せることとなる（図表２－14「C．改革／改善展開の２×５」）。

「決めたらやり切ること」の定義とは、「トップ～経営幹部～管理・監督者～事務局はつねにいい続け、凡事徹底できる組織づくり」「タイムリーで適正な進捗管理」「やり切るための創意工夫」の3つである。人は急に変われない。ひとこと指示して組織・個人が変われるのであれば、経営は不要だ。何度もいい続け、従業員が実務を通じて、「あっ、こういうことのだったのか」と体感してやっと自分の問題として捉えられる。

トップには、分かりやすく「ワンパターン」で同じことをいい続けなければならない。「かっこいいこと」「流行のキーワード」は不要だ。100～1000回いい続けて下さいとお願いしている。トップ以外でも、事務局や管理・監督職も一緒である。その上で、凡事徹底できる組織づくりにしていく。

また、タイムリーに適正な結果の把握をしないと、達成感も味わえない。成果が出ていると、トップが褒めてあげ、成果がでていないのであれば、一緒に挽回できるようにする。最後の5つ目は、その「部署／職場ならでは」の工夫が必要である。最もトップが褒めるべきことは、実務者しか分からないような「なるほど」という取組みである。これが増えると、改革／改善が大きく進んでいく。

D　1－5－20の原則

最後は、ブレークダウンするときの範囲と深さである。図表2－15「D.『1－5－20の原則』

図表2-15　D.『1-5-20の原則』改革 / 改善のブレークダウン方法①

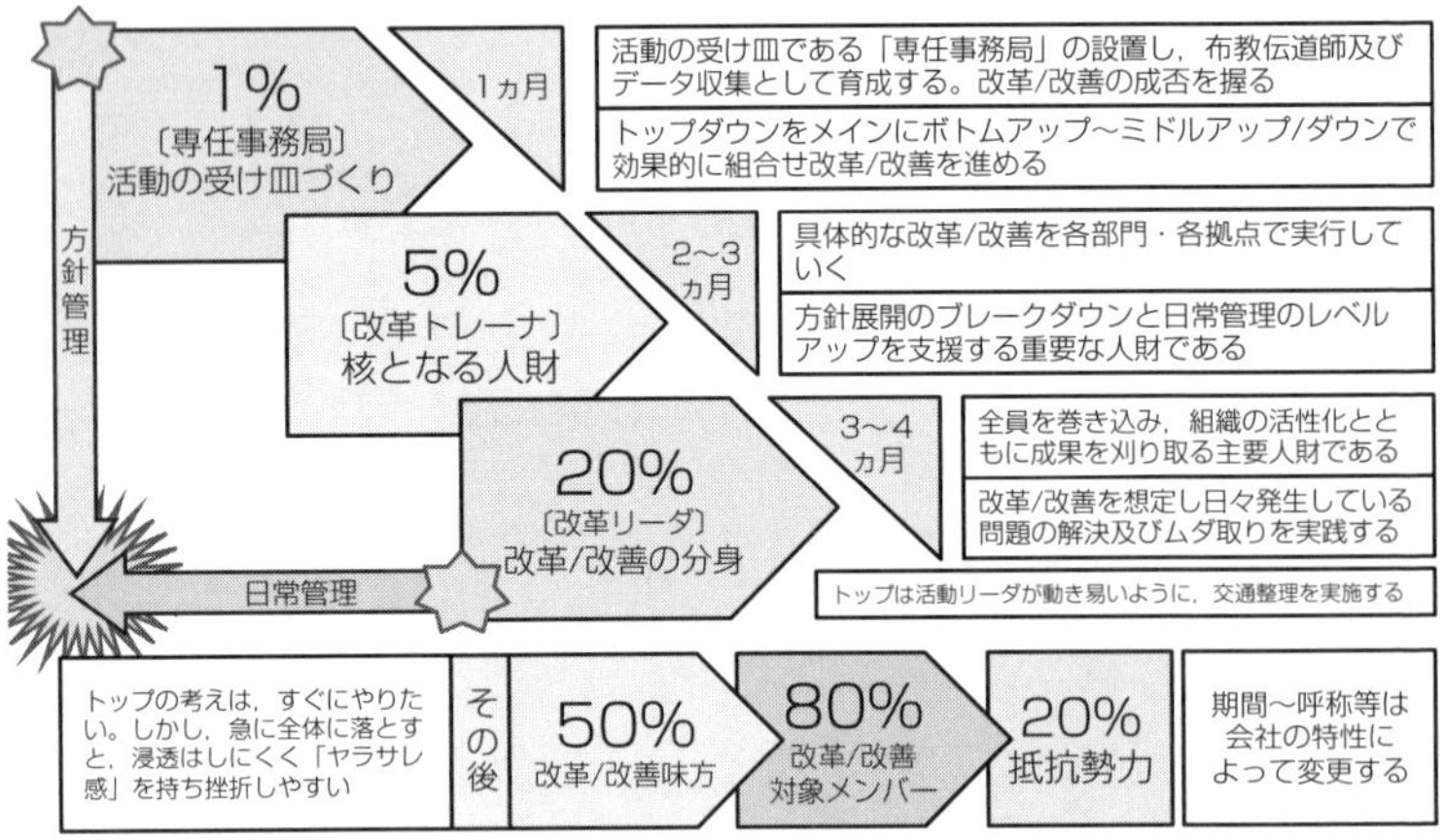

改革／改善のブレークダウン方法①」と図表2―16「『1―5―20の原則』改革／改善のブレークダウン方法②」を見てほしい。

改革／改善で失敗するのは、次のような例である。

従業員の1％に当たる事務局が選任され、全社改革／改善を展開する。一挙に100％の従業員を対象に展開しようとしても、何をやればいいのか分からない。職制に指示しても皆、誰かがやると思い、何も進まない。段階的に味方を増やしていくことが、浸透しやすい。「急がば回れ」で結果的に実務にドンドン落としていく。

第一段階として、従業員のうちの1％の事務局を選任する。活動の受け皿である「専任事務局」を設置し、社内のデータ収集及び布教伝道師として育成する。事務局が改革／改善の成否を握る。トップダウンをメインに、ボトムアップ～ミドル

図表 2-16　D.『1-5-20 の原則』 改革 / 改善のブレークダウン方法②

方針管理

STEP	%	呼称	目的	失敗する要因
STEP1	1%	専任事務局	活動の受け皿づくり	事務局が動き易くお膳立てがないと悲劇のヒロイン化
STEP2	5%	改革トレーナ	改革/改善活動の核となる人財	経営幹部の理解と対応
STEP3	20%	改革リーダ	日常の改革/改善活動の分身	管理職の不作為な非協力
STEP4	50%	改革/改善味方	日常の改革/改善活動の実務者	管理/監督者の不作為
STEP5	80%	改革/改善メンバー	日常の改革/改善活動の協力者	監督者の特定者の特別対応
Remaining	20%	抵抗勢力	深く潜行して足を引っ張る。この20%がいなくなっても新たな20%が出来上がる	

アップ／ダウンを効果的に組合せる。

第二段階として、2ヵ月後を目途に従業員の5％に当たる核となる「(仮称) 改革トレーナ」を通じて、各部門・拠点で改革／改善を具体的に展開する。この核となる人財は、「方針展開」と「日常管理」の双方のレベル・アップをさせる。

「方針展開」とは、会社の方針を実務に落として「達成すべきこと」を貪欲に追求することだ。「日常管理」は、決められた日常業務を粛々と実施することである。具体的には、「安全衛生を最重要視する」「要求品質のもの／サービスを提供する」「必要納期にお届けする」「生産性／目的コストなどを達成する」などである。「方針管理」と「日常管理」の両輪が噛み合うことにより、改革／改善のレベルが上がってくる。

第三段階として、3～4ヶ月後を目途に従業員の20％に当たる改革／改善の分身「(仮称) 改革リーダ」を対象に拡大させる。全員を巻き込むように、組織の活性化を進め成果を刈り取る主要人財となる。改革／改善を想定し日々発生している問題の解決及びムダ取りを実践する。

第四段階として、従業員の半数を対象として改革／改善の味方として活動を加速する。第５段階として、改革／改善対象メンバーとして、80％を対象に改革／改善を進める。どこの企業でも、20％は「抵抗勢力」「非協力者」が残ってしまう。不思議なことに、その20％が全員いなくなっても、残ったメンバーの中から自然と20％のメンバーが抵抗勢力化してしまう。改革／改善は全ての従業員にとって、心地よいものばかりではない。抵抗勢力が発生すること自体組織が健全な証だと意味している。

●事前準備●　ポイント６　改革／改善を加速する土台づくり　重要度

① 自社の状況の「企業基盤把握の４大着眼点」「トップがぶれてはならない４大方針」がチェックする

② 成功確率を高めるためには、「改革／改善展開の２×５」「１－５－20の原則」を理解する

これまで、「改革／改善を本格的にスタートする前におさえるべきこと」に関し、述べてきた。

それでは、次の章では、具体的に改革／改善を展開するための事前準備と仕掛けについておさえ

たい。

第3章 成功させるための事前の検討と仕掛け

●改革 / 改善は「段取り 8 分」で，失敗しない事前準備をする

誰もが認める事務局の抜擢人事

事務局の行動特性		従業員反応をもとに検討	
1	実務経験	1	トップの本気度
2	基本行動	2	改革へのインパクト度
3	重要行動特性	3	今後の展開の予想
4	人間関係	4	自業務への具体的イメージ
5	素直さ	5	協力度・人望
6	迷った時の判断基準		

事務局が動きやすい環境整備

ホットラインの仕組化		ホットライン類型	
1	トップ〜事務局面談時間の固定化	1	アクセル Accelerate
2	トップは面談時間後のアクション時間を固定化	2	テコ入れ Shore up
3	どのような内容で情報交換するかを条件設定	3	計画見直し Overhaul
		4	リレーション Connect
		5	テクニック Technical

過去活動 / 進行中活動の 2S

事務局の行動特性			
1	活動期間	6	組織間実績
2	活動月数	7	情報宣伝活動
3	管理指標と実績	8	活用手法
4	推進組織体制	9	進め方
5	主要実施事項	10	その他特記事項

▼

「継続事項」及び「改善事項」を確実に反映
進行中の活動を 2S〔包含 / 統合 / 整理 / 廃止〕

実務者との合意形成

リーダシップ類型による合意形成のポイント	
1	ワンマン型強いリーダシップ 「いつも話しているから趣旨は伝わっている」と思うのは，大きな間違い。実務者の「意見」「いい分」を聴き，配慮することにより，敵にも味方にもなっていく
2	民主的調整型弱いリーダシップ 「やることをしっかり決める」「決めたらやり切る」ようにする。さまざまな問題に遭遇しても，複数の対案を提案させるよう合意形成をする。決してトップが抱え込まない

改革 / 改善を通した幹部育成

1	改革 / 改善の実践にて，幹部育成の場の提供ができる
2	幹部〜管理・監督職が「育つ」には，トップが複数の幹部を競わせながら「権限移譲」と「我慢」及び「引き継ぎ期間の確保」が必要である

第3章 成功させるための事前検討と仕掛け

改革／改善は、実際にやってみないと分からない。どこのトップも成功に導きたい。何を持って成功と定義付けるかによって成否は違うが、確実に成果が出る改革／改善はあり得ない。しかし、失敗しないように、確実な事前準備をしてスタートすると、成功確率も高まっていく。「段取り8分」として、事前準備で何を決めてスタートしたらいいのかをこの章でおさえたい。

1 誰もが認める事務局の抜擢人事

改革／改善で最もインパクトの大きい内容について述べる。

アウトプットは、事務局を誰にするかによって大きく変わる。事務局を誰にするかは、トップの意思を明確に表している。改革／改善で私は必ず専任事務局を設ける。できるだけ複数名とする。一人では、行き詰まる可能性が強い。一人では悩むことも多い。同じ悩みを持つ戦友が切磋琢磨することによって、改革／改善もレベル・アップする。

目安として専任事務局の数は、従業員１００名を目処に1名専任メンバーとする。スピードを上げたい場合や小まめな対応が必要なときは、50名あたり1名にすることもある。専任にする目的は、日常業務に逃げ込まないようするためである。日常業務が改革／改善そのものとする。そうしないと、改革／改善できない理由を日常業務の多忙さのせいにしてしまう。

兼任の場合、日常業務の方を優先しやすい。また、取組みやすさを比較すると、日常業務の方がはるかに簡単である。「変える」ということは、いくら良いことでも抵抗は必ずついて回る。特に、一所懸命に働いてきた人ほど強く抵抗するのは目にみえているからである。その状況を片手間では打開しにくい。

事務局の能力要件をおさえたい。図表３－１「事務局のレベル別能力要件〔例〕」に記す。事務局も改革／改善の深度ともに段階的にレベル・アップしていく。まずは、確実にやって当たり前の「当たり前品質」ができるようにする。例として1年後には、その上の「本来的品質」をできるようにする。３年目終了時は「期待品質」ができるようにする。

事務局は、ラインでできない日常の改革／改善を支援する。メンバーを巻き込み、知恵を出し合い、成果を勝ち取るプロセスを味わうことにより、人財教育にもなる。成功体験は、会社の財産・組織の財産・事務局の財産として残っていく。

図表3-1 事務局のレベル別能力要件〔例〕

●以下の能力要件を周知し，段階を経てレベルアップができるようにする

NO	区分	NO	具体的能力要件〔例〕
1	当たり前品質 やって当たり前	1	決められた資料を期限通りに提出できる
		2	決められた部門別・職場別活動等に参加/支援/軌道修正ができる
		3	一度決めたルールが歯止め/定着化/標準化されていないと，守れるように対策/確認/調整/改善できる
2	本来的品質 本質的にやらねばならないこと	1	「達成すべきこと」につながる改革/改善全体の品質管理ができる 先手管理で問題を予見して成果が出るようにコントロールできる 成果を上げるための本質を見抜き成果につなげる。高い人間的魅力を持つ （内容：人望・人間関係・組織/立場の論理の理解と対応・知識・技能・理解力/他部門との関係/権限・結果責任等）
		2	さまざまな手法を自社の合った内容/表現/事例などを盛り込み，テキスト作成やトレーナ教育ができる
		3	社内外の良い改革/改善事例をヨコ展開/情報発信/指導でき，改革/改善力を強化し，成果の刈り取りを最大限にできる
3	期待品質 次期経営幹部	1	定期的顧客訪問/ビジネス・パートナー訪問によりコーポレート～事業所間・部門間などに埋没している問題点を発掘でき，改革/改善を進められる
		2	外部環境/内部環境変異の予兆を察知し，改革/改善全体の軌道修正ができる
		3	トップの考える会社の方向性に沿って，経営企画と協力して実務に直結した中期経営計画を策定できる

事務局となると、実際に苦しむことも多い。

会社のさまざまな体質との戦いが待っている。目標が高いほど「事務局は嫌われ役」になり、ストレスが溜まっていく。「何で事務局が…私がこんなことまで」など、同じ立場でありながら、同期や同僚にはいわねばならないこともある。場合によっては、先輩に指示することもある。「お前も偉くなったな」「お前も実情知っているはずなのに」と、あからさまに批判される。

一方、会社からのプレッシャーにも耐えなければならない。経営幹部に対して意見をいうと「あいつは何だ」と非難されることもある。なかなか一筋縄で進まない。人間関係でさまざまな利害も渦巻く。「やりがい」も大きいが、辛かったり、自分だけ悩んだり、馬鹿らしくなったり、投げ出したくなることが必ずくる。改革／改善は、今までの会社の体質との戦いのため、生半可な気持ちで取組むと「お茶を濁して終わり」となってしまう。相当の強い精神力や執念が必要となってくる。

遠隔操作は嫌われる。何も知らない者が、横から入ってきて、「あーしろ」「こーしろ」というと反発される。一緒に苦労し手を汚すことでこそ成果が出てくる。ここ一番で踏ん張れるかどうかで成果が変わる。会社側も成果が思うように出でないと、犯人探しも始まる。強い目的意識がないとくじけてしまう。これを乗り越えると、会社をまとめる有力なリーダとなっていく。

事務局人選で、取り敢えず空いている適当なメンバーを選ぶのはやめてほしい。やってみて成果が出そうなら、もっと陣容を強化しようという考えでは失敗しやすい。どこの企業も有能な人財は限られている。最初から投入せずに、タイミングを見て考えようとすると、うまくいかない。

トップが改革／改善を確実な成果を勝ち取ろうと思うのなら、本気度が求められる。その本気度を表す「リトマス紙」となるのが、事務局の人選である。そこそこの人財であれば、そこそこの成果しか出ない。成果は「出る」ものではなく、「出す」ものと認識してほしい。トップ自ら、「達成すべきこと」を心から渇望しているのなら、「達成できるメンバー」をアサインする。

人選で失敗する例を述べる。「決められたことの実務を粛々とできる能力〔実務能力〕」と「改革／改善で成果を上げられる能力〔改革／改善推進力〕」は違う。

図表3－2「必要能力要件の違い」に違いを示す。真面目だけが取り柄で、定型的な業務に長けているだけの事務局だと、自分でコントロールできないこと以外では必ず悩んでしまう。やがて、精神的に病んでしまうこともある。

事務局に求められるのは、定型的な決まられたレールの上を走る能力だけではない。線路のないところに、方向性を示し、土地を開拓し、時には橋やトンネルをつくり、レールを施設していく能力である。このような突発力・開拓者精神が必要となる。

例として挙げると、奥深い未開拓地やアマゾンの森林地帯で、発電所をつくるプロジェクト・

図表 3-2　必要能力要件の違い

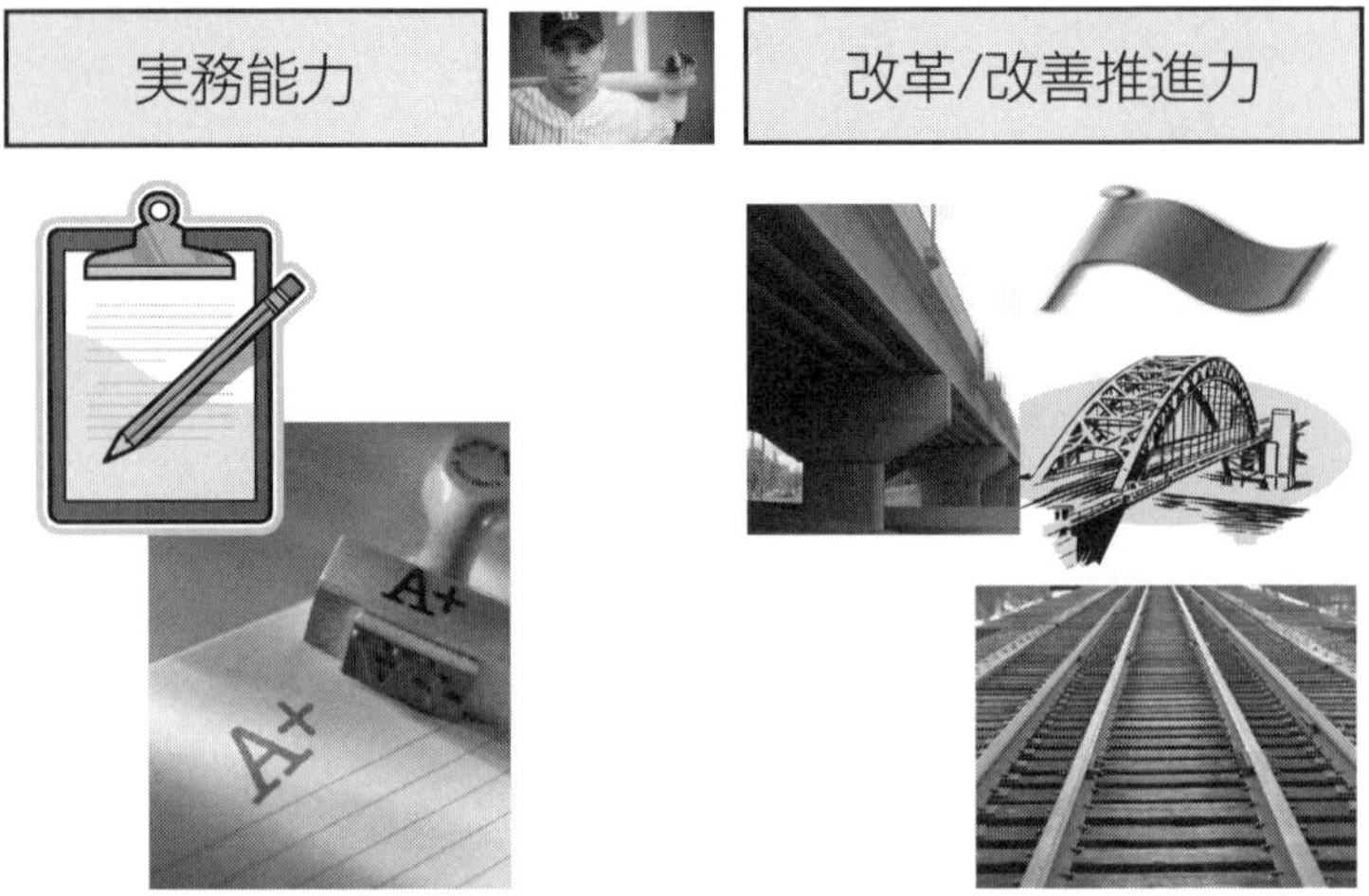

マネージャ（ＰＭ）である。場所・地元住民との調整・必要発電量・工期・予算などの制約条件が、非常に多く存在する。予期しない天候・地盤・調達品遅れ・品質不良・設計変更などトラブルは、必ず発生する。さまざまな与件の中で、ＰＭは決められた品質・納期・コストで完成させなければならない。

専任事務局を決定する際に失敗したＥＧＦ社の例を見てみよう。

専任事務局を選ぶ際、余っている人財を充ててしまった。ラインの責任者は、日常業務に支障がでれば困るため、どうでもいいような部門リーダを選んだ。どちらかというと真面目だけが取り得でパッとしないスタッフだった。取り敢えず○○に任せておこうと安易に考えた。

成果が見込めるなら、また事務局の変更を考えようとスタートした。ここが間違いだった。ＥＧＦ社の場合は、事務局をトップが選ばなかった。部門の責任者に選ばせたため、エースを出さなかった。暇な人財或いは「ソコソコ」のメンバーしか出さなかった。最終的にトップが選ぶ、任命することが大事である。

従業員も誰が事務局に選ばれるかを怜悧に見ている。誰が事務局になるのかをもとに、この改革／改善は本気がどうかを判断している。どのような思いで、従業員達が見ていたのかを一覧表にまとめた（図表３－３「事務局選任時の失敗事例として見た反応〈例〉」参照）。

さて、ＥＧＦ社では過去の失敗を繰り返さないように、事務局にエースをアサインした。結果的に、大きな期待以上の成果を達成した。その際の反応の比較を図表３－４「事務局選任時の成功条件として見る反応〈例〉」にまとめた。外堀を埋めるためにも、事務局選任は非常に重要だと肝に銘じてほしい。

専任事務局は、30半ば～40代前半がベストである。その会社の次のエースになるような人財が良い。性格は、明るく粘り強くストレスにも強い人財が最も良い。ものわかりの良い好青年では、成果は望めない。他人に甘く、自分にも甘い者は、改革／改善には適していない。

図表３－５「成功に導く専任事務局の行動特性〈例〉」を記した。可能な限り、トップがこの適性に合う人財を充てて欲しい。また、図表３－６「事務局のエチケットＮＧ集〈例〉」も参考に

図表 3-3　事務局選任時の失敗事例として見た反応〔例〕

NO	反応のポイント	関係者の反応〔例〕
1	トップの本気度	●トップは，なんでこんなやつを選んだのかな ●トップは何を考えているのだ。やらされる俺たちの身にもなってほしい ●改革/改善なんてアドバルーンで名前だけだ ●なんでこんな忙しいときに
2	改革への インパクト度	●面倒臭い活動だな。こいつは，一方的に指示するだけで白けるな ●こいつは，俺の元部下でよく知っている。事務処理能力がなく，知識もなく俺たちが相当フォローしなくてはならない。嫌だな ●彼がやった自部門の改革/改善活動をことごとく失敗している。また，失敗するのは目に見えている
3	今後の展開 予想	●こいつは，提出資料だけしっかり出しておけば文句を言わないヤツだ。表面的な活動になってしまうな ●いつ発展的解消〔空中霧散〕になるのかな ●また，発表会などセレモニーをするのかな
4	自業務への 具体的イメージ	●何をさせられるのかな。自部門が重点部署にならないでほしい ●会議や打合せで時間が取られる。誰が時間空いてるかな ●活動日は，できるだけ出張を入れよう ●どうせ活動時間も確保できない活動になりそうだし…
5	協力度・人望	●こいつは，あまり業務を知らないし，適当に誤魔化しが効くな ●こいつか，成果も見えている。適当にやろう ●組みやすし相手でよかった ●どのように逃げようかな

図表 3-4　事務局選任時の成功条件として見る反応〔例〕

NO	反応のポイント	関係者の反応〔例〕
1	トップの本気度	●こいつが専任者をやるのだから，トップは本気だぞ ●トップも英断したな ●この活動が第一優先だな ●成果を問われるな
2	改革への インパクト度	●こいつがやると，一所懸命にやりそうだ ●こいつを抜かれて○○部門の大変だ ●俺たちにも相当，プレッシャーがきそうだ ●こいつがやるなら，面白そうだ
3	今後の展開 予想	●こいつがやると成功しそうだ ●こいつがやる活動は真剣勝負だ ●今までとは違う誤魔化しの利かない活動だ ●大変だけど，活発な活動になりそうだ
4	自業務への 具体的イメージ	●適当な資料づくりで済まないな ●言い訳資料づくりに忙殺される活動ではなく，実効性が要求されるな ●計画的な活動をしなくてはならないな ●前倒しで改革/改善しないと達成は難しいな
5	協力度・人望	●こいつのために一肌ぬいでやろう ●今まで悩んでいたことを，この改革/改善活動で解消できそうだ ●この内容を是非提案して盛り込んでほしい。具申しよう ●有効に活用して，自分の業務もレベルアップさせていこう

図表 3-5　成功に導く専任事務局の行動特性〔例〕

NO	大区分	留意すべき特徴〔例〕
1	実務経験	●できれば幅広い豊富な実務経験/知識/人間関係を保持している方がよいが，必ずしもそうではない。「重要行動特性」が成否を握る ●知りすぎていると各部門の本音を分かりやすいが，制約条件となる場合あり
2	基本行動	●陽気である。明るく粘り強い。ネアカである ●明るく，めげなく，志高く，右脳人間となっている
3	重要 行動特性	●ストレスに強い ●負けず嫌い ●敵をつくらない ●お役所的にならず，遠隔操作をしない。「～をやらせる」「～をさせる」など高圧的な表現，言葉遣いをしない。また思わない。思っていると態度に出る ●気分屋ではない ●一緒にやってみる。手を汚す。泥臭いことを一緒にやる
4	人間関係	●反感を持たれない。好感を持たれる ●気さくに話せる。信頼される ●いうべきことをズバッといえる ●陰口を叩かない ●徒党を組まない ●さまざまな担当者などの本音を聞いてあげ，自分の活動スタイルを修正する
5	素直さ	●隠さない ●嘘をつかない ●素直に傾聴する
6	迷った時の 判断基準	●やってみてから考える。答えが全て見えないと動かないような頭デッカチでない ●ものわかりの良い人好青年にならない。他人に甘く，自分にも甘くならない ●先手管理する ●「達成すべきこと」に軸がぶれない

図表 3-6　事務局のエチケットNG集〔例〕

NO	大項目	内容
1	身だしなみ	①模範となる服装をしないこと ②ポケットに手を入れ歩くこと ③現場でストップウォッチ/メジャー /デジカメ等を持ってきていないこと
2	マナー	①上下関係だけで判断してしまうこと ②上司にしか挨拶しないこと ③時間にルーズなこと ④資料・ケータイを見ながら視線を合わせず話すこと ⑤商品・材料などを足で指す
3	傾聴	①好き嫌いで，全員を平等に扱わないこと ②自分のことだけ主張して相手のいうことを聴かないこと ③暖かさがなく反発したくなるアドバイス ④細かなことに拘り挙げ足を取り反論
4	性格	①切れやすいこと ②主観だけで悪口/蔭口をいうこと ③愚痴を言うこと ④自分の知識をひけらかすこと
5	その他	①自信がなく，声が小さい ②理解不足でも誤魔化すこと ③教え魔になること

してほしい。

●事前準備●　ポイント7　事務局の選任方法　重要度 ☝☝☝

①誰を専任事務局に選ぶかは、改革／改善についての「トップの本気度」を示す「リトマス紙」となる

②専任事務局を選ぶポイントで、「成功に導く行動特性」を理解して選ぶ。特に、ストレス耐性が必要である

次に、事務局にエースを選んでも「丸投げ」では成果は出ない。事務局は、トップの代役である。その代役が動きやすく配慮をすることがトップの役目である。やりたくない経営幹部は、改革／改善を「骨抜き」にするのはうまい。そうならないために、「事務局が動きやすい環境整備」について、おさえたい。

2　事務局が動きやすい環境整備

トップは、改革／改善のキックオフ大会の挨拶で、全従業員に対して周知する。主な内容は、次のような内容に集約される。

◆我が社は、これからの厳しい環境変化に対応するために、○○改革／改善を展開する
◆「不退転」の気持ちで、全社一丸となって取り組んでほしい
◆成果を上げるために、専任事務局としてこのメンバーを選んだ
◆事務局は、私の代わりに実務として改革／改善を展開してもらう
◆是非、協力してもらい、成果を勝ち取りましょう

キックオフ大会は、全員に周知することが重要だが、これで理解する従業員はいない。誰も自分が当事者だと思っていない。何か新しい活動をやるのだろうと、漠然と感じているだけ。事務局よりいわれることを、待っていればいいと考える。

改革／改善の基本的な実行責任・結果責任は、ラインが持つ。その支援組織として、事務局が

関与する。実際に今までのやり方を変えようとすると、トップの「強い後ろ盾」がないと、表面的に終わってしまう。そのために、トップの代わりである事務局が動き易い環境整備が大事である。前述のように「組織の癖」が存在するため、その壁に向かって事務局が立ち向かうこととなる。経営幹部～管理・監督職で密接なコミュニケーションが取れていると、事務局は部署間の関係で気を遣わなくても良い。しかし、多くの企業では、「組織の論理」「立場の論理」の存在により、多くの問題を内在する。さまざまな「思惑」「嫉妬」「学歴／入社年次」「好き嫌い」「評価」などが複雑に絡み合ってくる。会社のさまざまな縮図が見えてくる。事務局の苦労は絶えない。

事務局は、トップとタイムリーで適切なコミュニケーションをしたい。しかし、主観で漠然とした「悪口」「チクリ」のたぐいでは、意味がない。それを解決するために、次の３点を仕組化すると、事務局が動き易くなる。

ＧＦＨ社の事例で、図表３－７「ホットラインの仕組化」に記す。

図表３－７「ホットラインの仕組化」は、打合せをしやすくするためである。ＮＯ．３の「どのような内容で情報交換するかを事前に決めておく」について補足する。図表３－８「トップへのホットライン情報一覧表」に伝えるべき情報の内容を5種類に分けた。

ＧＦＨ社の例を紹介する。トップへのホットライン情報を具体化することにより、経営幹部の誤解・不安などをなくすることができた。そうなると、経営幹部や管理・監督職の行動は変

図表 3-7 ホットラインの仕組化

NO	ホットラインの仕組化	具体的内容
1	トップ～事務局 面談時間の固定化	●トップは忙しいため，毎週の固定時間に面談時間を取っておく ●1時間程度で，儀礼的な進め方ではなく，本音の打合せをできるようにリラックスして話易い雰囲気の運用にする ●「褒めて伸ばす内容」「未然火消し内容」「改革/改善軌道修正」などトップに動いてほしいことを打合せをする ●経営幹部にも打合せをしていることを周知する
2	トップは面談時間後の アクション時間を 固定化	●事務局と打合せをしても，それで終わらないようにする ●打合せした「褒めて伸ばす内容」「未然火消し内容」「改革/改善軌道修正」などに，個別にアクションを起こす時間を設ける ●打合せ後トップが1時間程度で，改革/改善が加速する時間を確保する ●職場巡回（距離が離れている場合は別途設定）・電話等で対策を打つ
3	どのような内容で 情報交換するかを 条件設定	●事務局はトップに何をホウレンソウすれば良いか悩まないようにする ●前述の「褒めて伸ばす条件」「未然火消し条件」「改革/改善軌道修正」を設定しておく ●内容も分類分けをして，対応基準を決めておく ●経営幹部にもどのような情報を上げるかを周知しておく

図表 3-8　トップへのホットライン情報一覧表

NO	ホットライン類型	具体的事例
1	アクセル Accelerate	●改革/改善の先行例で，他部門の参考となる取組みをしている ●目立たない従業員であるが，従業員の模範となる取組みをした ●実績・成果だけではなく，今までになかった「切り口」で取組みをした
2	テコ入れ Shore up	●部門長や管理職の関与が低く，改革/改善が沈滞している ●一部の限定的活動で，全従業員での取り組みになっていない ●主要メンバーの異動・退職・病欠等により，改革/改善が停滞しそうである
3	計画見直し Overhaul	●どう考えても，挽回不可能となっている ●当初の条件から，変わったことにより，達成不可能となったため，他部門に目標値割り付けを見直しが必要となった ●受注増・受注減・重大トラブルなどのより，これから改革/改善の達成が見込めない
4	リレーション Connect	●部門長～管理・監督職等の連携がうまくっていない ●従業員間の人間関係の悪さにより，改革/改善が進まない。客観的に見て，「我がまま」「好き嫌い」で「やりたくない理由」となっている ●他部門の協力があれば，改革/改善が加速するが，上司等評価されないため，取り組んでいない
5	テクニック Technical	●新しい手法・考え方の教育等が必要で行き詰まっている ●他部門が，○○という視点でできないといっているが，本当にそうなのかを検証したい ●他社訪問でベンチマーキングをして，改革/改善に活用したいが，知識・経験等がない

わっていった。トップから、「手抜き」を指摘されるよりは、図表3－8の「アクセル」項目をいわれるように努力するようになった。「アクセル」項目は、自部門が褒められる内容だ。そうすると、人間心理により、さまざまなさらに工夫するような動機付けとなっていった。結果的に、好循環の改革／改善と発展していった。

●事前準備●　ポイント8　事務局の動き易いトップの配慮　重要度

①　事務局は，企業風土との戦いである。その戦いが局地戦で放任されないように，トップの責任で事務局が動き易い環境整備をする

②　主観的な「陰口」「チクリ」をする事務局とならないように「ホットラインの仕組化」を決める。改革／改善に注力できるように，経営幹部・事務局に気を遣わせない

次に、具体的な改革／改善を取組む前に、整理整頓すべき内容がある。その内容について、効果的な考え方・取り組み方について述べる。

3　過去活動／進行中活動の2S

過去さまざまな活動をやった。成果も出た。出なかったこともあった。また、現在取り組んでいる内容もある。今回、新たに改革／改善を実施する。しかし、今までのことを、全て否定する必要はない。そのために、過去および現在の活動の２S［整理・整頓］をしたい。特に次の２点をおさえ、成功確率を高めたい。

◆過去の活動の内容・考え方・手法・進め方を総括する
◆進行中の活動を２S〔包含／統合／整理／廃止〕する

1点目の「過去の活動の内容・考え方・手法・進め方を総括」について説明する。総括を実施すると、自社の「改革／改善を成功させるためのポイント」がぼんやり出てくる。図表３－９「過去活動の総括〔例〕」、図表３－10「過去活動の個別総括表」、図表３－11「過去活動の個別総括表〔例〕」、図表３－12「過去活動の総括一覧表〔例〕」に示す。

図表 3-9　過去活動の総括〔例〕

NO	内容	詳細	振り返り〔例〕
1	活動命名	●名称 ●名称の由来 ●スローガン	●従業員の反応 ●名称の浸透度 ●活動そのものの注目度
2	目的	●そもそもなぜその活動をしたのか？ ●背景・目的等	●目的の理解と浸透度 ●改革/改善の背景の適合性/有効性
3	活動期間 目標値	●活動期間そのもの ●管理指標の予実 ●部門別管理指標の予実	●内容と期間の相関 ●目的と管理指標の合目的性/予実 ●部門別管理指標の設定/予実
4	推進組織	●トップ・リーダ・事務局・推進体制 ●部門間力関係	●改革/改善への機能度合い ●組織間摩擦・軋轢での実績
5	情報宣伝 活動	●改革/改善内容の周知 ●先行事例の啓蒙活動	●内容の理解度/浸透度/協力度 ●先行事例のヨコ展
6	活用手法	●活用手法の自社への適切性 ●理解状況	●手法の共通言語化実績 ●現在の浸透度/利活用度
7	進め方	●キックオフ/中間報告会等 ●進捗確認方法 ●内部/外部指導機関選定	●関係者の動機付け ●進捗管理の成功例/失敗例 ●指導展開方法の役割責任等
8	その他	●トップの改革/改善関与の仕掛け ●若手・中堅従業員へのモニタリング	●トップの職場巡回/懇親会 ●若手・中堅への意見交換会

図表 3-10　過去活動の個別総括表

過去活動の個別総括表

作成者	確認	承認

NO	活動総括シートNO		活動名称		スローガン					
1	活動期間			名称の由来						
2	活動月数	ヶ月	浸透度/反応/注目度等					活動点数		点
3	管理指標	指標名		予定		総合評価	記号	◎	○	×
		指標定義		実績			定義	過達	達成	未達
				達成率			記入			
4	推進組織体制	CEO		責任者		メンバー編成				以下 ★継続事項 ▲改善事項
		COO		事務局長						
				調整機関		その他				
5	主要実施事項	主な活動内容①				実績				
		主な活動内容②								
		主な活動内容③								
6	組織間実績	部門間連携/協力実績								
		組織間摩擦・軋轢での実績								
		組織間活動のバラツキとその背景								
7	情報宣伝活動	タイムリーな情報入手/提供								
		先行事例のヨコ展								
8	活用手法	主要手法				手法の共通言語化実績				
		活用手法の自社への適切性								
		現在の浸透度/利活用度								
9	進め方	キックオフ大会				トップの職場巡回/懇親会				
		関係者の動機付け方法								
		進捗管理の成功例/失敗例				若手・中堅との意見交換会				
		指導展開方法の役割責任等								
		内部/外部指導機関選定				その他				
		トップの改革/改善関与の仕掛け								
10	その他特記事項									

図表 3-11　過去活動の個別総括表〔例〕

過去活動の個別総括表〔例〕

作成者	確認	承認

NO	活動総括シートNO	I-12	活動名称	The○○M	スローガン	○○○○○○○○○○				
1	活動期間	○年○月～○年○月		名称の由来	○○を○○するために，○○を○○を目指す					
2	活動月数	36ヶ月	浸透度/反応/注目度等	○○を主体に進めた活動であるが，名称が○○であった				活動点数	70点	
3	管理指標	指標名	○○○	予定	○○○	総合評価	記号	◎	○	×
		指標定義	○年○月基準の○○を○年○月までに○○を達成する。〔計算式=○÷○×100〕	実績	○○○		定義	過達	達成	未達
				達成率	○○○%		記入		●	
4	推進組織体制	CEO	○○○○	責任者	○○○○	メンバー編成	○○を主体にメンバー編成 ○○○，○○○，○○○，○○○，○○○，○○○，○○○，○○○			以下 ★継続事項 ▲改善事項
		COO	○○○○	事務局長	○○○○					
				調整機関	○○○を主体に，○○○，○○○	その他	若手○○，中堅○○をサポート部隊に			★
5	主要実施事項	主な活動内容①		業務プロセス○○工数を○○○する		実績	業務プロセス○○工数1/2			★
		主な活動内容②		全社直接作業率を○○○する			直接作業率○○%アップ			▲
		主な活動内容③								
6	組織間実績	部門間連携/協力実績		情報システム部門に設計部門のエース○○と営業○部門のエース○○を異動させることにより，巻き込みが可能となった						★
		組織間摩擦・軋轢での実績		全体最適を追求にて○○部門の人員を1/2にする際，もう少し○○の展開方法を配慮した方が理解が進み，期間を2ヶ月間早くスムーズにいった						▲
		組織間活動のバラツキとその背景		○○部門/○○部門が主体で活動した。○○部門の役割分担が不明確なこともあり，巻き込みが不足した						▲
7	情報宣伝活動	タイムリーな情報入手/提供		部門長やリーダが，社内LANトップで活動実績を毎日輪番でアップして，通期で従業員の75%が既読となっていた						★
		先行事例のヨコ展		当初，○○部門が先行で成果を上げたが，半数の部門は「内容が分からない」説明となり，距離感を出してしまった。その後，その反省をもとに，問題の解釈とその考え方を分かりやすい説明方法に変え，3/4は理解するようになり，自部門へのヨコ展に活用できるようになった						★
8	活用手法	主要手法		○○○○及び○○○		手法の共通言語化実績	約6割の部門では，○○という名称で手法を使っている			-
		活用手法の自社への適切性		そのまま活用し失敗したが，○○を工夫して活用ポイントを明示することにより，使いやすい手法となった						
		現在の浸透度/利活用度		部門長が変わった○○部門・○○部門は，特に手法の理解が浅く，全く利活用されていない。今後は，人事部主導で，重要引き継ぎ事項として，手法の活用ポイントと内容の理解を歯止め/定着化としたい						▲
9	進め方	キックオフ大会		月末実施のため参加率80%だった	▲	トップの職場巡回/懇親会	全般的に効果大。特に，トップの関与が少なかった○○部門は非常にモティベーションを感じ活動が加速した			★
		関係者の動機付け方法		基本的な考え方の集合研修と，手法トレーナー養成を実施した	★					
		進捗管理の成功例/失敗例		間際のトップのスケジュール変更等多発により，計画的な進捗管理ができなかった	▲	若手・中堅との意見交換会	事務局○○がキーマンを把握して，意見の吸い上げができた			★
		指導展開方法の役割責任等		事務局とラインでの役割分担でグレーの部分あった。日常活動での進捗確認や積み残し課題の刈り取りなど	▲					
		内部/外部指導機関選定		外部指導機関○○は，当初1年間日数不足により，加速するためには○日必要だった	▲	その他				
		トップの改革/改善関与の仕掛け		トップへのホットライン情報一覧表〔図表3-6〕による効果的だった	★					
10	その他特記事項	この活動は，その前の「チャレンジ○○」と比較して，綿密な事前準備により効果が上がった。さらに，トップの積極的参画により，今までの「特別な活動」から「重要な日常活動そのもの」の展開ができた。しかし，まだまだ組織間/従業員間のバラツキがあり，継続事項を踏襲し，改善事項の歯止めを進めたい								

図表 3-12　過去活動の総括一覧表〔例〕

作成者	確認	承認

過去活動の総括一覧表〔例〕

NO	活動総括シート	活動名称	スローガン	活動期間	活動月数	達成率	活動点数	◎ 過達	○ 達成	× 未達	★継続事項	▲改善事項	備考
1	I-12	The○○M	○○○○○○ ○○○	○年○月～ ○年○月	36ヶ月	○○○%	70点		●		①○○○○○○○○○○○○ ②○○○○○○○○○○○○ ③○○○○○○○○○○○○ ④○○○○○○○○○○○○	①○○○○○○○○○○○○ ②○○○○○○○○○○○○ ③○○○○○○○○○○○○ ④○○○○○○○○○○○○	
2													
3													
4													
5													
6													
7													
8													
9													
10													

図表3－10～12により、新しく改革／改善を感覚的に取り組むのではなく、会社としての総括を実施する。その上で、新たな改革／改善への「継続事項」及び「改善事項」を確実に反映させる。

次に2点目は、「進行中の活動を2S〔包含／統合／整理／廃止〕する」である。

進行中のものを新しい改革／改善の名のもとに、中止や延期する必要はない。改革／改善のキックオフまで、待つ必要のないものもある。佳境にはいっている内容を延期したり中止したりすると、機会ロスともなってしまう。

部門のトップの中には、現在活動中の成果を改革／改善が始めるまで取っておくものもいる。成果を遅らせるものもいる。今取り組んでいる成果が基準値となり、さらに厳しい目標値を受けなくてはならない。ハードルが上がってしまう。今まで一所懸命やったのに、さらに大変になっていき「正直者が馬鹿を見る」こととなる。クレバーに組織を泳ぐスキルとして、このような能力は重要となる。各部門では昇進の熾烈な争いがあり、改革／改善の部門別成果の競争にも影響してしまう。

このような場合の目標値設定は、一律の水準での割り付けをしてはならない。成果の評価方法も工夫する必要がある。これは、具体的アクション・プランの目標値で、トップとの「アクション・プラン商談会」により、実情を把握して効果的に実施していく。

「アクション・プラン商談会」とは、事務局が実態調査の上トップと関連部署を含め、アクション・プランの内容や目標値を「握る（約束する／コミットする）」会議である。「やること」を決め、後は「やることをしっかりやり切る」活動とする。

また、２点目の２Ｓでは、減らすこともしなければならない。新たな実施事項を追加しようと思うと、何かを減らさないと余力は生まれない。どこの部門も人員が余分にいる訳ではない。テーマが増える一方では、オーバーフローとなり、手抜きをせざるを得なくなる。また、できる人に負荷がさらに集中し、器用貧乏が加速してしまう。

それを防止するためには、２Ｓの段階で負荷を考え意識的に英断して減らしていく。

そのために、今までの活動を全て棚卸する。アクション・プランで全体像を示し、その中の活動アイテムを整理していく。具体的に、重複するものは統合する。日常業務的なこと、日々の管理項目、プロジェクトなど、当初の活動の目的が終わったものや、ニーズが変わってきたものについては、廃止する勇気が必要となる。

前述のＧＦＨ社で実施したことは次の通りである。即効性があるので、是非自社も見直してほしい。

- 目的がないデータを取っていた。目的がない（或いはなくなった）データの収集を止めた
- 活用していない提出資料が多く存在した。念のためにファイルしているだけの資料も多く

あった。一度も確認したことがない資料は即刻廃止する
◆目的や重複している会議・打合せ・連絡を止める。また、会議は目的と内容をもとに、時間・対象者・頻度を見直す

●事前準備●　ポイント9　過去活動／進行中活動の2S　重要度 ☝☝☝

①過去の実施した活動の総括により、「継続事項」「改善事項」の棚卸をして、自社に合った改革／改善を実施する
②進行中の活動を2Sすることにより、機会損失とならないようにする

さて、次に改革／改善で重要な「実務者との合意形成」について押さえたい。

4　実務者との合意形成

改革／改善は、社内の見えない敵との戦いもある。

トップが「いる」ときと「いない」とき、表情・言動が変わる経営幹部・管理職もいる。特

に、ワンマンなトップの下では、いいたいこともいえない。ストレスがうっ積してしまう。また、リーダシップが弱いトップの下でも、面従腹背がある。この両社の事例を見てみよう。

「自分のいうことが絶対だ」というワンマンなトップの例を、ＦＨＩ社で覗いてみよう。ＦＨＩ社は、過去さまざまな取組みを精力的に実施してきた。あるとき、新たな改革／改善を進めるため初めてご訪問した。さまざまな意見交換をすると、過去素晴らしいことを多くされていた。

トップと一緒に職場を拝見した。ある職場での活動内容の説明を受けた。途中で、おそらくお気に入りと思われる管理職を呼ばれた。理路整然として、分かりやすい内容で感心した。職場の掲示物も、きれいに整備されていた。論理立った内容で、さまざまな工夫も見て取れた。

トップと管理・監督職が参加する会議に参加した。会議の後、私が同席しているため改革／改善について議論があった。「改革／改善」の認識に、何か「違和感」を感じた。トップがいなくなると、今までの取組みが「表面的」だったことが分かった。

トップがいるときは、誰も率先して発言しない。トップの意見を拝聴している。意見を求められると、同意する。本位ではないことは、あからさまに否定・批判しない。トップがいなくなると、急に持論を饒舌に展開する古参の幹部がいた。言下にトップの批判をして、周りのメンバーに、同意を得るように「うなづき」を要求している。トップがいなくなると、人が変わってしまった。改革／改善についても、このようなメンバーが「骨抜き」にしてしまう。

　その幹部が「何を訴えたいのか」気持ちを理解しようと試みた。その発言の背景を知ろうとした。よく聞くと、過去の改革／改善は、ことごとくトップやコンサルタントに「自分を否定されたこと」が、気に喰わなかったようだ。自分としては不本意で全く面白くなかった。俺はこんなに会社のために、滅私奉公していたのに評価されていない。こんな改革／改善しても仕方がないと、非協力的な意見だった。俺を無視した。よって、改革／改善は敵だ。

　周りの管理職の表情を見ていると、この幹部の気分を損ねると仕事がやりにくくなることが容易に予想できた。「長いものに巻かれろ」という反応をしている。同意して、仕事をスムーズにしたい部下だと思われる管理職が、幹部の意見に乗っかり扇動しようとする。否定のことばは一切でない。

　この経営幹部の発言は、私に俺の意見をよく聞けというメッセージのようだった。この幹部は、会社への貢献度は高い。しかし、改革／改善の制約条件となるかも知れない。トップは「英断」する必要な場面で出てくるかも知れない。

　自分で一所懸命やっている幹部ほど、十分に気を付けないと、地下に潜行してしまう。「見えない抵抗勢力化」となってしまう。実際の管理・監督職は、この幹部と摩擦は起こしたくないので、表面的にならざるを得ない。この情報は、トップへ上がってこない。「裸の王様」となっており、笑えない結果となってしまう。

経営幹部や管理・監督職は、次のような考え方だった。改革／改善はどうせ時間を切られているため、やがて終わる。経営幹部は、業績も良いし、改革／改善する必要性はない。忙しいため、時間泥棒をしないでほしい。同じ時間を遣うのなら、もっとしたい仕事がある。

ＦＨＩ社も今回の改革／改善も同じような結果となることが確実だった。

規模に関係なく、改革／改善の制約となる部署／メンバーは存在する。どこの企業にも、長期間異動せずに責任感が強い主《ぬし》がいる。自負心がある部門長或いは実務担当課長が、改革のハンドルを切れば切るほど「自分を否定された」と思ってしまう。自分は、面白くないため、非協力的となる。こんなことをすれば失敗すると分かっていても、口出ししないこともある。結果的に失敗となり改革は頓挫してしまう。

ここでの対処方法は、ひとつである。ＦＨＩ社では、次のように実施した。まず、この幹部とトップと私の3名でトコトン討議した。改革／改善の当事者とした。トップとは気心が通じており、自分のいっていることを一番理解していると考えていた。

しかし、「人の心」は自分の思うようにはコントロールできない。この幹部の実務能力や実績を認め、褒め、その上でこの改革／改善を理解してもらうように、時間をかけた。トップ自身、自分は上意下達に慣れ頑張ってきた。コミュニケーションにわざわざ時間を取らなくても、分かっているはずだと、考えていた。業績も堅調だが、このままでは将来に不安がある。何とか組織風土を変革したいと熱望していた。

他社の先行事例を同業者やテレビ・雑誌で見たり聴いたりすると危機感が強くなり、それがエネルギーとなっていた。自分だけ危機感を持っていても、周りには全く伝わらない。このステップをスルーして、改革／改善を急いでスタートしてはならない。条件整備には注力しなければならない。トップは自分がいえば、十分伝わっていると勝手に考えている。そうではないことを、理解しなければならない。

馬を河に連れていくことはできるが、水を飲ませることはできないのである。

トップのリーダシップが弱い事例ＨＩＪ社の事例を見てみよう。

組織の特徴は、「声の大きなもの」に引きずられる傾向がある。トップが、決断しない場合が多い。

このような状況でＨＩＪ社では、方針や目標を出しても、うやむやになってしまう。徹底力も弱く、いくら精緻に計画をつくっても、少しの障害や波でギブアップしてしまう。やっていることも立ち消えしてしまう。よく「達成すべきこと」ではなく、「できること」で終わってしまう。組織運営は甘くなり、簡単に諦めてしまう。都合よい言い訳を探して、何もせずに「白旗」を上げる。「敵前逃亡」もはなはだしい。土俵際の踏ん張りもない。

トップの意向をもとに、Ｎ０．２にリーダシップの発揮できる幹部がいると、改革／改善が進む。しかし、ＨＩＪ社の場合幹部も同じような性格だった。重しが利かず、アドバルーンは上げても、「打ち上げ花火」となってしまう。ＨＩＪ社は、このまま放置すると2～3年で経営がおかしくなる状況だった。時間的猶予を考えると、最後の改革／改善のチャンスとなる。

トップは、今まで遭遇したことのない厳しい環境で、何をどうすればいいのか分からなかった。従業員からできない理由が多く出てくる。そこで判断を求められる。従業員の意見は聴くだけに終わり、自分に自信がなく問題の先送りとなり、決断できない。悩む。やがて時間が経過するだけ。ホウレンソウをした現場は、トップからの指示を待っている。

しかし、良い点もあった。組織風土を見ると、真面目で純朴な従業員が多かった。若手ほど危機感を持ち、自分達で何とかしたいと考えていた。その反面、トップにしっかりしてほしいとの強い要望があった。やり方さえ間違わなければ、絶対に成功すると確信した。

そのためにやったことは、2点だった。

一点目は「やることをしっかり決める」ことで、二点目は「しっかりやり切る」ことだった。改革／改善を実施していると、さまざまな制約条件・障害・トラブル・リスクなどに遭遇する。しかし、一々その問題に一喜一憂しても仕方がない。万難を排し「やり切る」組織への変革を目指した。「できない理由」若しくは多かった「やりたくない理由」は聞かなかった。

唯一聞く場合は、「問題の報告」と「当事者としての複数の対案」の2点セットとした。状況把握の曖昧な点、噂や風評のたぐいでの「白旗」は禁止とした。トップには、事実をもとに判断してもらうようにした。人間関係が部署間でしっくりいっていない場合、トップが管理・監督職の必要な調整能力として任せた。今までは、トップが余計な配慮をして、改革／改善が進まないことが多かった。

ＨＩＪ社は、時間がかかったが、半年を起点に成果が出始めた。努力は嘘をつかない。ちゃんとやっているとと成果はついてくる。トップと管理職の「本気度」により、「達成すべきこと」をこなせる組織に変わり始めた。

これら2つの例に関し、図表3－13「リーダシップ類型化による改革／改善のポイント」にまとめた。前述の第2章の図表2－5「残り9割の組織2類型」も参照してほしい。

理屈では組織は動かない。フレームワークやテンプレートで、改革／改善が進めば楽である。社内にさまざまな目に見えない「規範（ものの考え方／価値観）」「組織間の力関係」「組織内オピニオンリーダ」「人間関係」など複雑に絡み合っている。

トップの率先垂範・本気度で変えていくしかない。その素直な気持ち・謙虚な姿勢が成功に結び付いていく。

図表 3-13　リーダシップ類型化による改革／改善のポイント

NO	類型	押さえなければならないポイント
1	ワンマン型 強いリーダシップ	●古参幹部/功労者への配慮，改革/改善の方向性の充分な理解と打合せ ●NO.2以降の影の抵抗勢力を撲滅するために，コンサルタント等の第三者を入れた双方向の本音の打合せに十分な時間の確保 ●経営幹部からの成功させるための改革/改善への重要事項を具申させるようにオープン化 ●コンサルタントを使う場合，自分の味方にしないこと。自分のいいたいことをコンサルタントを使っていわないこと。耳障りのいいことではなく，敢えてトップにも耳の痛いことをいってもらうように誘導
2	民主的調整型 弱いリーダシップ	●一点目は「やることをしっかり決める」。組織メンバーで上位方針を受けた方針・目標をもとに実施事項を決めること ●二点目は「しっかりやり切る」。軸がぶれないように，さまざまな波に一喜一憂しないようにすること ●改革/改善を実施後，さまざまな制約条件・障害・トラブル・リスクなどに遭遇する。しかし，一々その問題をトップにいっても，万難を排し「やり切る」組織への変革を目指すこと。「できない理由」若しくは「やりたくない理由」は聴かないこと ●唯一聞く場合は，「問題の報告」と「当事者としての複数の対案」がある場合だけ

●事前準備●　ポイント10　実務者との合意形成　重要度

①リーダシップの強いトップは、「いつも話しているから趣旨は伝わっている」と思うが、大きな間違い。実務者の「意見」「いい分」を聴き、配慮することにより、敵にも味方にもなっていく

②リーダシップの弱いトップは、「やることをしっかり決める」「決めたらやり切る」ようにする。さまざまな問題に遭遇しても、複数の対案を提案させるよう合意形成をする。決してトップが抱え込まない

最後に、多くの企業で悩まれている幹部育成について、改革／改善の効果的活用を述べたい。

5　改革／改善を通した幹部育成

どこの企業も苦労していることに人づくりがある。

「ものの品質」や「顧客対応の品質」は、「人の品質」の違いによって決まる。「人の品質」の違いにより組織の違いが生まれる。それが競争力となり、多くの企業と差がついていく。会社に

とって必要な人財は、一朝一夕にできるものではない。計画的かつ継続的に実施しないと育たない。

初めから能力のある従業員は、自分の努力により、成長していく。子供の頃からの友達関係や適性によって培われたコミュニケーション能力・リーダシップ・人望を持っている。これは、会社で養成されたものではない。

しかし、その従業員がいなくなると、たちまち仕事が回らなくなってしまう。個人の努力や自主性に任せていくと属人的となり、安定的な業務遂行ができない。教育／訓練はコストではなく、永遠に実施しなければならない。しかし、収益状況が厳しい企業ほど、目先・目先となり、なかなか教育／訓練をする余裕がない。

特に、会社を再建しなければならない企業では、改革／改善を推進できる経営幹部が必要だ。どの企業でも、トップの目からすると自社の経営幹部は「帯に長し襷に短し」で、「これは」という人財がいない。どうしても緊急性の高い業務に縛られて手つかずとなってしまう。では、どうしたらいいかの事例を紹介したい。ＩＪＫ社の事例を見てみよう。

ＩＪＫ社の経営は、償却前でも赤字で資金繰りにも窮しており、崖っぷちの状況だった。緊急対応で、さまざまな改革／改善を矢継ぎ早にしなければならなかった。ＩＪＫ社は、「金がない」「人がいない」「時間がない」「情報がない」「ノウハウがない」など「ないないずくし」だった。その中で、我々と改革／改善をスタートした。ＩＪＫ社の内部は、こんな状況だった。

◆トップに細かなことでもお伺いを立てていた
◆トップ不在時にはタイムロスも発生していた
◆トップは日々の業務に追われ、先のことを考える余裕がなかった
◆経営幹部〜管理・監督職は、朝早くから夜遅くまで、日常業務で身を粉にするように頑張っていた
◆経営幹部は、さまざまなことを聞くと、自分の意見を持っている。しかし、指示待ち族の風土に慣れきっていた

最初に改革／改善で実施したことは、仕事のやり方の変革である。トップがやらねばならないことだけを決め、それ以外は徹底的に権限移譲を進めた。「因小失大」を徹底した。「因小失大」とは、細かなことに拘ることより、大きなことを見失うという意味である。トップは、船長のように望遠鏡で航路を見て進行方向の軌道修正を指示するようにした。

経営とは「大づかみ」である。トップが「小づかみ」ばかりしていると、全体を見えなくなってしまう。

ポイントは、改革／改善の推進で、経営幹部〜管理・監督職に責任を持たせた。方針・目標の

達成のために、権限と結果責任を持つようにした。トップは、全体を見て経営幹部が調整できないことだけに絞った。当初は、トップの我慢が必要だったが、4～5ヶ月経過すると判断すべきことはほとんどなくなった。経営幹部が伸びると、管理職が伸びていく。管理職が伸びていくと、監督職が伸びていく。

つまり、教育／訓練の最適な実践の場が、この改革／改善である。「育つ」には、「修羅場」の経験・成功体験が必要だ。決して、本を読んで得られるものではない。

ＩＪＫ社の経営幹部は、今まで指示を仰いでばかりで、当初思考停止状態となっていた。経営幹部の中には、指示内容を粛々とこなす真面目だけが取り柄の方もいた。自分でやることを決め、実行することは急に大海原に放り出された感覚だった。大きなカルチャーショックだった。社内メンバーの行動特性を見ながら、「達成すべきこと」に注力できるように、抜擢人事も進めていった。

トップにも我慢を強要した。経営環境を鑑みると、「答えをいってショートカットしたい」気持ちが強くなる。そこを抑えてもらうようにした。権限移譲といいながら、どうしても細かなことに口出しをしてしまう。そこで、その経営幹部の成長は止まってしまう。余裕がない状況であるが、大きな投資や掛けで、経営が左右されない程度であれば、「やらせてみる」ことを徹底した。トップと経営幹部との間で、次の2点を約束した。

◆チャレンジすること。しかし、同じ失敗はしないこと。失敗から学ぶことを肝に銘じる
◆失敗してもいいから早く動く。失敗したら、速く次の手を打って、挽回する

ＩＪＫ社の場合、大きな成果を出す経営幹部も出てきた。表情は「心の鏡」。心から「遣り甲斐」があると、目が輝きエネルギッシュに日々動いている。「大変だけど、充実している。打てば響くことを体感している。組織は嘘をつかない」というメンバーも出てきた。あるテーマを設定して、成果の刈り取りまで一任する。その中で、「リーダシップの発揮」「課題解決能力アップ」「成果を勝ち取るまでの創意工夫」など、まさに実践の場そのものとなっていた。

その後、トップがいったことばが印象的だった。「自分は、人を見る目があると思っていたが、自分の色眼鏡で偏った評価・処遇をしていた。舞台を提供すれば、立派な演劇をする者が出てきた。私は、彼らの芽を摘んでいた」と。

面白いもので、「経営幹部の成長」イコール「収益状況の良化」だった。

未だ未だ安泰ではないが、トップは手応えを感じていた。さらに、後継者選びも複数のメンバーを競わせながら進めている。次期トップ或いは次々期の経営幹部などをどうするかも競わせている。改革／改善が良いフィルターとなっている。

別の会社で、ＪＫＬ社のトップも面白い育成をしていた。「人は育てるのではなく育つ」という持論を持っていた。こう聞くと、自助努力で放任にしているのかを考えてしまう。しかし、実態を見てみると「育つ」ように、さまざまな「育てる工夫」をしていた。個人ごとにひとつ上の仕事やテーマ・予算などを与え、チャレンジさせていた。そこで、自分で苦労して修羅場も経験しながらＰＤＣＡのサイクルを回すことにより、結果的に「育つ」のだ。

改革／改善以外で、幹部育成を仕組化してうまく機能しているのが、金融機関や大手企業である。金融機関を例として挙げると、業務ではさまざまな対応をしなければならない。何があっても「情報共有」「リスク管理」などが徹底している。その組織運営は、非常に参考となる。具体的には、支店長と次長が両輪となって役割分担ができている。

情報は支店長に集めるのではなく、さまざまな内容が次長に集約される。支店長の代わりに、次長が実務対応する。顧客対応・行員への指示命令・本部等への対応・その他雑務など一切を担当する。支店長は対外的な企業訪問などに注力する。次長経験をすることにより、支店長となっても無理なく業務が遂行できるようになる。大型店舗であれば、法人担当と個人顧客担当等に分かれる場合もある。

大手企業では、部長1名に次長1～2名体制で、同じようなサポートができるようにしている。

図表 3-14　幹部育成と改革／改善の継続性確保

- 誰が異動しても，人が変わっても，オールクリアにならないように改革/改善の継続性を担保する
- 国内SVP・現地CEO・現地MDの異動は，半年～1年間遅らせることにより継続性を保てるようにする

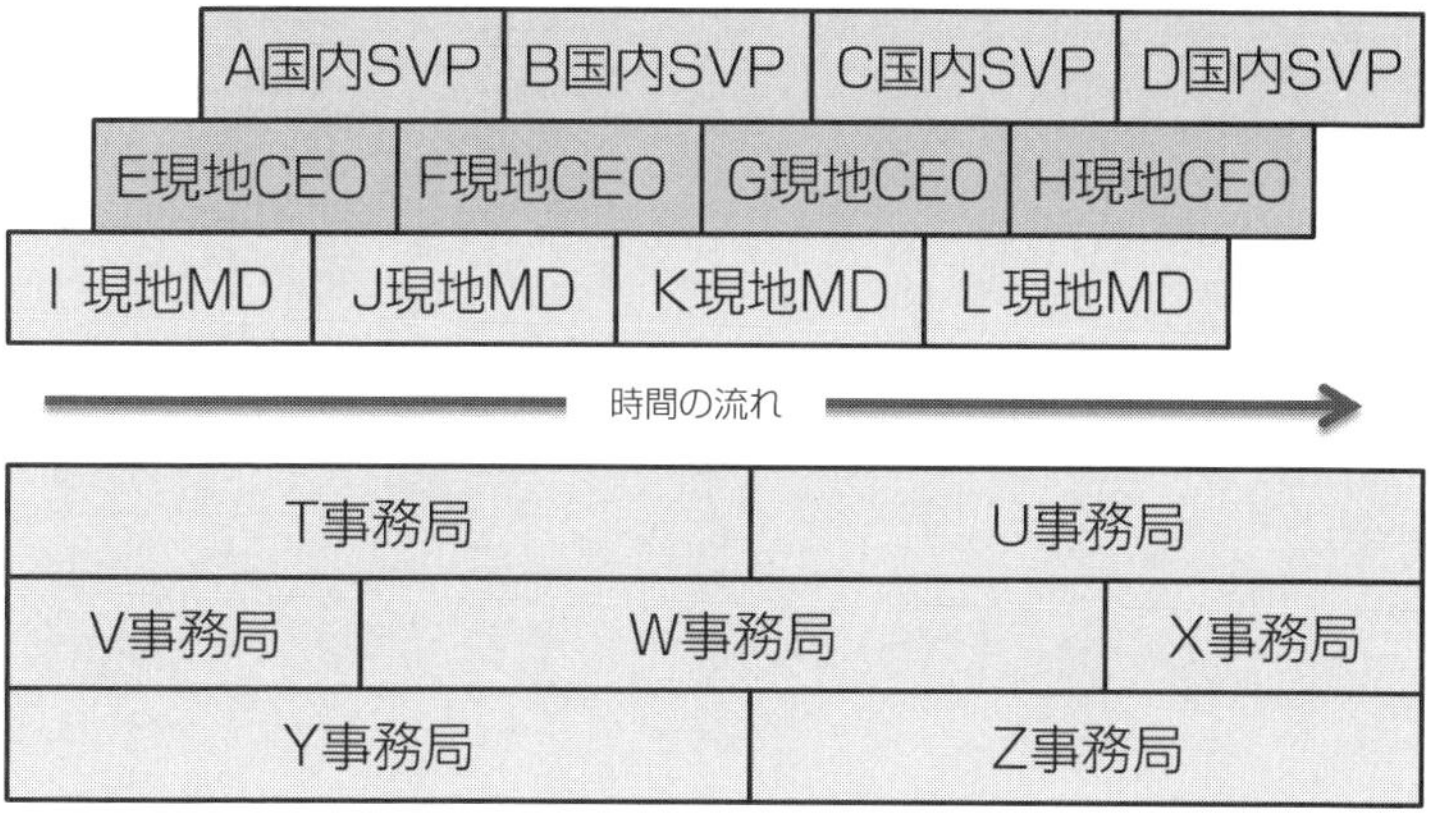

幹部の育成とともに、「改革／改善の継続性」を担保したい。国内外の関係なく、引き継ぎが中途半端で、オールクリアになる改革／改善も多い。それを防止するために、前任と後任を一挙に異動させるのではなく、タブらせる。さらに、事務局も同様にダブらせることで、地についた活動が展開できる。図表3－14「幹部育成と改革／改善の継続性確保」に記す。

●事前準備●　ポイント11　改革／改善を通した幹部育成　重要度 ☝☝

① 研修の受講や書籍を読むだけでは、ヒントになるが、幹部育成にはつながりにくい。改革／改善の実践にて、幹部育成の場の提供ができる

② 幹部～管理・監督職が「育つ」には、トップが複数の幹部を競わせながら「権限移譲」と「我慢」及び「引き継ぎ期間の確保」が必要である

ここまで「成功させるための事前検討と仕掛け」について見てきた。今まで述べてきたポイントを踏まえ、いよいよ、これから具体的展開に移る。そのための「改革／改善のタイムテーブル」について入りたい。

B	具体的展開	スケジュール	ブレない活動体系

第4章 改革 / 改善のタイムテーブル

●改革 / 改善を成功させるために「仕組みづくり」
「タイムリーな部分修正 / 洗い替え」を実施する

改革 / 改善の大日程	
1	改革 / 改善の後戻りは避ける
2	事前準備期間を十分に取り，万全の体制を敷いてスタートする

最高の「キックオフ」	
1	会社への将来像と，トップの本気度が伝わる
2	会社の成長が自分の成長と重なり合う
3	一部の活動ではなく，達成可能性が高く，今後の改革 / 改善の展開が楽しみだと感じ，従業員一人ひとり「何が貢献できるか」をイメージできる

キックオフまでの体制準備	
1	コンセプトづくり
2	推進組織づくり
3	アクション・プラン作成
4	キックオフ大会の準備

改革 / 改善が加速させるための仕組み構築	
5	情報管理のルール設定
6	情報宣伝活動
7	教育訓練
8	進捗管理
9	サポート体制
10	その他

「進捗管理」と「J カーブ効果」の理解

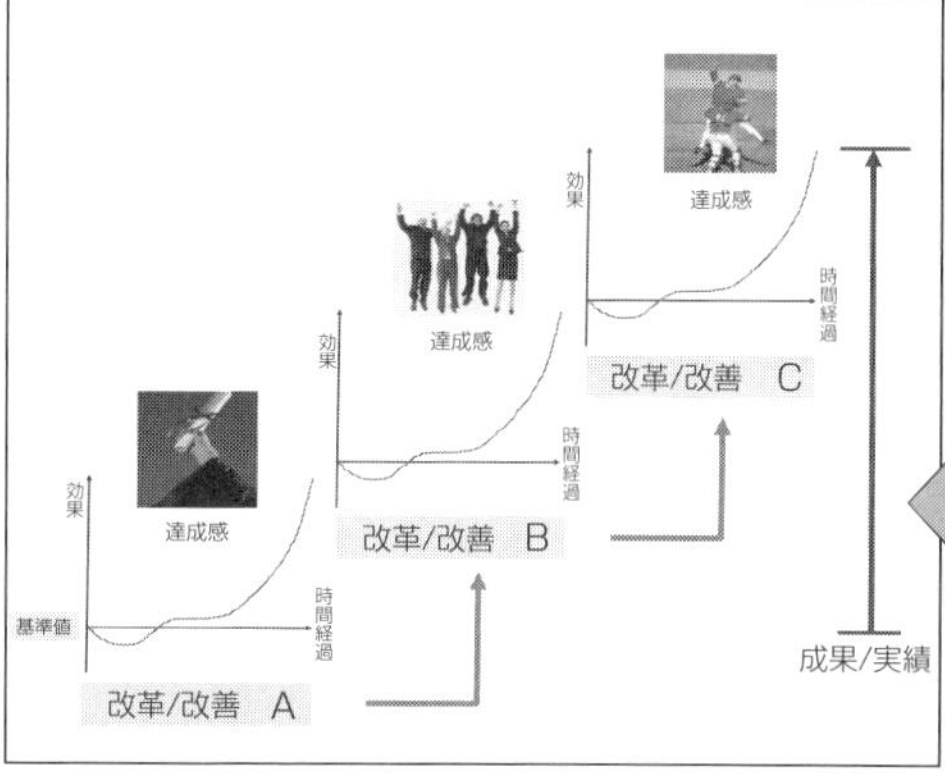

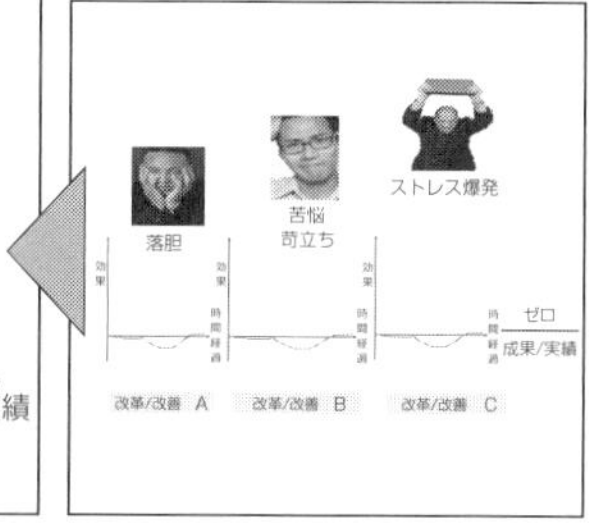

タイムリーな部分修正 / 洗い替え基準
「改革 / 改善を加速する土台づくり　状況把握シート」により， 改革 / 改善をモニタリングする。 タイムリーな部分修正 / 洗い替え基準により，改革 / 改善に血を通わせる

第4章 改革／改善のタイムテーブル

この章では、改革／改善を計画的に進めるためのタイムテーブルのポイントを述べる。成功の条件は、「急がば回れ」である。「見切り発車」をすると必ず「揺り戻し」「機会損失」となる。つまらない摩擦も発生する。そうならないために、「段取り8分」ができるタイムテーブルをおさえたい。

1 改革／改善の大日程

改革／改善は「先手管理」で「段取り8分」である。

改革／改善に慣れていない企業は、真面目に粛々と述べている内容を取り組んでほしい。また、慣れすぎている企業は、何か欠けていることはないかを把握してほしい。改革／改善は「こなすこと」ではない。しっかり「魂」を入れ、「血」の通った活動にするために、手順だけではなく、さまざまな会社の性格に合った「味付け」が必要である。そのための大日程計画を図表4－1「改革／改善のタイムテーブル〔例〕」にて述べる。

図表4-1　改革／改善のタイムテーブル〔例〕

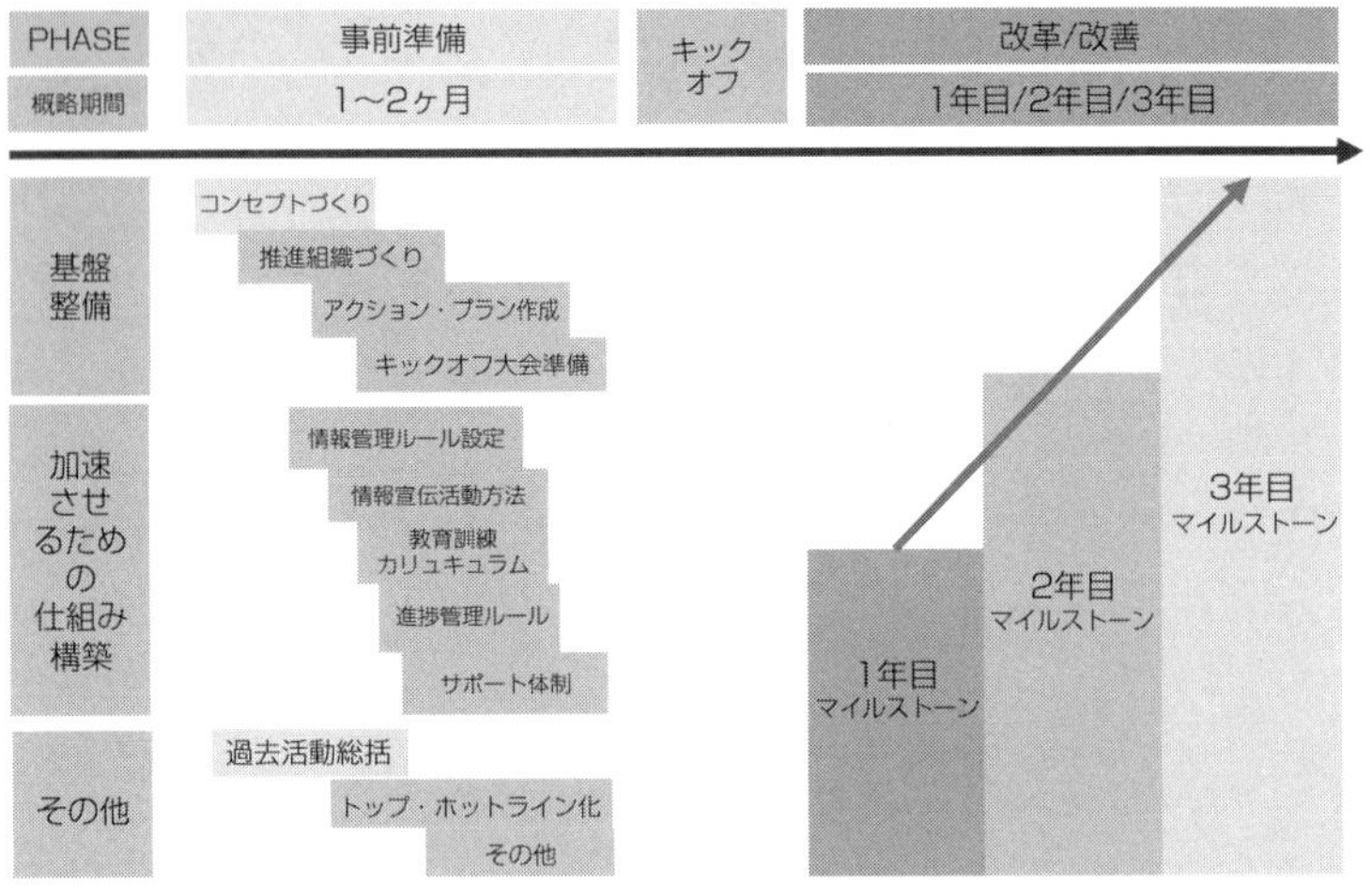

これから、基盤整備の内容を「2　キックオフまでの基盤整備」で述べる。キックオフを急いで実施しても、戦闘態勢が整っていない場合、改革／改善が進まない。

次に「3　加速させるための仕組み構築」をして、キックオフ後に改革／改善が加速するための内容を記述している。キックオフをして盛り上がっても、「尻切れトンボ」「打ち上げ花火」にならないようしたい。その効果的な刺激により、改革／改善が地に足が着いた内容にしてほしい。

では、まず「キックオフまでの体制整備」からおさえたい。

●事前準備●　ポイント12　改革／改善の大日程　重要度 👆👆👆

①改革／改善の後戻りは避けなければならない
②事前準備期間を十分に取り、万全の体制を敷いてスタートする

2　キックオフまでの体制整備

改革／改善は全従業員に周知するために、キックオフを実施する。キックオフは、従業員にとって具体的で分かりやすい内容にしたい。最高の「キックオフ」は、次のポイントが具備されている。

◆会社への将来像と、トップの本気度が伝わる
◆会社の成長が自分の成長と重なり合う
◆一部の活動ではなく、従業員一人ひとりが今後の改革／改善の展開が楽しみだと感じ、「何が貢献できるか」をイメージできる

キックオフは、「一部の改革／改善ではなく、全従業員の活動としての意識付け」である。「猫に小判」「暖簾に腕押し」「馬耳東風」にならない会社の本気度が伝わる内容とする。「改革／改善の内容・主旨・目的・考え方の周知」をして「関係者の宣言」をする。そのために、キックオフまで何をすべきかを図表４－２「改革／改善キックオフまでの事前準備事項①〔例〕」にまとめた。具体的には、大きく４つの段階で整理する。

No.1 コンセプトづくり

NO．1として、最初に取り組むことは「コンセプトづくり」である。

会社の目指したい姿に向かって、改革／改善の必要性を分かりやすく理論武装する。この内容が、分かりにくいと「動機付け」が弱くなってしまう。改革／改善の「目的」「背景」「ゴール」の設定をし「活動体系図」をつくる。

サンプルを図表４－３「活動体系図〔例〕」に添付する。この体系図は、内容によってはキックオフ時に配布しても良い。この体系図で気を付けることがある。全員に配布する際、この資料が「独り歩き」をしても問題がないかどうかを見極める必要がある。競合先やビジネス・パートナーに渡り支障をきたすこともある。

ある企業では、この活動体系図がある従業員から主要顧客に渡ってしまった。改革／改善の説明をしていなかったため、その顧客のさまざまな部門から、問い合わせがあった。最も多かった

図表 4-2　改革／改善キックオフまでの事前準備事項①〔例〕

改革/改善キックオフまでの事前準備事項①　〔例〕

NO	大項目	NO	実施項目	実施内容とそのための対応等	関連内容等
1	コンセプトづくり	1	改革/改善の目的・背景・ゴールの設定	①トップが「自分の思い」をもとに，目的・背景・ゴールを，分かりやすく作成する ②従業員全員が，何が何でもやり切ろうと思うように「達成すべきこと」を理解できる内容とする	第2章(2)「達成すべきこと」の明確化
		2	活動体系図策定	①従業員も分かりやすい「活動体系図」を1枚（A4或はA3）で分かるように作成する ②具体的には，以下の「活動名」「スローガン」「目的」「その背景」「ゴール×期限」「推進組織体制」「概略スケジュール」「実施事項」などを記載する	図表4-4「活動体系図（例）」
		3	活動命名決定	①活動趣旨を説明の上，従業員より広く「活動名」「スローガン」を募集する。その際，名称・スローガンに込められた「思い」の記載してもらう ②募集後，コミッティで2～4案選び，トップに最終決定してもらう	
		4	活動ポスター/バッチ作成	①活動名・スローガンが決まった後，ポスターやバッチを従業員から募集し，コミッティで検討後，トップが選ぶ ②目立つところに，のぼり，垂れ幕ポスター等を掲示や貼付し，バッチは全員付けて仕事をする	
2	推進組織づくり	1	事務局選任	①トップの本気度を測定できるようなエースを選任〔専任化〕する ②専任事務局アサイン後，異動前組織の後任等調整して業務上問題がないようにする	第3章 (1) 誰もが認める事務局の抜擢人事
		2	コミッティ〔調整機関〕設置	①組織間・組織内の調整機関としてラインの責任者を選任する ②コミッティの責任者を選任し調整事項の実行責任を決める	
		3	推進組織体制づくり	①責任者はトップとなり，改革/改善全体の責任を持つ ②重点部門・重要モデル職場（必要時ビジネス・パートナー含）等を設定する	
		4	指導機関決め	①必要時，社風に合った実績の上がる指導機関を決める。自社でできればいいが，なかなか自分達で自己否定はできないため，第三者の意見を活用すると効果的な場合は多い ②トップと指導機関と改革/改善の背景/目的を十分に伝え，役割分担等を明確化し，全てお任せにならないようにする	第3章(4) 外部の声を有効活用

NO	大項目	NO	実施項目	実施内容とそのための対応等	関連内容等
3	アクション・プラン成作	1	目標値×時間軸の組織別/プロジェクト別割り付け	①トップが設定した目標値×時間軸を，コミッティと経営企画（或は社長室なければ総務等）と事務局が共同で，組織別/プロジェクト別に目標値の割り付けをする ②目標値は，全て100点の結果は得られない。よって，難易度によって目標値の1.5〜2.0倍の目標値を配分する。部門横断で実施する内容はプロジェクトで割り付けする	第5章 図表5-30 『「方策」立案と目標値合計の設定ルール』
		2	管理しやすいアクション・プランフォーマット選定	①資料づくりに負荷をかけないように，1枚のアクション・プランで進捗管理ができるようにフォーマットを決定する ②一部の担当しか分からないようなことがないように，従業員全員が分かりやすい内容とする	第5章 図表5-8 「アクション・プランのフォーマット一覧表〔例〕」
		3	アクション・プラン作成のための研修実施	①アクション・プランのフォーマットの教育を実施する。各項目の用語の定義・管理方法・使い方のポイントなどを習得し，日々のマネジメント・ツールとして使えるように体に染み込ませる ②必要時理解を深めるために,アクション・プランの参考例を作成する	
		4	アクション・プラン作成	①研修をもとに，自部門のアクション・プランを作成する ②アクション・プランの完成度の評価基準を設定する。 〔例〕A）客観的データとの整合性　B）優先順位付け　C）達成手段等実行可能性 D）過去実施内容の反映　等	
		5	アクション・プラン商談会実施	①コミッティが事務局と一緒に，部門別/プロジェクト別アクション・プランの内容を，評価基準をもとに完成度を上げていく。これを「商談会」と表現する ②具体的改革/改善で，想定される調整事項/支援事項が発生した場合は，コミッティで調整する	
		6	アクション・プラン部門別説明会実施	①アクション·プランの確定内容を部門別に関連プロジェクトを含め,説明する ②疑問点·質問等を受付け,アクション・プランの表現·進め方など微調整する	
4	キックオフ大会の準備	1	日程設定	①社内で節目となる記念となる日程等に合わせキックオフの日程を決める ②時間は，夜勤者等シフトを考え，早朝・昼休み前後・終業など業務に最も支障がない時間帯に実施する	
		2	キックオフの参加者調整	①全員が出席できるように，時間調整/出張等出勤調整をしておく ②電話番と入出荷など，必要な人員は最低限で職場に残す	
		3	キックオフの式次第等内容設定	①司会者〔経営幹部〕・トップ挨拶・改革/改善の全体説明〔コミッティ責任者〕・活動名・スローガン・ポスター・バッチ入選者表彰・指導機関挨拶〔必要時〕・事務局挨拶・シュプレキコールの順とする。 説明内容は1枚の資料を渡す ②30分程度で終われるように時間配分をする	

図表 4-3　活動体系図〔例〕

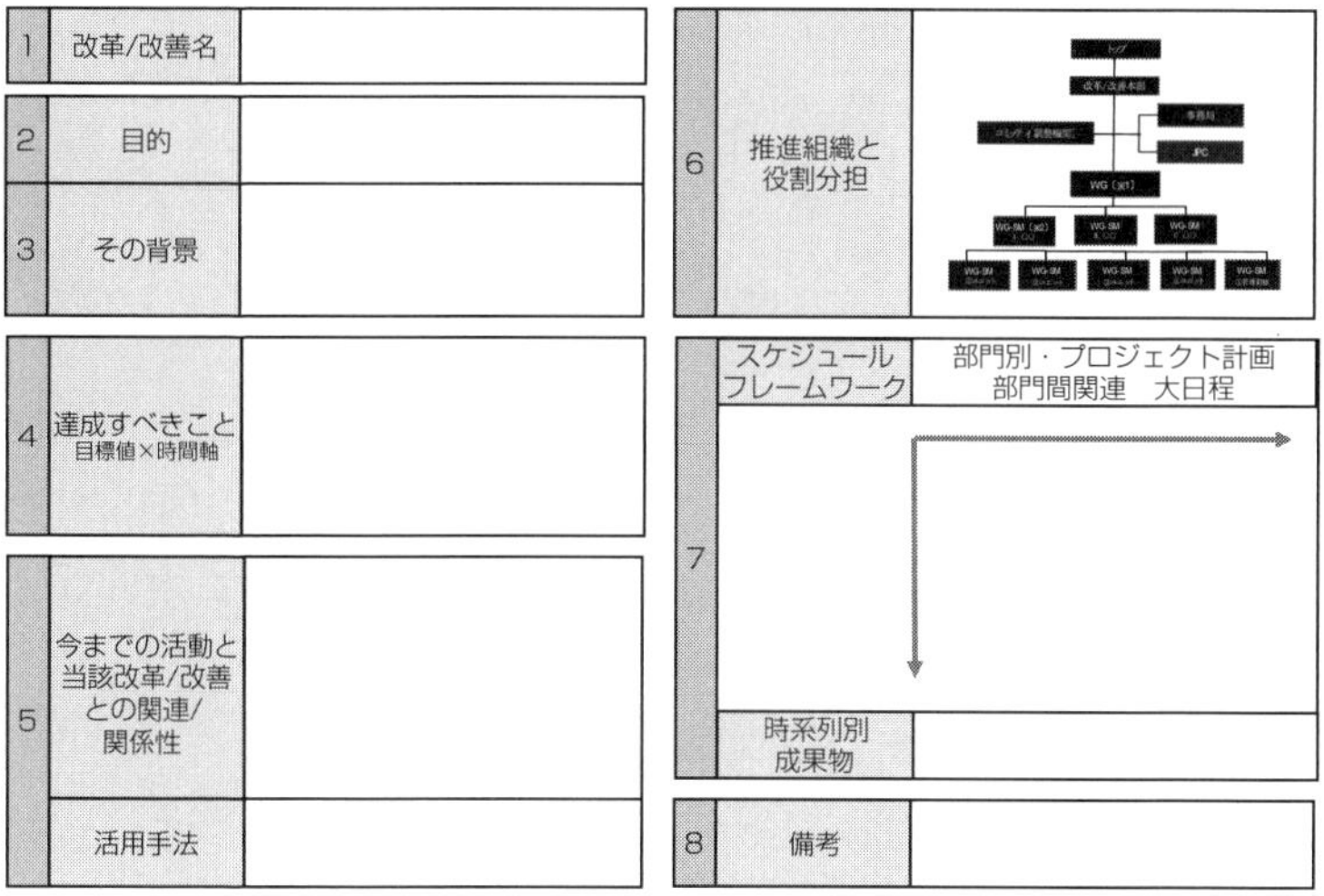

のは、「会社の経営は大丈夫か?」「資金繰りはどうなのか?」と経営を危惧する内容だった。他に、「我々の競合先へ拡販するのか?」「我々から離れるのか?」など、根も葉もない問い合わせも多かった。

表現が拡大解釈されることもあり、つまらない摩擦やトラブルを生んでしまうと困る。従業員全員用の「活動体系図」は、内容を限定して分かりやすくする。さまざまな重要情報を盛り込む場合は、開示範囲等を決め「取扱注意」とする。

トップの「思い」を反映させた「活動命名/スローガン設定」「活動ポスター/バッチ作成」を従業員から事前準備する。コミッティで複数案を起案しトップが最終決定する。キックオフでは、入選者を表彰して、ひとことスピーチをしてもらう。

No.2 推進組織づくり

ＮＯ．２として、「推進組織づくり」である。事務局の専任化により、トップとして「不退転の意気込み」「本気度」を示す。次に、コミッティの設置により、組織間・組織内の調整機関としてラインの責任者を選ぶ。コミッティ全体の責任者も選任し調整事項の実行責任を決める。

「推進組織」を組織図に落とし込し、「第３章　４外部の声を有効活用」をもとに、指導機関を決めていく。指導機関は、さまざまな知見・経験を持っている。途中で参画してもらうと、タイムロスも発生する。時間をお金で買うようにスタート時点から、一緒に動いた方が良い。

〔関連内容　第３章　１誰もが認める事務局の抜擢人事〕

図表４－４「改革／改善推進組織〔例①〕」図表４－５「改革／改善推進組織〔例②〕」に組織例を示す。例①と②の違いは、事業構造や人数規模によって変える。例①は、一般的に人数規模を関係なく、部門別或いはプロジェクト別に進める。ほとんどの企業で、例①のような組織で進めていく。敢えて人数規模でいうのなら、仮に５００名までが適している。また、５００名以上で事業が複数あったとしても、仕事のやり方など共通性の高い場合には例①が適している。

例②は、さまざまな事業構造で共通性のない事業部で、つねに調整しながら進めなければならない場合に適用していく。そのために、共通性でワーキング・グループを持ちながら、部門別に展開していく。

図表4-4 改革／改善推進組織〔例①〕

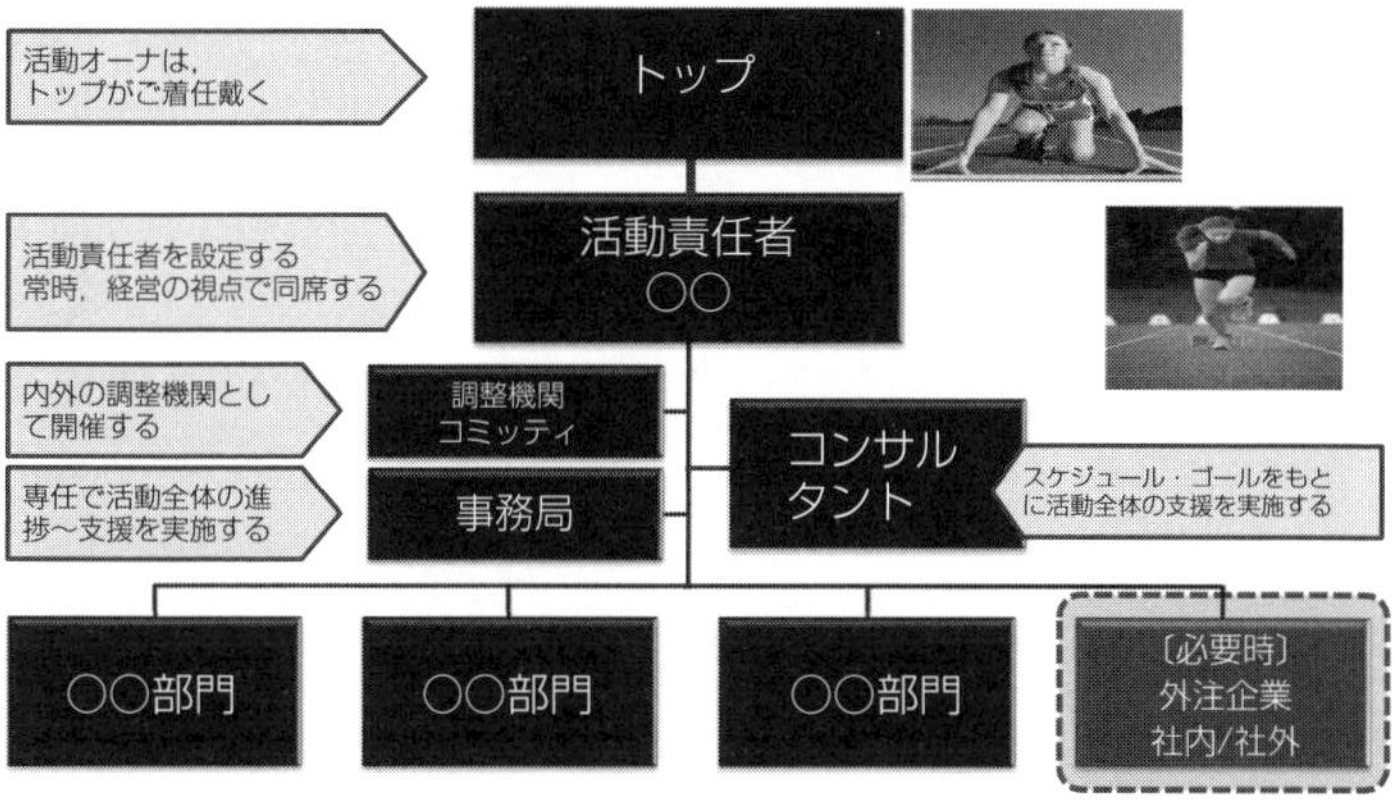

図表4-5 改革／改善推進組織〔例②〕

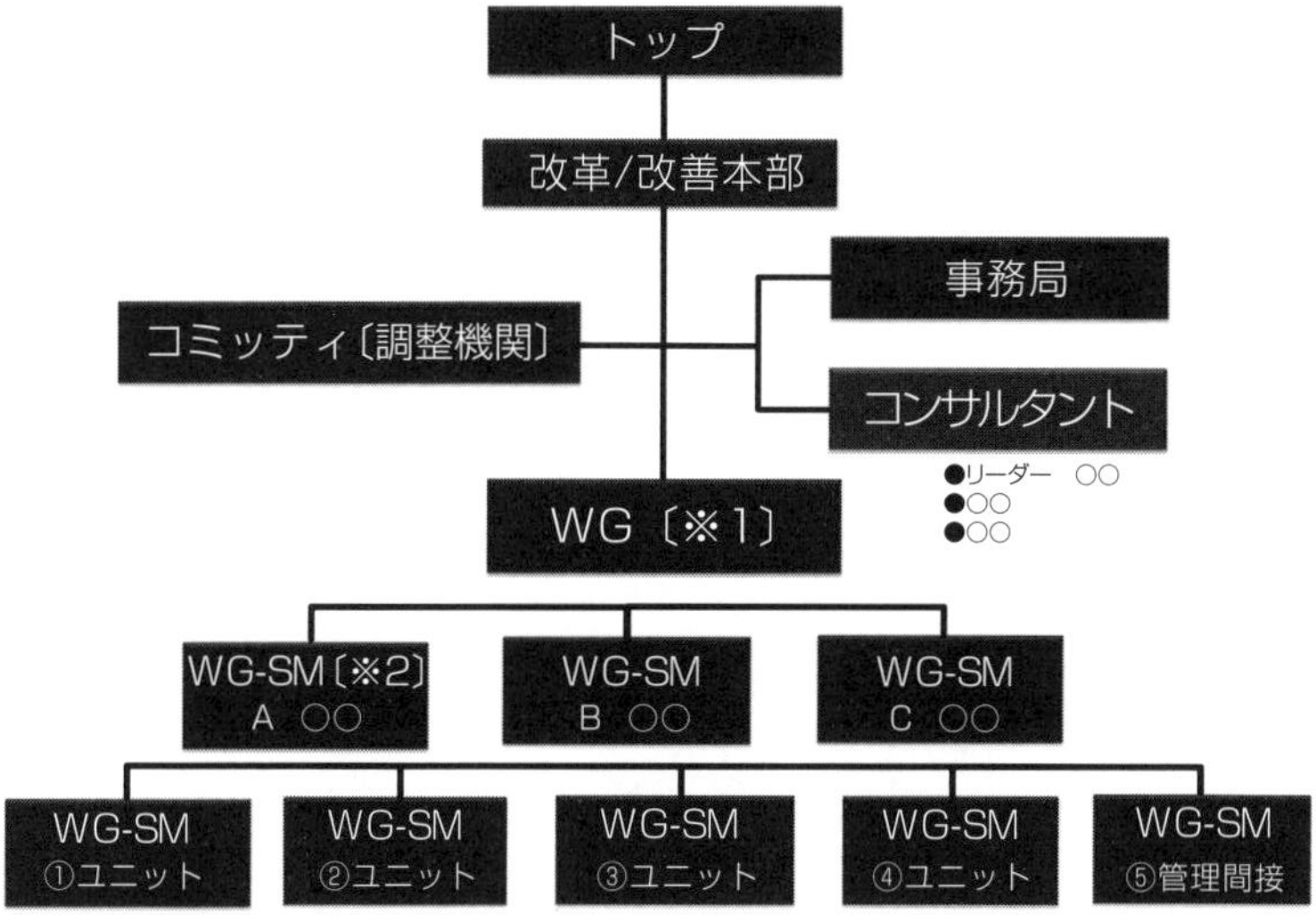

〔※1・2〕 WG：ワーキング・グループ
WG-SM：ワーキング・グループ・セクション・ミーティング〔分科会〕

No.3 アクション・プラン作成

ＮＯ．３は、「アクション・プラン作成」である。

部門別やプロジェクト別にアクション・プランは、次の６点に留意し作成する。尚、アクション・プランの具体的作成方法は、次の第５章「３　アクション・プランの作成方法」にて述べる。特に、ここは改革／改善の根幹の部分につき、しっかりやりたい。

１点目は、「目標値×時間軸の組織別／プロジェクト別割り付け」を実施する。トップが設定した目標値×時間軸を、マイルストーンごとにコミッティと経営企画（或いは社長室、なければ総務等）と事務局が共同で、組織別／プロジェクト別に目標値の割り付けをする。その際、想定される「改革／改善余地」の基礎データを事前整備して設定する。アクション・プランの目標値は、全て１００点の結果は得られない。よって、難易度によって目標値の１・５～２・０倍の目標値を配分する。継続的な取り組みがありある程度成果が想定できる場合は、１・１～１・２倍にする際もある。部門横断で実施する内容はプロジェクト単位で目標値を割り付けする。〔関連内容　第５章　図表５－30『「方策」立案と目標値合計の設定ルール』に詳細記入〕

２点目は、「管理しやすいアクション・プランフォーマット選定」をする。資料づくりに負荷をかけないように、１枚のアクション・プランで進捗管理ができるようにフォーマットを決定する。特に作成上注意することは、一部の担当しか分からないようでは、意味がない。従業員全員が、内容を見やすく進捗が分かりやすい内容で決定する。〔関連内容　第5章　図表5-8「アクション・プランのフォーマット一覧表〔例〕」に詳細記入〕

3点目は、「アクション・プラン作成のための研修実施」をする。アクション・プランの出来栄えのレベルを上げるための教育を実施する。各項目の用語の定義・作成方法・管理方法・使い方のポイントなどを習得し、日々のマネジメント・ツールとして使えるようする。体に染み込ませるまで実施する。理解を深めるために、アクション・プランの参考例を作成する。しかし、慣れない間は参考例に引きずられる。理解度を見ながら、参考例は修正していく。

4点目は、「アクション・プラン作成」である。部門ごとやプロジェクトごとにアクション・プランを作成する。アクション・プランの完成度の評価基準をもとに出来栄え評価をする。例として、「客観的データとの整合性」「優先順位付けの適合性」「達成手段等実行可能性検証」「過去実施内容の反映の有無」等を盛り込む。

5点目は「アクション・プラン商談会」を実施する。コミッティが事務局と一緒に、部門別／プロジェクト別アクション・プランの評価基準をもとに完成度を上げる。これを商談会と表現する。具体的改革／改善で、想定される調整事項／支援事項が発生した場合は、コミッティで調整する。

6点目は、「アクション・プラン部門別／プロジェクト別説明会」を実施する。アクション・プランの確定内容を部門別に関連プロジェクトを含め、説明する。疑問点・質問等を受付け、アクション・プランの表現・進め方など微調整する。

No.4 キックオフ大会の準備

ＮＯ．４は、最後として「キックオフ大会の準備」である。

１点目は、いつスタートしたのか分かりやすい効果的な「日程設定」をする。例えば、社内で節目となる記念日が望ましい。「設立記念日」や「事業年度スタート」など記念となる日に合わせると良い。ポイントは、従業員同志での次のような会話に出る日程が良い。「○○がスタートしてそろそろ半年だ。順調だ。しかし、○○は挽回しないとダメだ」「もうそろそろ一年間だ。最終仕上げに頑張ろう」。また、中にはキックオフしても人事異動や組織変更などでタイムロスする場合もある。２ヵ月経過してやっと着手することもある。スムーズにロケットスタートできる時期に設定する。

２点目は、「キックオフの参加者調整」を実施する。全員が出席できるように、時間調整／出張等出勤調整をしておく。キックオフ開催時、無人では業務に支障が出てしまう。電話番と入出荷担当など、必要な人員は最低限で職場に残す。その後、キックオフの内容はビデオ撮影し、後で確認してもらうように配慮する。キックオフの開催時間は、２直・３直がある場合シフト切替えを考えて設定する。始業・昼休み前後・終業など業務に最も支障がない時間帯に実施する。

３点目は、「キックオフの式次第等内容設定」をする。流れは、司会者を経営幹部ＮＯ．３が担当し、トップ挨拶・改革／改善の全体説明〔コミッティ責任者〕・活動名・スローガン・ポスター・バッチ入選者表彰・指導機関挨拶〔必要時〕・事務局挨拶・シュプレヒコールの順とする。説明内容は1枚の資料を渡す。長時間実施する必要はないため、20～30分程度で終われるように時間配分をする。

●事前準備●　ポイント13　キックオフの基盤整備　重要度 👆👆👆

①まず、関係者が分かりやすい「コンセプトづくり」とトップの本気度を示す「推進組織づくり」を着手する

②その後、改革／改善の根幹である「アクション・プラン」を作成して、キックオフに臨む

次に、キックオフ以外で準備すべき内容をおさえたい。

3　加速させるための仕組み構築

改革／改善の加速する前に準備することを、図表4－6「改革／改善キックオフまでの事前準

図表 4-6　改革／改善キックオフまでの事前準備事項②〔例〕

改革/改善キックオフまでの事前準備事項②〔例〕					
NO	大項目	NO	実施項目	実施内容とそのための対応等	関連内容等
5	情報管理のルール設定	1	重要度別ディスクロージャーの範囲設定	①重要度管理により各指標/決定事項等をどこまで，誰に開示するのかを事前に決定する。データや議事録など，「重要度ランク〔例：S/A/B/C/D等〕」と「ランク別開示範囲」を明確化して運用する ②経営情報やさまざまな改革/改善進捗などの情報の管理方法をルール化する ①と②により勝手に重要なデータ/情報が「独り歩き」しないように管理体制構築する	
		2	活動の報告等共通用紙作成	①各部門の活動報告等フォーマットの統一する ②内容を1枚にまとめるようなフォーマットを作成する	
		3	活動資料の共通センター・ファイル化	①各部門の活動実態を把握するため，事務局で過去の資料を一元管理して，すぐに取り出せるようにデータベース化をする ②社内ＬＡＮでいつでも活動状況が見えるように，アクセス可能なようにする	
6	情報宣伝活動	1	活動ニュース発行のための体制整備	①活動内容を従業員全員へ周知し，他部門の内容を注目するように啓蒙する ②過去の活動ニュースをWeb上で内容の閲覧が適時可能にする。改善事例発表を掲載して，悩んだときのヒントとなるように分類分けして見やすくする	
		2	トップの他部門/プロジェクトの確認/質問	①いくら情報発信しても，興味のない者は一切見ない。「見ろ。見ろ」と強制力を持たせても「ヤラサレ感」が残ってしまう。よって，トップ自らが，職場巡回やプロジェクト会議参加の中で，「○○部門がこんなことをやっている」と情報提供をする ②経営幹部会議・管理職会議などでも，トップが活動ニュースや各部門の改革/改善進捗について，より深い質問や問題提起をする。その上で，関連者が改革/改善について，事前情報を取るように習慣化していく	
		3	社内外での成果発表会プロデュース	①資料をまとめる能力・分かりやすく説明する能力向上ためのワンポイントレッスン・参考事例作成する ②改革/改善が加速するように，モティベーションアップのための演出方法などを創意工夫する	
		4	活動結果のヨコ展開体制	①ヨコ展開のルール設定～効果の確認～歯止め/定着化の確認方法など体制を整備する ②ヨコ展の内容は，創発により進化するように活用のヒントなどを分かりやすくまとめる	
7	教育訓練	1	トップ～経営幹部への教育訓練	①改革/改善をラインに丸投げにならないように，トップ～経営幹部も手法や考え方の勉強会を実施し，理解不足/認識不足を未然防止する ②短時間で理解を深めるために，事前にテキストを配布し，質問を受付けておく	
		2	推進リーダ・トレーナー等の専門訓練	①改革/改善を加速させるためには，何の保有知識・発揮能力で何が必要か棚卸して，教育/訓練カリキュラムを作成する ②竹やりでは勝てないため共通手法/専門手法等の教育体系を作成する	
		3	ベンチマーキングによる「学び」の場の提供	①いくら耳で聴いても，一度見ると大きな改革/改善のヒントとなることが多い。企業訪問等ベンチマーキング実施により，改革/改善を加速できるようにする ②顧客・他業種同業者・ビジネス・パートナー・社内他事業所等過去の訪問事例を事務局でデータベース化して，時系列で優良事例先を評価していく。また，訪問先する際には，問題意識がない者が行くと「訪問するだけ」となるため，事前の目的・アウトプットなどを明確化してから，訪問する。その後，結果と改革/改善の相関も事務局でおさえる	
		4	改善マニュアルなど基本図書設定	①事務局で自社に合うように作成した方が良いが，活動の考え方など合えば，一般書籍でも良い ②自社で作成する場合は，表現をストレートに分かりやすい資料にする。使う対象者の目線で作成する	

NO	大項目	NO	実施項目	実施内容とそのための対応等	関連内容等
8	進捗管理	1	進捗管理年間スケジュール決定	①進捗管理は，経営幹部の年間スケジュールを決め，トップや関連者の出張予定/社内行事などを一切入れない ②前後のスケジュールは必ず空けておく。特に，打合せ終了後は，トップ～経営幹部を空けておく。進捗管理の結果をもとにアクションを起こせるようにしておく。関係者が全て揃っている状態のため，次のアクションが起こせるメリットがある。賞賛項目は関連者を集め，褒める。改善領域に関しては，善後策を決めすぐアクションを起こせるようにする	第6章（4）成熟度を上げるトップレビュー
		2	進捗管理の打合せ方法を決定	打合せ方法は，①②は個々にメリット/デメリットがあるが，会社の状況によって決めれば良い。目的は効果的な進捗管理となり，改革/改善が加速することである。そのためには，何が最適かを決定する。また，時期によってやり方をミックスして変えても良い ①進捗管理の報告者は，「経営幹部報告」「個別担当報告」の2種類がある ②形式は，「会議形式」「成果発表会形式」「職場巡回形式」の3種類がある	
		3	トップ現場巡回がいつでもできる環境準備	①トップが，いつでも実態把握できるよう現場の活動体系図や見える化など道具立ての工夫をする ②3現主義で，現場の実態を把握してもらう	第3章（2）事務局が動きやすい環境整備
		4	改革/改善ルーム設置	①改革/改善ルームを設置し，資料・必要機材の完備をして，ここに来れば何でも改革/改善に必要なもの・情報は揃うようにしておく ②分科会などの打合せはこの部屋を使い，計画的に時間調整してダブルブッキングしないようにする	
		5	改革/改善のコクピット化	①「見える化ボード」を作成して，さまざまな改革/改善状況を一元管理できるように掲示する ②先行部門は褒め，遅延/停滞部門はタイムリーにテコ入れ・促進をできるように，早期対応をできるようにする。特に，業務トラブルや退職者発生などにより，「やりたくても改革/改善ができない状態」を放任しない。工数補完などサポートを強化する	
9	サポート体制	1	改革/改善ヘルプ・デスク設置	①改革/改善でのお困りごと相談室を設置して，聞きやすい使いやすくする ②事務局は「FAQ（frquency asked question：よくある質問とその回答集）」「過去の同様の改善事例集」を作成し社内LANなどで，最新版はいつでも閲覧可能とする	
		2	社内専門ドクター制度構築	①社内で「このことに関しては，私より右に出るものがいない」という方を社内専門ドクターに認定する。本人のモティベーションアップと，組織の壁を破る触媒として活用する ②具体的数値で診察実績をつけ管理，ドクター認定は，年1回とし，状況によって都度追加変更をする	
		3	ボトムアップ組織整備	①現場を巻き込め，ボトムアップでさまざまな意見を言えるパイプをつくる。各課長や専任事務局だけではフォローできないことの補完機能とする ②30歳前後の若手メンバーを中心として，10名に1名程度で「若手改革/改善メンバー」を組織化する	
10	その他	1	改革/改善で使用する什器備品の予算取りと購入	①各部門にて改革/改善で共通で使うものを予算取り・事務局負担で一括購入して貸与する ②一括購入によるコストダウン折衝も並行して進める	
		2	モティベーションアップの仕掛け	①改革/改善の模範となるような「先行事例」に関しては，トップの朝礼参加・表彰・金一封等を授与し，さらなるモティベーションアップをする ②会社負担（一部含む）により，簡単な昼食会・意見交換会・飲み会・レクレーション等を実施し，本音を引き出す場面もつくる	
		3	トップ・経営幹部の改革/改善への参画	①日々の改革/改善の活動にトップや経営幹部の参画して，「思い」を伝える場面を設定する ②報告できにくいこと，困っていることなどの情報収集の場ともする。また，経営幹部は他部門の活動の場に参画して，状況把握もする	

備事項②〔例〕」の6点にまとめた。まず、「情報管理」「情報宣伝活動」「教育訓練」「進捗管理」「サポート」「その他」の5分類ある。以下具体的に説明したい。

No.5 情報管理ルール設定

NO．5として、「情報管理ルール設定」である。

改革／改善の見える化を進めようと思うと、情報開示を適正かつタイムリーに実施したい。しかし、重要事項が第三者などに漏れては困る。そのために、1点目は「重要度別ディスクロージャーの範囲設定」を決定する。具体的には、データや議事録などの決定事項などを「重要度ランク〔例：S／A／B／C／D等の5ランク〕」に設定する。そのランクごとに「ランク別開示範囲」を誰にどこまで、どのような手段でやるかを明確化して運用する。経営情報やさまざまな改革／改善進捗情報などの管理方法をルール化していく。重要なデータや情報が「独り歩き」しないように管理体制を構築していく。

2点目は、活動の報告等「共通用紙作成」である。部門やプロジェクトによっては、懇切丁寧で見栄えの良い資料を出してくるところもある。一方、何をどのようにやっているか不明な「ことば足らず」の資料もある。自主性に任せると、必ず「バラツキ」が出てくる。そのような過剰或いは不足のためにムダな確認などを防止するために、活動報告等フォーマットの統一していく。ボリュームは、負荷をかけないようにA3或いはA4サイズ1枚でまとめるようなフォーマットが良い。

3点目は、「活動資料の共通センター・ファイル化」である。各部門の活動実態を把握するため、事務局で過去の資料を一元管理して、すぐに取り出せるようにデータベース化も進める。社内LANでいつでも活動状況が見えるように、重要度別ランクによりにアクセス可能なようにする。

No.6 情報宣伝活動

NO.6として、「情報宣伝活動」により、当事者しか知らない改革／改善にしてはならない。一部の特別な活動では、成果は出ない。情報の共有化の進め方を工夫し、改革／改善へ興味を持ってもらうようにする。

1点目は、「活動ニュース発行のための体制整備」を進める。活動内容を従業員全員へ周知し、他部門の内容を注目するように啓蒙していく。過去の活動ニュースをWeb上で内容の閲覧が適時可能にしていく。社内の改革／改善キャラクターをつくり、会話形式で内容を分かりやすくする特集なども良い。輪番で、我が部門の「イケメン」「アイドル」「ちょい悪親父」や「○○社内NO.1」などの方々に、改革／改善の事例紹介をしてもらっても良い。改善事例発表を掲載して、悩んだときのヒントとなるように分類分けして見やすくして、ユーザビリティを上げていく。

2点目は、「トップの他部門／プロジェクトの確認／質問」を事務局が仕掛ける。いくら情報発信しても、興味のない者は一切見ない。「見ろ。見ろ」と強制力を持たせ、カウンター設定して各部門競わせても「ヤラサレ感」だけが残ってしまう。よって、トップ自らが、職場巡回やプロジェクト会議参加の中で、「○○部門がこんなことをやっている」と情報提供／確認／質問をしていく。

この情報は、事前に事務局がトップに情報を伝えておく。また、経営幹部会議・管理職会議などでも、トップが活動ニュースや各部門の改革／改善進捗について、より深い質問や問題提起をしていく。その上で、関連者が改革／改善の最新情報を確認するように習慣化していく。このやり方を進めると、経営幹部や管理職は、しっかり情報収集をしていく。質問されて答えられないと困るため、自分で情報を取りに行くようにもなっていく。これは部門間の壁を低くするためにも活用できる。

3点目は、「社内外での成果発表会プロデュース」である。成果発表会は、慣れている企業とそうではない場合がある。しかし、慣れている企業が偉いという訳ではない。慣れていなくても、改革／改善が加速する運営をすれば良い。

長い期間実施している発表会の例として、小集団活動の発表会がある。30年以上継続している企業もある。長期間やっていると、どうしても慣れが発生してマンネリとなりやすい。しかし、期間の問題ではなく、トップが注目し日々の会話に使っている会社は、マンネリは一切していない。

成果発表会の「品質管理」は事務局が実施する。事務局は資料をまとめる能力・分かりやすく説明する能力向上ためのワンポイントレッスン・参考事例集を作成しておく。改革／改善が加速するように、モティベーションアップのための演出方法などを創意工夫する。

例えば、発表前に「ここの○○について、○○が非常に素晴らしい点です。そのために、○○の部分は皆さんにも参考となる部分です」とコメントする。社長の最後の講評でも、ヨコ展開・加速したい点について、話してもらうように誘導しておく。〔関連内容　第6章　4 成熟度を上げるための「トップ・レビュー」〕

4点目は、「活動結果のヨコ展開体制」である。トップ主導・経営幹部主導・ボトムアップによる「ヨコ展」のルール化である。「ヤラサレ感」を持たないような進め方をする。中には、過去からの歴史やライバル同士のため、お互いけん制している部門もある。経営幹部同士の仲が良好でない部署もある。よって、部下はヨコ展した方が良いと考えていても、できないこともある。

そのような場合は、事務局が状況を見てトップに指示してもらう。成功事例は会社の財産であり、競争優位を発揮させるために工夫する。同じことを同じようにするのは嫌がる部門も存在する。そのような場合は、成功事例の発展系でさらに進化させた改革／改善を実施してもらう。

自分達で創意工夫してオリジナルで改革／改善を進めたことに価値を見出す場合も多い。効果の確認～歯止め／定着化の確認方法などがいい加減なため、事務局がサポートしていく。ヨコ展の内容は、創発により進化するように活用のヒントなどを分かりやすくまとめることも有効である。

No.7 教育訓練

ＮＯ．７として、改革／改善を加速するための「教育訓練」である。

１点目は、多くの企業で漏れている点として「トップ～経営幹部への教育訓練」がある。管理・監督職は手法や考え方を知っているが、トップ～経営幹部は知らない。よって、打合せで「トンチンカン」な質問・指示が出る場合もある。改革／改善のブレーキとならないようにしなければならない。

改革／改善がラインに丸投げにならないように、トップ～経営幹部も手法や考え方の勉強会を実施する。目的は、理解不足／認識不足を未然防止のためである。短時間で理解を深めるために、事前にテキストを配布し、質問を受付けておくと効果的である。

２点目は、「推進リーダ・トレーナー等の専門訓練」である。これを計画的／体系的に実施する。改革／改善を加速させるためには、どのような保有知識・発揮能力が必要か棚卸をする。専門の教育／訓練カリキュラムを作成していく。改革／改善を加速したくても、竹やりでは勝てない。適時、共通手法／専門手法等も追加／見直しを進めていく。

3点目は、『ベンチマーキングによる「学び」の場の提供』である。改革／改善が進んでいくと、目が外に向いていく。他社はどのようなことをしているのだろうと。進まないうちから、外部を見ても効果は薄い。外部を参考にするのは、相当改革／改善が進んだ状態の方が良い。何も進んでいない状態で訪問しても、多くはムダになってしまう。理由は、「我が社・我が職場は特殊で、参考にならない」という印象を持ってしまうことも多いためだ。

訪問するタイミングは、改革／改善に貪欲となり「他社はどのようなことをやっているのかな」「どんな苦労をして、どう乗り越えたのかな」など知りたくなったときだ。その時期が熟すまで待った方が良い。

一方、事務局はすでにモティベーションが高いため、参考にするには時期を選ばない。いくら耳で聴くよりも、一度見たほうが大きな改革／改善のヒントとなることも多い。企業訪問等ベンチマーキング実施により、改革／改善を加速できるようにする。さらに、ベンチマーキングに訪問したら、閲覧できるように社内の共有資産とする。

過去の訪問事例を事務局でデータベース化して、時系列で優良事例先を評価していく。また、訪問する際には、問題意識が漠然としている者が行くと「訪問するだけ」となってしまう。訪問目的・アウトプットなどを明確化してから、事前質問なども投げかけた上で訪問する。その後、結果と改革／改善の相関も事務局でおさえていく。

4点目は、「改善マニュアルなど基本図書」を設定する。本来は、事務局で自社に合うように改善マニュアルを作成した方が良い。改革／改善の考え方など合えば一般書籍でも良い。自社で作成する場合は、用語の定義を自社向けにすれば、ストレートに分かりやすい資料になる。使う対象者の目線で作成することが重要である。

例として、入社2年目の若手従業員に作成を依頼して、その部署で使ってもらう。そこで何度か改定し、全社展開していく。事務局がつくると、難しくなったり、さまざまなことを考えてしまったり、分かりにくいことも多い。

No.8 進捗管理

NO．8として、「進捗管理」の方法を事前に決めておく。

1点目は、「進捗管理年間スケジュール」の決定だ。

年間スケジュールを決定したら、トップや関連者の出張予定／社内行事などを一切入れない。数か月前に進捗会議のスケジュール設定をする場合、経営幹部／管理・監督職が揃わない場合も多い。どうしても、トップ主体で実施するため、経営幹部が集まりにくくなったり、お客さまへの訪問を断ったり、さまざまな摩擦が発生する。

進捗管理のスケジュール設定が事務局の最大の悩みとなってしまう。人事や総務が研修を入れていたり、ＩＳＯのサーベランスとバッティングしたり、海外出張予定があったり、なかなか足並みが揃いにくい。そのようなことを一切防止するためには、「年間スケジュール化」である。

さらに、トップを含めた関連者の当日のスケジュールは必ず空けておく。特に、打合せ終了後は、進捗管理の状況をもとにアクションを起こせるようにしておく。直後に外出予定や来客予定を入れない。関係者が全て揃っている状態のため、次のアクションが即座に起こせるメリットがある。「分析しないと分からない」「調査しないと分からない」という言い訳は、回数を経るごとに減ってくる。

賞賛項目は関連者を集め、トップがすぐに褒める。場所の関係があるが、職場に行ったり関係者を役員室に呼んだりする。苦労話を担当者からしてもらい、モティベーションをアップしてもらう。改善領域に関しては、善後策を決めすぐアクションを起こせるようにする。こうすると、感覚的に半月～1ヶ月速く改革／改善が進んでいく。

2点目は、「進捗管理方法の事前決定」である。打合せ方法は、個々にメリット／デメリットがあるが、会社の状況によって決めれば良い。目的は効果的な進捗管理により改革／改善が加速することである。

まず、進捗管理の報告者方法には、「経営幹部報告」「個別担当報告」の2種類がある。経営幹部が内容の理解を含め「経営幹部報告」が有効である。管理・監督職や担当者の「当事者意識」を醸成するには不足する。実務者が報告すると、経営幹部の「当事者意識」が希薄となってしまう。

3点目は、「トップ現場巡回がいつでもできる環境準備」である。トップが、いつでも実態把握できるよう現場の活動体系図や予実の見える化など道具立てをしておく。そのために、事前に巡回日時を決めておかない。経営幹部など出張中に立ち寄ることでも良い。3現主義で、現場の実態を把握してもらうことが目的である。

4点目は、「改革／改善ルーム設置」で事務局の詰め所や会議室を準備する。ここに資料・必要機材を完備して、ここに来れば何でも改革／改善に必要なもの・情報が揃うようにしておく。また、分科会などの打合せもこの部屋を使う。計画的に時間調整してダブルブッキングしないようにする。他の部門の活動状況も壁に掲示し、相互に関心を持つように配慮する。

5点目は、「改革／改善のコクピット化」である。「コクピット化」とは、航行する際のパイロットのように、必要な情報が全て計器類を見れば分かり判断ができるようすることである。情報が揃っている状態を示す。例えば、「コクピット化」のイメージとして図表4－7「経営の見える化イメージ〔例〕」各に示す。

空港の滑走路のライトは世界共通となっている。ＰＡＬＳ〔Precision Approach Lighting System:標準式進入灯〕がある。飛行機は3度の角度で降下する。離陸する際の角度も同じである。空港の地上に4つのライトが並んでいる。客室からも見える。「白・白・白・白」なら角度が大きい。「赤・赤・赤・赤」なら小さい。「白・白・赤・赤」ならちょうど良い。飛行機は自動操縦のため角度は調整されているが、一目で見えるようになっている。因みに、誘導路灯は2色

図表 4-7　経営の見える化イメージ〔例〕

- 空港の滑走路のライトは世界共通となっている
- PALS＝Precision Approach Lighting System　標準式進入灯
- 飛行機は3度の角度で降下する。空港の地上に4つのライトが並んでいる

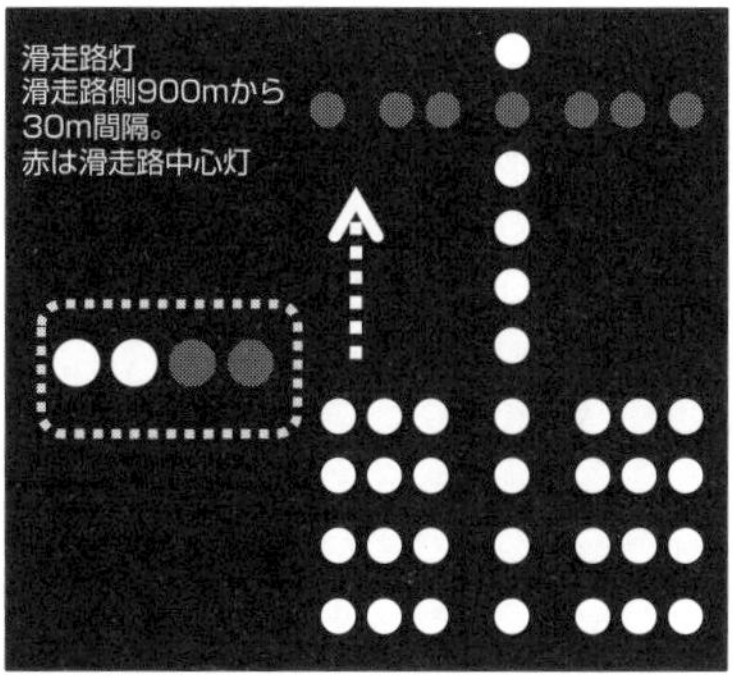

- 白・白・白・白なら角度が大きい
- 赤・赤・赤・赤なら小さい
- 白・白・赤・赤ならちょうど良い

〔参考〕誘導路灯　青色は両端　緑色は中心

図表 4-8　見える化ボード〔サンプル〕

●●活動　見える化ボード〔サンプル〕

●●活動の目的	●●活動の活動体系	●●のありたい姿	我が部署のありたい姿	活動スケジュール	SOP等スケジュール
全社●●活動組織図	アウトバンド指標	結果指標	KPI　③	教育訓練計画	積み残し課題進捗状況
●●部門●●活動組織図	プロセス指標①	インプット指標	スキルスインベントリー	ワンポイントアドバイス	今週の定例会議
					日程と打合せ内容等
当部署の●●活動組織図	プロセス指標②	先行指標	他部署の参考事例	月別不適合発生状況推移	改善提案
職場の写真 職場推進委員の写真等 掲載の組織図 （役割分担表）					
前月の取り組み実績	今月の取り組み実績	今月の進捗状況	今月の特記事項		今月のシフト等

[redacted]

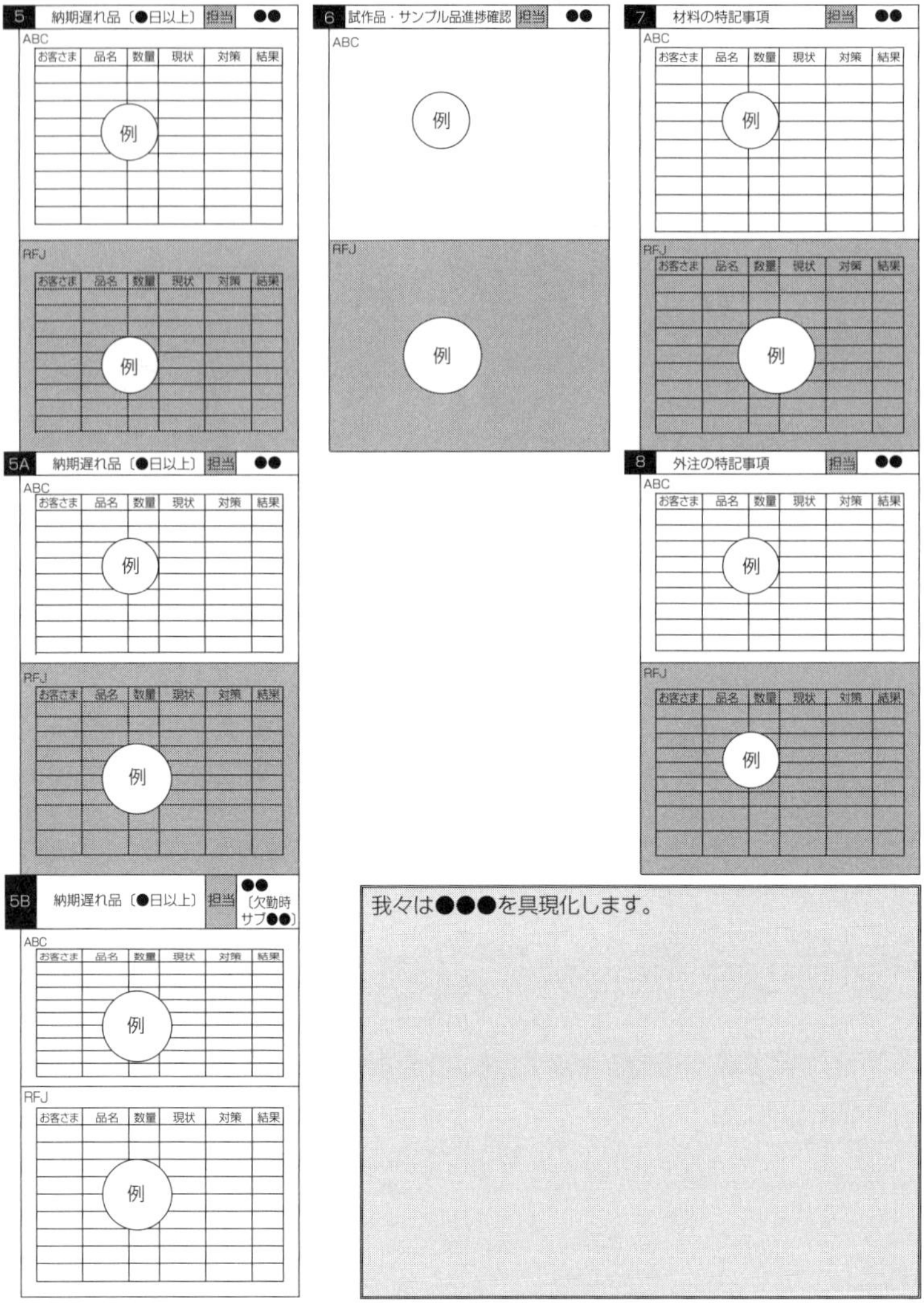
5 納期遅れ品〔●日以上〕 担当 ●●
ABC
お客さま 品名 数量 現状 対策 結果
例
RFJ
お客さま 品名 数量 現状 対策 結果
例
6 試作品・サンプル品進捗確認 担当 ●●
ABC
例
RFJ
例
7 材料の特記事項 担当 ●●
ABC
お客さま 品名 数量 現状 対策 結果
例
RFJ
お客さま 品名 数量 現状 対策 結果
例
5A 納期遅れ品〔●日以上〕 担当 ●●
ABC
お客さま 品名 数量 現状 対策 結果
例
RFJ
お客さま 品名 数量 現状 対策 結果
例
8 外注の特記事項 担当 ●●
ABC
お客さま 品名 数量 現状 対策 結果
例
RFJ
お客さま 品名 数量 現状 対策 結果
例
5B 納期遅れ品〔●日以上〕 担当 ●●〔欠勤時サブ●●〕
ABC
お客さま 品名 数量 現状 対策 結果
例
RFJ
お客さま 品名 数量 現状 対策 結果
例
我々は●●●を具現化します。

図表 4-9　War Room Indicator

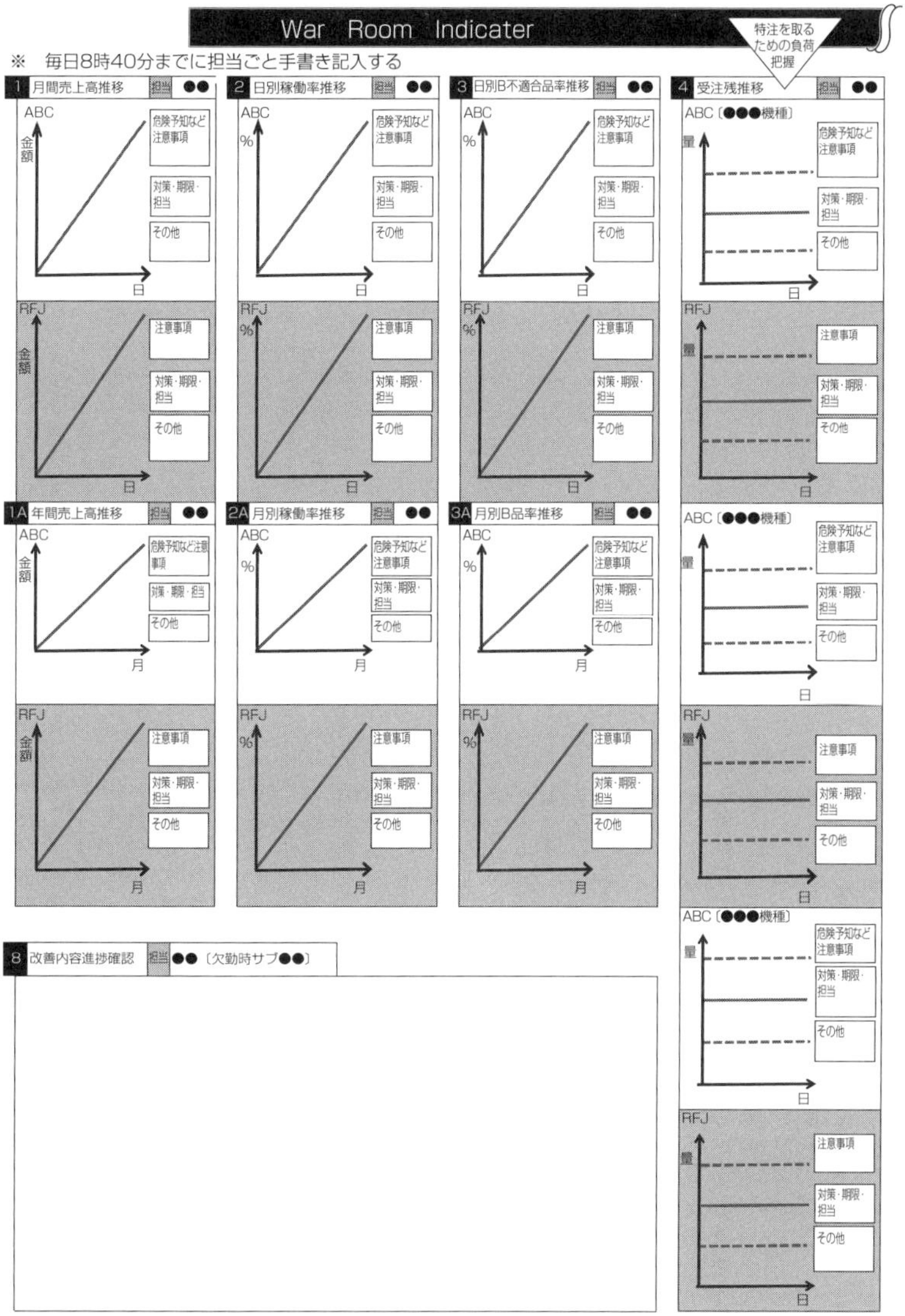

あり、「青色」は飛行機の両端を示し、「緑色」は通行する中心を示している。

事務局の部屋に「コクピット化」として、部門／プロジェクトの活動内容を一元管理できるように掲示する。先行部門は褒め、遅延／停滞部門はタイムリーにテコ入れ・促進ができるようする。特に、業務トラブルや退職者発生などにより、「やりたくても改革／改善ができない状態」を放任させない。工数補完などサポートをしていく。

サンプルとして、図表４－８「見える化ボード〔サンプル〕」、図表４－９「War Room Indicator」に添付する。

No.9 サポート体制設定

ＮＯ．９は、改革／改善が加速するための「サポート体制」である。

１点目は、「改革／改善ヘルプ・デスク」の設置である。具体的には、改革／改善での困りごと相談室を設置して、聞きやすく使いやすくしていく。また、事務局は「ＦＡＱ（frequency asked question：よくある質問とその回答集）」「過去の同様の改善事例集」を作成し社内ＬＡＮなどで、最新版はいつでも閲覧可能とする。

改革／改善を進めていくと、同じようなことで悩むことも多い。分からないことがあると改革／改善が止まってしまう。些細なことでも、時間だけ経過してしまう。これを、遠慮せず質問できる体制をつくる。一緒に改革／改善や教育をしたり、一緒に他部門の意見を聞いたり、さまざまなケースが出てくる。いつでも、歓迎しているという安心感を与え、「丸投げ」しているのではないことを宣言する。事務局が動いてくれなかったら、トップへ具申できるルートもつけておく。

2点目は、「社内専門ドクター制度」である。「社内専門ドクター」とは、社内で「このことに関しては、私より右に出るものがいない」という専門家を認定する。ドクター認定は、一年間或いは長くても5年間の任期とする。本人のモティベーションアップと、組織の壁を破る触媒として活用していく。

数値目標として診察／支援実績をカウントする。分からないことでも、必ず質問を受付ける。その場で答えられる内容は即時回答する。「社内専門ドクター」になると、自分で勉強するようになる。社内の情報が全て集まるようになって、さらに自分で努力するようになる。やがて、最初は新米医師だったのが、臨床例を増やすことにより、ベテランの名医となっていく。社内ドクターの出張が多く、つかまらないときは、研修医も設けておく。

尚、ドクターを認定しても、患者がいなかったら繁盛しない。月5件など、具体的数値で診察をした実績をつけさせることをノルマにする。その相談による効果を人事考課に反映させる。各部門へ行って回診する出前もさせる。人選で、「何故、あいつが選任されるのか？　俺の方が適任なのに」というトラブルもある。選任されなかったメンバーのモティベーションダウンにも配慮しなければならない。選任の際は、事務局や場合よってはトップ～経営幹部より選任されたメンバーと、漏れたメンバーを一緒に呼んで、納得の上で進める場合もある。図表4－10「社内専

図表 4-10　社内専門ドクター登録シート

社内専門ドクター登録シート	
医師免許NO.	

年　月　日		
登録	承認	事務局

私は，次の診療科の専門医です。

社内の名医NO.1です。診察は，平日の定時ですが，休日診療，夜間診療もご相談に応じます。

		写真
診療科		
医師免許取得日〔登録日〕		
所属医科〔所属先〕		
ドクター名〔氏名〕		
連絡先〔内線/メール〕		

	更新日		年　月　日	
過去の臨床例 私は今までにこんなことをやりました（報告書NOを記入要）	日付	内容	日付	内容
	月　日		月　日	
	月　日		月　日	
	月　日		月　日	
	月　日		月　日	
	月　日		月　日	

あなたのお困りごと 私はこんなことでお役に立てます	
その他	

門ドクター登録シート」参照してほしい。

3点目は、「ボトムアップ組織整備」である。トップダウンやミドルダウンだけでは、第一線の現場と遊離する場合も多い。現場を巻き込み、ボトムアップでさまざまな意見をいえるパイプをつくる。各課長や専任事務局だけではフォローできないことの補完機能をつくる。例えば、30歳前後の若手メンバーを中心として、10名に1名程度で「若手改革／改善メンバー」を組織化していく。或いは、会社によって、さまざまな名称を使っているが、「タウンミーティング」「意見交換会」などを設けていく。

No.10 その他

その他、決めておいた方が良い点を3点述べる。

1点目は、活動をしやすいように「改革／改善で使用する什器備品の予算取りと購入」である。各部門にて、改革／改善で共通で使うものを予算取り・事務局負担で一括購入して貸与する。さまざまな違うものを、個別に揃えていると使いにくいことも多い。一括購入によるコストダウン折衝も並行して進める。

2点目は、「モティベーションアップの仕掛け」である。改革／改善の模範となるような「先行事例」を表彰する。トップが朝礼等を使い、表彰状や金一封等を授与する。持ち回りのトロフィー／旗でも良い。認め、ねぎらい、褒めるとモティベーションアップにつながる。トップが、しっかりやったことを見守ってくれていることを理解する。会社負担（一部含む）により、簡単な昼食会・意見交換会・飲み会・レクレーション等でも良い。本音を引き出す場面をつくるのも効果的である。

3点目は、「トップ・経営幹部の改革／改善への参画」である。日々の改革／改善の活動にトップや経営幹部が参画して、「思い」を伝える場面を設定する。報告しにくいこと、困っていることなどが情報収集の場にもできる。また、経営幹部は他部門の活動の場に参画することにより、違う側面での「ものの見方」「改善の糸口」も見つかる。

●事前準備●　ポイント14　加速させるための仕組み構築　重要度 ☝☝

①　改革／改善で活用する情報について管理ルールを決める
②　「情報宣伝活動」により、当事者しか知らない改革／改善をなくす
③　改革／改善を加速するための「教育訓練」を効果的に実施する
④　「進捗管理」の方法を事前に決めておき、単なるチェックをする会議に終わらせない
⑤　改革／改善が加速するための「サポート体制」を決めておく

次に、キックオフでおさえるべき点を述べたい。

4　キックオフ終了時点の「ありたい姿」

キックオフは、最高の状態で終わらせたい。その内容を「良い状態」と「悪い状態」で確認したい。

会社がどの程度本気なのかはキックオフを見ればわかる。見るポイントは、「トップの熱意」「ゴールのイメージ」などの内容以外に、従業員の反応である。キックオフを見れば、会社の体質や成果が出る改革／改善かどうかはある程度予想できる。

先に「悪い状態」を見てみたい。例えば、次のようなキックオフでは、やることはムダであり、やめた方が良い。

◆ トップが自分の挨拶を終えると、そそくさとその場を立ち去った。明らかに、従業員には重要性が低く映ってしまった

◆ 従業員に「改革／改善は全員参加」といいながら、参加率が悪い。また、経営幹部・管理職の欠席者や途中退出者が多く発生していた。これでは、真剣味もなく全員で会社を変えていくという一体感は共有できていない。印象としては、日常業務のプラスαの活動で、「面倒くさい活動が始まった」と悪いイメージだけが残ってしまった

◆ トップが、いかに現状の経営が大変な状況かと危機感を煽るだけだった。我が社は本当に

◆大丈夫かと、従業員は不安になって終わった
◆閉塞感がさらに深まり、優秀で重要な技術者が、「早く転職しよう」と思ってしまった
◆「全員で頑張ろう！」「不退転の気持ちで必達しよう！」「部門間の壁を取ろう！」と、精神論だけで終わった。具体的方策の説明もなく、自分が何をすればいいのか不明だった
◆発表資料が聴き手に配慮した内容になっていない。財務の内容など、難しく理解できなかった。一部の経営層の仕事と思い、経営が厳しいというイメージだけ残った
◆声が後ろまで聞こえない。下を向いて時間が経過することだけを待っていたり、聞こえていても聞く気がなかったりの従業員も多かった。従業員の目が死んでいた。魚屋で並んでいる「死んだ鯖の目」をしていた

このような内容だと、全員巻き込んだ内容とはいえない。従業員は、何だか分からず白けて終わった。「当事者意識」を植え付けられなかった。一方、「良い状態」を比較してみたい。キックオフの成功と呼べるのは、次のような状態とする。

◆トップの本気度・真剣さが熱意を持って伝わった
◆トップについて行けば大丈夫だと確信した
◆ストレートに会社の実情が分かった。そのつながりとして、どんな改革／改善を展開する

◆のかを理解できた
◆「達成すべきこと」に対して、期待する行動・協力すべきことが具体的に伝わった
◆そのためにトップがどのように考え、どのような布石を打って、どうするかを分かった
◆外部環境と内部環境の自己認識の捉え方が共有できた。このまま行くと会社はどうなって、そのために何をどうするかが分かった
◆この改革／改善は全員の活動だ。「聞いていない」「自分達とは関係ない」と思わない。当事者意識を持って実施すること、トップはその突破口をどう開こうと考えているかが分かった
◆トップは、借り物のことばではなく、自分のことばで理解しやすい内容を話してくれた。特に、ひとことでいうとどんなことかが分かった
◆従業員の目線でいいたいメッセージを、平易なことばで分かり易く伝えてもらった
◆終わった時点では、従業員が大変だけれどやる価値があると思うようになった。このまま信じてやれば問題はないと、元気がでて明るくなった
◆人を巻き込む段階を早期につくっておく。反対者及び無関心者をなくすように、同志・連帯者をつくっていた
◆「人数の制約」「構成員の能力の制約」「社内制度の制約」「職掌の制約」「慣行の制約」など想定される問題に関しても未然防止がされていた。内部に気を遣うような改革／改善で

はないことが分かった

◆キックオフの後、管理・監督職から部下へ理解度を確認していた。理解が浅い点は、トップへフィードバックされフォローはされていた。また、伝え方での改善点は、次の報告会などに反映されている

キックオフにおいては、口先だけで何でもいうことができる。表面的ではなく、実務に直結した「臨場感のある合理的かつ達成可能な内容」を伝えなければならない。「達成すべきこと」の必然性と、実行するための具体的施策のつながりを理解してもらわなければならない。〔関連内容　第4章　2キックオフの基盤整備〕

●事前準備●　ポイント15　キックオフ終了時点の「ありたい姿」　重要度 ☝☝

①改革／改善の重要性があっても「言行一致」していないと、キックオフそのものがムダとなってしまう

②「これを達成すれば良いこと」が理解でき「会社の将来像と自分の貢献内容」がつながるっている

次に、「3 加速させるための仕組み構築」のNO．8で述べてきた「進捗管理」の留意点をおさえたい。

5 「進捗管理」と「Jカーブ効果」の理解

キックオフの後は、できるだけ速く改革／改善の効果を刈り取りたい。

一方、成功が確約されている改革／改善はない。全てがうまくいくのであれば、その手順通りに進めれば良い。しかし、ビジネス環境・組織・人を標準化できないのと一緒で、改革／改善も標準化できない。だから、改革／改善は面白い。事例をJKL社で見てみよう。JKL社は、過去何度か改革／改善を進めたが成功しなかった。そのJKL社のトップは、現在次のようなことを心から体感している。

◆ 社内が変わり始めてきた
◆ 経営幹部のいうことも変わってきた
◆ 「心躍り、肉騒ぐ」「ワクワク・ドキドキ」「刺激的」となり、社内に活気が出ている

図表4-11　改革／改善の良いJカーブ効果〔良い例〕

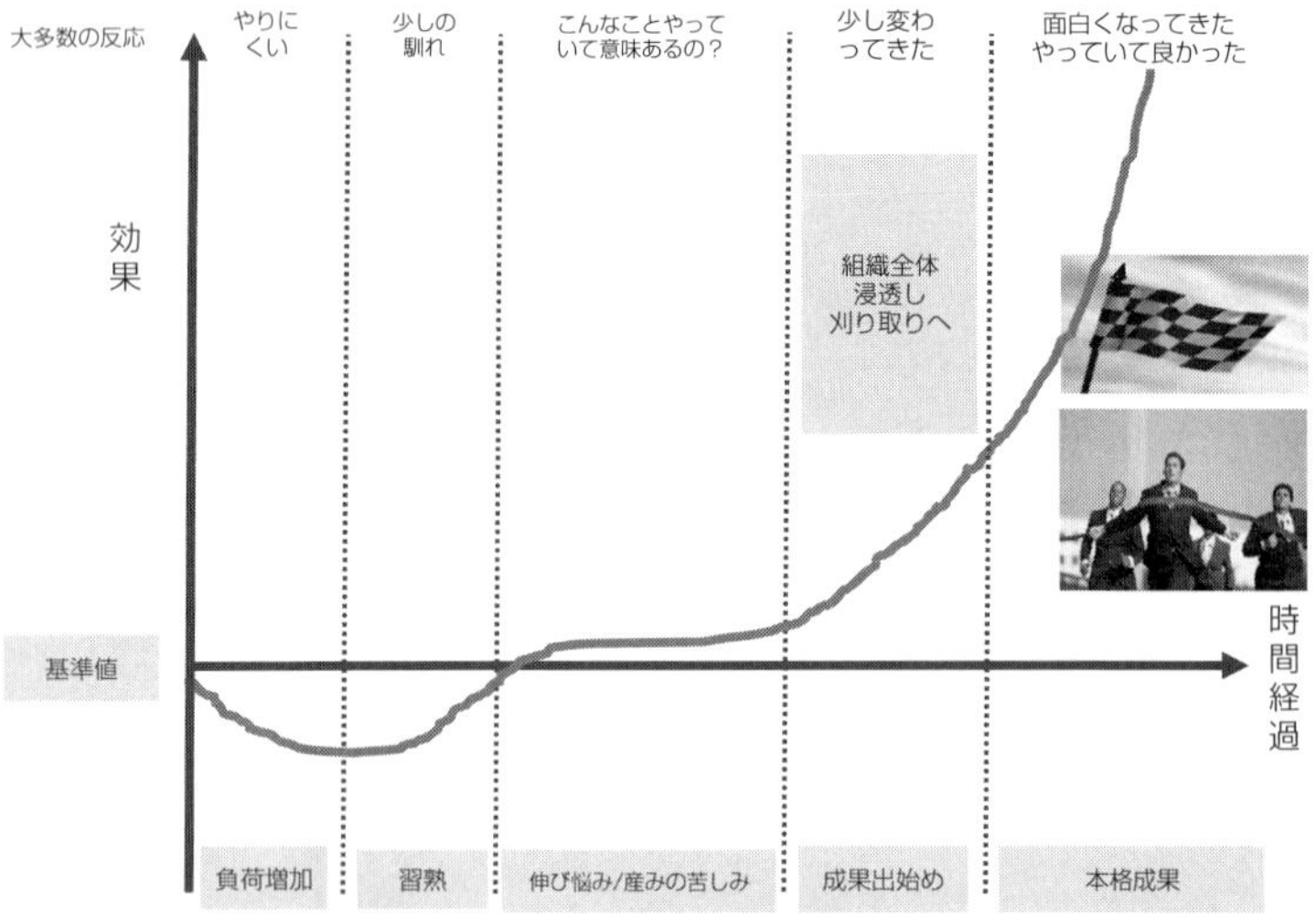

何があったのか？

一言でいうと、「Jカーブ効果」を理解して進捗管理を効果的に活用し、結果的に順調な改革／改善が展開できたことだ。

トップとして「Jカーブ効果」はおさえてほしい。これを理解することにより、改革／改善の加速をしてほしい。「Jカーブ効果」とは、為替相場が輸出に及ぼす相関関係の用語であるが、当書では改革／改善に転用して使っている。改革／改善のインプットと成果のアウトプットの関係曲線である。しっかり活動できていると、図表4－11「改革／改善の良いJカーブ効果〔良い例〕」にようになっていく。

スタート時は、負担が増えて基準値より悪化する。「慣れていないこと」をやるため、やりにくくなっている。その後、少しずつ慣れてきて習熟段階となる。その後、スタート時点の基準値を少し超えた状況となる。この期間は「伸び悩み／産みの苦しみ」の期間である。成果が限定的のため、「こんなことやって意味あるのか？」と疑問が呈される。この段階では、未だ組織全員の理解と協力等が不十分であり、一挙に成果は出にくい。これが、徐々に理解者／協力者等が増やすと少しずつ変わっていく。

次の段階は、目に見える形で皆が「少しずつ変わってきた」と体験できる段階が来る。成果が見えると、改革／改善が面白くなる。スパイラルアップで好循環となっていく。本格的に成果が出て、改革／改善に真剣に取り組むようになっていく。

ＪＫＬ社のトップが「手応え」を感じているのは、図表４－12「改革／改善の成功している企業〔例〕」の状況となっているからである。向かって右の成果／実績が上がっている。改革／改善Ａ・Ｂ・Ｃとも、達成感を社内一体となって味わっている。

一方、ＫＬＭ社の悪い例を見てみよう。取り組みが浅く、結果的に「Ｊカーブ」の停滞期が長くなってしまった。具体的には、図表４－13「改革／改善の遅いＪカーブ効果〔悪い例〕」になっていた。改革／改善の失敗している企業は、このような状況になっている。

改革／改善の失敗は、次のようなパターンとなっている。「誰か何かをやるのだろう」と着手が遅れる。当然何も変わらない。やっと着手を始めるが、一部だけの負荷が増えていく。従業員

図表 4-12　改革／改善の成功している企業〔例〕

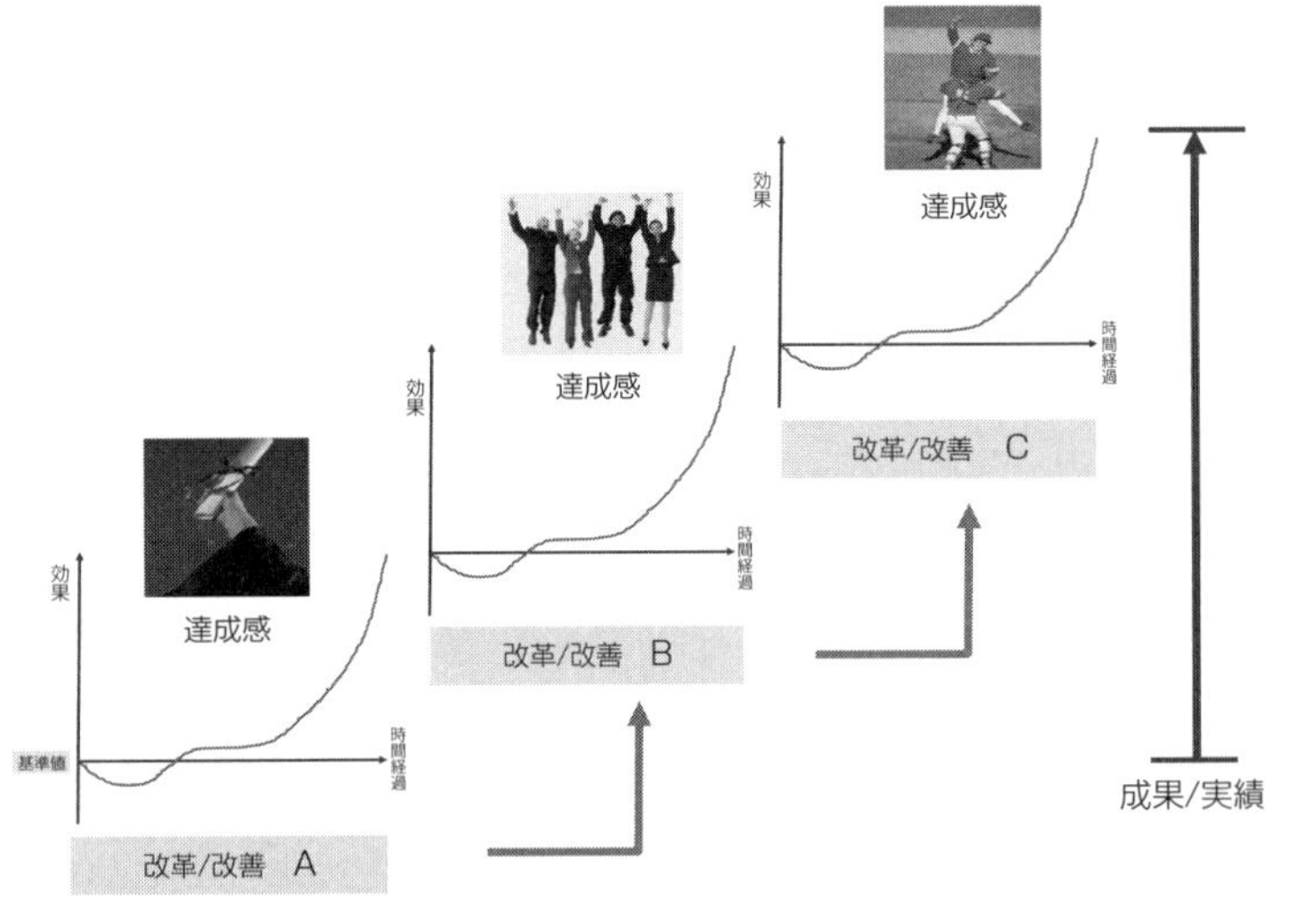

図表 4-13　改革／改善の遅いＪカーブ効果〔悪い例〕

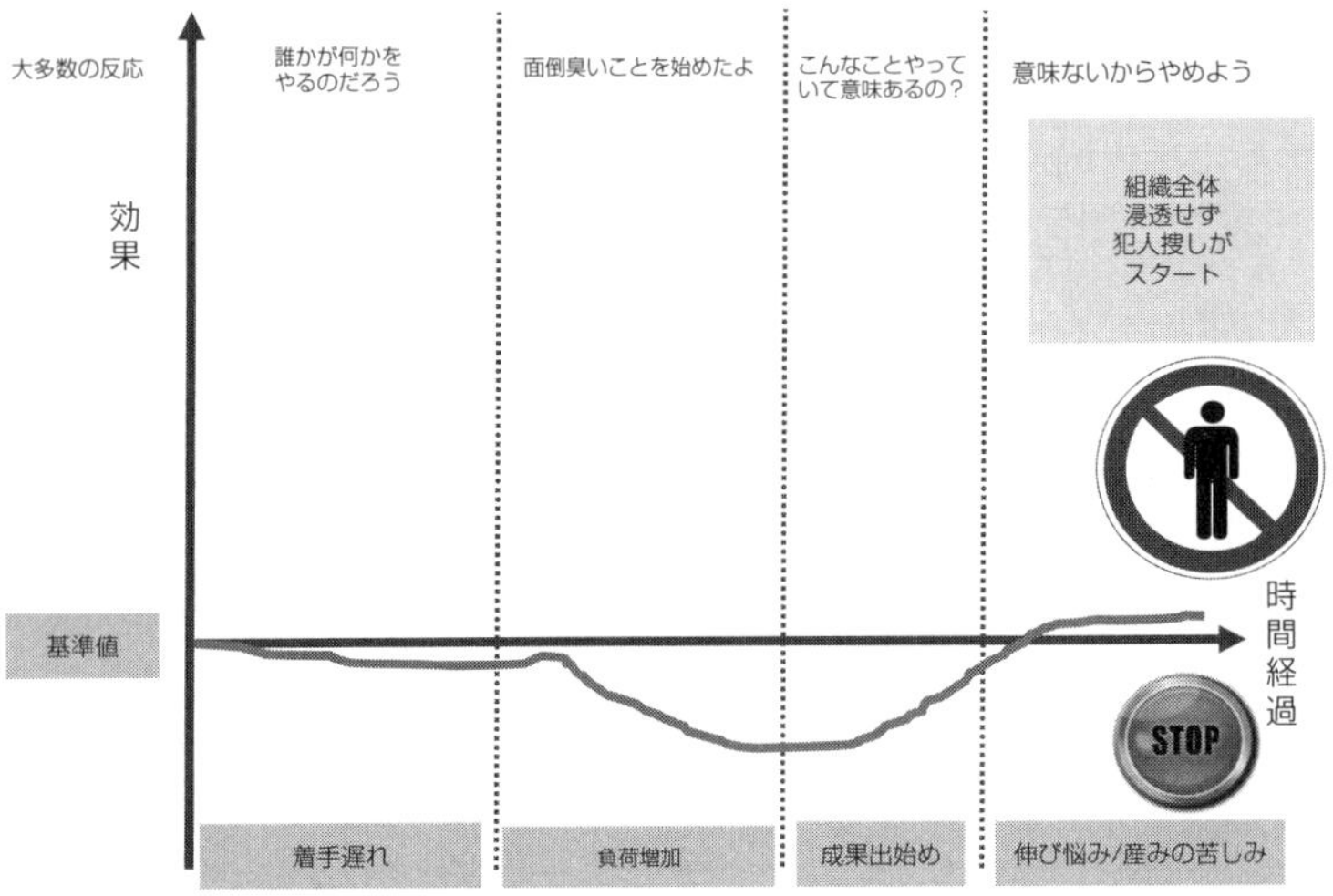

全体としては、「何か面倒臭いこと始めたよ」と模様眺めをする。

分科会などに参加していないメンバーは、何をすれば良いのか分からない。そのような状況でも、改革/改善が的を射ていると、確実に成果は出始める。しかし、大多数は「こんなことをやって意味があるの?」と、不平・不満が出てくる。やがて、多忙さにより耐えきれなくなる。煩わしくなり、継続しなくなる。

成果が思うように出ていないと、トップは我慢できず、「意味ないからやめる」と中止・完了をいい渡す。組織全体には浸透せず、誰が悪かったかと特定者を犯人にしていく。この活動は、皆が納得しやすいように「○○だった。もうコリゴリだ」「○○に任せたのが間違いだった」と、トップのことばをもとに総括して終わる。

しかし、新たな切り口で、他社事例や業界の会合で触発され、「我が社も負けられない」と改革/改善を実施しようとトップが思い付く。しかし、結果は推して知るべしとなる。図表4-14「改革/改善の成功しない会社〈悪い例〉」となっていく。

1回目の失敗は、「落胆」となり、2回目は「苦悩/苛立ち」となり、3回目は「ストレス爆発」していく。笑えない茶番を長い期間かけて実施していた。

また、KLM社の特徴は次のような改革/改善だった。

図表4-14　改革／改善の成功しない会社〔悪い例〕

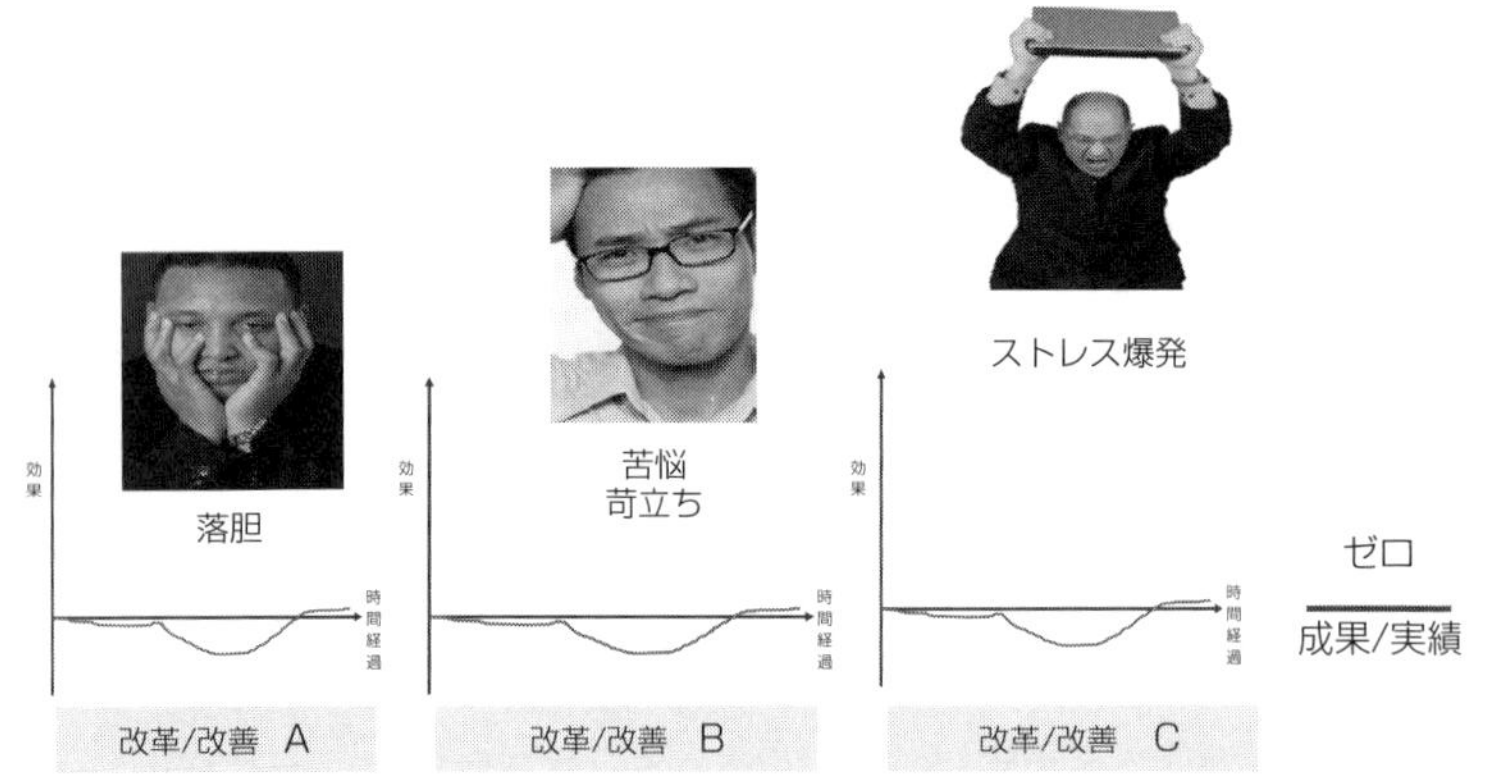

◆トップが我慢出来ずこらえられない

◆ことごとく正直者が馬鹿を見る過去の実績だった

◆周りを見ながら、文句をいわれない程度に「やったふり」が上手な多く組織が存在していた

ＫＬＭ社のトップは、環境変化が激しい業界にいるため、「朝令暮改」ならぬ「朝令朝改」をモットーとしている。実態は軸がないため単なる「舌の根の乾かぬ内」で節操がない状態だった。トップの価値観や判断基準があるようだが、よく分からない。また、何がトップの地雷か分からない。急に方針変更される。トップが、感情的な対応をすることも多いため「察する」しかない。やがて、トップに情報が入りにくくなっていくのは自然の流れとなっている。トップの一挙手一投足は、経営幹部～管理・監督職を中心にストレスを与えていることとなる。

「喉元過ぎれば…」と経営幹部は考え、管理・監督職も「どうせ真剣にやっても、すぐに終わるし」と考えている。KLM社の経営幹部の一部は、そもそもやりたくない改革／改善のため、開始半年後を待たず足を引っ張るような「ネガティブキャンペーン」も展開する。ことあるごとに、いかに理不尽なことをやっているのかをアピールする。トップが喜ぶ「反応するキーワード」を盛り込んで、主観で都合よい情報を演出していくこととなる。

では、KLM社を成功させるための処方箋は何か？

それは、「Jカーブ効果」を理解することである。一時アウトプットは落ち込むが、産みの苦しみを乗り超えられるかどうかで決まる。実際には、トップ～経営幹部～管理・監督職～従業員一枚岩となることは、簡単ではない。ベクトルを合わせるために、「何度も同じことをワンパターンでいい続けること」である。この期間を短くしていくためには、ベクトルを合うようにする「努力の度合い」によって大きく変わっていく。トップは、決して皆の前で「素晴らしいこと」「切り口を変えて新たな考え」を吹き込むことではない。

組織・個人に急に変われと指示しても、頭と体がついてこない。よって、行動につながりにくい。コミュニケーションの頻度／間隔を詰めることによって変わっていく。これは速い部署だと、経験則では3～6ヶ月で変わっていく。じっくりやって一年で変わっていく。しかし、半年の時点で、進め方を継続していいかどうかの判断は必要である。一年で変わらなければ、やり方を修正する必要がある。

●事前準備● ポイント16 進捗管理と「Jカーブ効果」の理解 重要度 ☝☝☝

①進捗管理は、「Jカーブ効果」を理解して、やるべきことをしっかりやっていると成果はついてくる

②やるべきことを何もやらず、ペースが遅いと一年間を期限にやり方の変更を実施する

「達成すべきこと」の成果を獲得するためには、うまく行っていない状況を継続していても成功しない。時間ばかり経過しそのままになってしまうことが、容易に予想できる。「タイムリーな部分修正／洗い替え基準」を設け、軌道修正の内容についても事前に決めておきたい。

6　タイムリーな部分修正／洗い替え基準

「達成すべきこと」が「結果良ければ全て良し」ではない。結果は大事である。しかし、その前提として、今までのやり方をどう改革／改善したかが重要である。手段を選ばず結果を追求すれば良いというものではない。ＬＭＮ社の事例を見てみよう。トップは、次のように部下に発破をかけていた。

- 今回の改革／改善は必達だ。何が何でも達成だ
- 万難を排し成果に拘ってほしい
- 起死回生のためにも不退転の取り組みだ
- 経営幹部の評価は、今回の実績で見る。競争だ

以前に比べ、従業員も減り、業務も忙しくなってきた。実情も知らずに、成果ばかりいわれる。経営幹部は多忙を理由に、トップからいわれたことを、そのまま「オウム返し」に指示して丸投げ。やる気が全く起きない。現場の従業員も、いいたいことを我慢して耐え忍んでいる。今、頑張っていることも評価せずに。どんなに苦労しているのか見ずに。「お前、やってみろ」と反論して、辞めてやると考えることもある。

ＬＭＮ社では、手段を選ばず成果だけの追求したため、長続きできない。労働強化となってしまった。ミスの発生でお客さまに迷惑を掛けたり、安全衛生上での問題が発生したり、特定の従業員に負担が掛けたりしてしまっていた。

ムリをしたため、反動が出てしまった。退職やうつなどの病欠などで組織が崩壊してしまった。現場を守っている監督者も責任を感じ、辞めてしまった。将来を嘱望されていた監督者だけに、非常に惜しい。事前準備はしたつもりだった。

退職者のバックアップとして、エースの○○を異動させなければならない。後任の育成に1年間はかかるだろう。改革／改善は、「百害あって一利なし」だった。改革／改善をやらない方が良かった。改革／改善は中止だ。改悪だ。もう、コリゴリだ。

◆◆さて、ＬＭＮ社はなぜこのような悲劇となったのか？

改革／改善をやらない方が良かったのか？

その答えは、改革／改善の「洗い替え基準」がないため、「タイムリーな部分修正」ができなかったためである。うまく行っていないのに、トップの指示／命令が一方通行。部下もいってもムダだから、何もいわない。現場でストレスが蓄積していたが、進め方を変える方法を持たな

図表 4-15　企業基盤把握のチェックポイント〔例〕

NO	図表	チェックポイント〔例〕
1	決める	●決定事項の決め方は良いか？ ●決めたことは，目的や背景の理解・納得・内容把握されているか？ ●決められたことを，対象者は分かっているか？
2	守る	●守っているか？ ●守れる内容になっているか？ ●守るように管理・監督職は日々コミュニケーションを取り指導しているか？
3	続ける	●管理・監督職が決めたことを続けているかどうかを把握しているか？ ●続けていないと，分かるようになっているか？ ●続けているルールが，「やり方が合っているか？」「問題点がないか？」など，見直しを最低半年/回見直しができているか？
4	異常時のホウレンソウ	●異常時の定義ができているか？ ●異常の定義により判断・管理がされているか？ ●管理・監督者が「守れないこと」「続けられないこと」を情報収集しているか？

かった。これが真因である。トップが実情を理解して軌道修正できるかどうかが重要である。権限移譲も必要である。

改革／改善では「達成すべきこと」への「戦闘集団」にしなければならない。戦況を把握し、どのような場合に「どのように部分修正するのか」を事前に決めておく。日本人は、ものごとを情緒的に進める傾向が強い。良いときもあるが、厳しい経営環境では「甘い対応」「問題の先送り」となりやすい。

その対策として、第2章の「6　改革／改善を加速する土台づくり」で述べた「土台そのもの」が機能しているかどうかを評価する。その具体的評価内容例を、図表4－15「企業基盤把握のチェックポイント〔例〕」、図表4－16「トップがぶれてはならないチェックポイント〔例〕」、図表４－17「改革／改善展開の２×５のチェックポイント〔例〕」に添付する。

これらをチェックシートにしたものが、図表４－18「改革／改善を加速する土台づくり　状況把握シート」である。これを、活用する目的は、次の通りである。

◆現場に丸投げで，各部門の担当を「いじめる改革／改善」とならないようにする
◆客観的にモニタリングして，早期に組織的な修復ができるようにする

このチェックシートを活用するポイントを図表４－19『「改革／改善を加速する土台づくり状況把握シート」活用方法』に述べる。

まず、「会社全体」の評価を、トップ・経営幹部・事務局で実施する。その後、評価の集計～評価内容の合意～問題の優先順位付け～ワースト２～３の問題の特定～対策案～対策の確認方法を決めておく。その後、同じ流れで「部門ごと・プロジェクトごと」の評価を、担当の経営幹

図表 4-16 トップがぶれてはならないチェックポイント〔例〕

NO	ぶれてはならない方針	チェックポイント〔例〕
1	経営幹部と従業員の一枚岩で同じゴール	●トップが，従業員まで上下～横の歯車が噛み合うように，さまざまな階層にコミュニケーションを取っているか？ ●トップが，理解度をもとに，一枚岩になってゴールを共有できるようにコミュニケーション改善や支援を実施しているか？
2	軸のぶれない一貫性保持	●トップが，「同じこと」を「ぶれなく」何度もいっているか？ ●トップのいうことが変わり，周りに不安感を与えていないか？
3	答えは現場。敵は内部にあり。管理間接は現場の応援団。現場は生き物，自助努力を基本に鮮度管理	●トップは，都合良い報告を聴いて安心せず，タイムリーに現場/現物/現認しているか？ ●トップが，お客さま志向を目指し，部分最適にならないように，現場の応援団となっているか？
4	具体的な武器を持った行動改革/コミュニケーション改革による人づくり/組織づくり	●トップが，机上での議論ではなく改革/改善をやってみてから，判断～アクションを繰り返しているか？ ●トップが，精神論ではなく具体的手法をもとに，改革/改善が加速するようにコミュニケーションのとり方を変えているか？

図表 4-17　改革／改善展開の２×５のチェックポイント〔例〕

NO	具体的実施事項・留意点			チェックポイント〔例〕
1	やることをしっかり決める	1	目標値と打ち手の整合性	●目標値と方策が合っているか？
		2	やる気の出る確実な落とし込み	●上下とも「何をやるのか」の方策を具体的に理解して納得しているか？
2	決めたらやり切る	3	トップ～経営幹部～管理・監督者～事務局は、つねにいい続け，凡事徹底できる組織づくり	●トップ～経営幹部～管理・監督職～事務局が、「当たり前のことを当たり前に」できるようになるまで、凡事徹底できる努力をしているか？
		4	タイムリーで適正な進捗管理	●進捗管理は、事実を把握してタイムリーに適正にできているか？
		5	やり切るための創意工夫	●進捗管理にて、正常であれば継続するように調整し、異常であれば正常に戻すために創意工夫しているか？

部・事務局・管理・監督職で実施する。

「会社全体」「部門ごと・プロジェクトごと」の対策が決まった後、トップも関与してもらう。「会社全体」で決めたことを、「部門ごと・プロジェクトごと」との内容と、整合性があるかどうかを全社で見直す。特に、個別部署やプロジェクトで、部門間の問題やトップの関与方法で見直すことがないかを、重点的に検討する。


この流れで「土台づくり」ができているかどうかの評価～対策はできる。しかし、そこで必ず障害となるのは、第2章で述べた「組織の癖」である。その事例をMNO社の例で見てみよう。

MNO社は、過去からさまざまな改革／改善を実施していたが、ことごとく頓挫して成功体験を持っていなかった。

◆経営幹部や管理職は、自分たちはやらずに、全てトップが悪いと責任転嫁していた
◆各部門とも、もっとトップに関与してほしいと要望を持っていた
◆トップは、自分では関与しているつもりであった
◆トップの結論は、「自分は精一杯頑張っているが、やり方がこれ以上分からない」と考え、今回の改革／改善も「これが我が社の限界だな」と思っていた

ＭＮＯ社の悪さ加減は、図表４－18のチェックシートに答えが出ていた。評価結果では、経営幹部は答えを持っていた。優先順位のワースト２では、「経営幹部と従業員の一枚岩で同じゴール」「答えは現場。敵は内部にあり。管理間接は現場の応援団。現場は生き物、自助努力を基本に鮮度管理」とだった。

ＭＮＯ社はスタート時点での取り組みが弱かった。トップの入り込みがないため、状況が打開できない。変えないから変わらない。特に、「トップが、従業員まで上下～横の歯車が噛み合うように、さまざまな階層に意識付け」が不十分だった。その行動で問題となったのは、「トップは、都合良い報告を聴いて安心せず、タイムリーに適時現場／現物／現認」をしていなかった。コンサルタントが来るときだけ、同行していただけ。

ＭＮＯ社トップは、２代目社長で古参幹部との確執があって、さまざまな現場への入り込みに躊躇していた。経営幹部は、口出しされて自部門の業務がやりにくくなったら困ると考えていた。トップが入り込まないようにガードをつくり、暗黙の了解となっていた。都合良い情報は上がるが、何だか改革／改善が進まない。外部から見ると「当然の帰結」である。

別の事例で、ＮＯＰ社のワンマン社長の場合を見てみよう。

ワンマン社長には、部下は本音をいえない。このチェックシートで、誰が何をどう評価したのかに腐心するトップだった。コンサルタントの前では、オープンに評価し、喧々諤々議論ができるように望んでいるが、実際の行動は伴っていない。本音をいうと、制裁人事が出る。その地雷を踏まないように、トップに対しては全員優しい経営幹部となっている。

経営幹部の行動基準は、トップの機嫌を損ねないように、「保身」が第一目的。狭量なトップだと皆が分かっている。経営幹部はこのようなチェックシートで、可能な限り触れてほしくない。トップを非難するような評価は絶対にできない。経営幹部も同じようなマネジメントを真似している。トップ。管理・監督職は、相当不満を持っている。利益などの予算管理が厳しいため、「ヤラサレ感」ばかり持っている。

このような「組織の癖」をどう変えるか、問題を問題と認識するのか、迂回してお茶を濁して終わる改革／改善とするのか、答えはトップが「聴く耳」「自分を否定できる意思」を持っているかどうかで決まる。改革／改善は、コンサルタントだけでは何もできない。いくらコンサルタントが、正論をいっても、トップの「プライド」「こだわり」「目線の高さ」以上の改革／改善はできない。

		4	具体的な武器を持った行動改革/コミュニケーション改革による人づくり/組織づくり	トップが，机上での議論ではなく改革/改善をやってみてから，判断～アクションを繰り返しているか？							
				トップが，精神論ではなく具体的手法をもとに，改革/改善が加速するようにコミュニケーションのとり方を変えているか？							

NO	大区分	NO	内容	チェックポイント〔例〕			評点/計	2 ◎	1 ○	-1 ×	-2 ××	評価の具体的根拠〔事例〕	今後の対策
C	展開の2×5	1	やることをしっかり決める	1	目標値と打ち手の整合性	●目標値と方策が合っているか？							
				2	やる気の出る確実な落とし込み	●上下とも「何をやるのか」の方策を具体的に理解して納得しているか？							
		2	決めたらやり切る	3	トップ～経営幹部～管理・監督者～事務局は，つねに言い続け,凡事徹底できる組織づくり	●トップ～経営幹部～管理・監督職～事務局が，「当たり前のことを当たり前に」できるようになるまで，凡事徹底できる努力をしているか？							
				4	タイムリーで適正な進捗管理	●進捗管理は，事実を把握してタイムリーに適正にできているか？							
				5	やり切るための創意工夫	●進捗管理にて，正常であれば継続するように調整し，異常であれば正常に戻すために創意工夫しているか？							
						計							

集計		満点	事務局所感	コミッティ対応
A		24		
B		16		
C		10		
計		50		

トップ所感	フォロー〔日時/内容〕	フォロー②〔日時/内容〕

FJIRSI4092307

図表 4-18　改革 / 改善を加速する土台づくり　状況把握シート

改革/改善を加速する土台づくり　状況把握シート

部署名		評価日		評価者	一次		二次	

NO	大区分	NO	内容	チェックポイント〔例〕	評点/計	2 ◎	1 ○	-1 ×	-2 ××	評価の具体的根拠〔事例〕	今後の対策
A	企業基盤把握	1	決める	決定事項の決め方は良いか？							
				決めたことは，目的や背景の理解・納得・内容把握されているか？							
				決められたことを，対象者は分かっているか？							
		2	守る	守っているか？							
				守れる内容になっているか？							
				守るように管理・監督職は日々コミュニケーションを取り指導しているか？							
		3	続ける	管理・監督職が決めたことを続けているかどうかを把握しているか？							
				続けていないと，分かるようになっているか？							
				続けているルールが，「やり方が合っているか？」「問題点がないか？」など，見直しを半年/回見直しができているか？							
		4	異常時のホウレンソウ	異常時の定義ができているか？							
				異常の定義により判断されているか？							
				管理・監督者が「守れないこと」「続けられないこと」を情報収集しているか？							
NO	大区分	NO	ぶれてはならない方針	チェックポイント〔例〕	評点/計	2 ◎	1 ○	-1 ×	-2 ××	評価の具体的根拠〔事例〕	今後の対策
B	部門のトップがぶれてはならない基本	1	経営幹部と従業員の一枚岩で同じゴール	トップが，従業員まで上下～横の歯車が噛み合うように，さまざまな階層にコミュニケーションを取っているか？							
				トップが，理解度をもとに，一枚岩になってゴールを共有できるようにコミュニケーション改善や支援を実施しているか？							
		2	軸のぶれない一貫性保持	トップが，「同じこと」を「ぶれなく」何度もいっているか？							
				トップが，いうことが変わり，周りに不安感を与えていないか？							
		3	答えは現場。敵は内部にあり。管理間接は現場の応援団。現場は生き物，自助努力を基本に鮮度管理	トップは，都合良い報告を聴いて安心せず，タイムリーに現場/現物/現認しているか？							
				トップが，お客さま志向を目指し，部分最適にならないように，現場の応援団となっているか？							

図表 4-19 「改革／改善を加速する土台づくり状況把握シート」活用方法

NO	内容		実施内容
1	会社全体の評価及び認識合わせ	1	トップ・経営幹部・事務局で点数評価をする
		2	集計して傾向を事務局でまとめる
		3	トップ・経営幹部・事務局で，評価内容の合意をする
		4	トップ・経営幹部・事務局で，問題の優先順位付けをする
		5	トップ・経営幹部・事務局が，優先順位のワースト2～3について，その発生させている問題を特定する
		6	問題の特定は，①各階層の関与方法②進め方そのもの③繁閑による時間的な配慮④手法の適合性⑤不足リーソースなどを把握する
2	会社全体の対策を検討	1	トップ・経営幹部・事務局で，ワースト2～3について対策を決める
		2	対策は行動計画に落とし，その対策の確認方法を決める
3	部門ごと・プロジェクトごとの評価及び認識合わせ	1	ここでの評価では，トップを担当の経営幹部とする
		2	担当の経営幹部・事務局・部門〔管理・監督職〕の評価をする
		3	集計して傾向を事務局でまとめる
		4	担当経営幹部・事務局・部門〔管理・監督職〕で，評価内容の合意をする
		5	担当経営幹部・事務局・部門〔管理・監督職〕で，問題の優先順位付けをする
		6	担当経営幹部・事務局・部門〔管理・監督職〕が，優先順位のワースト2～3についてその発生させている問題を特定する　※NO1.6と同じ分類にて実施する
4	部門ごと・プロジェクトごとの対策を検討	1	担当経営幹部・事務局・部門〔管理・監督職〕で，ワースト2～3について対策を決める
		2	対策は行動計画に落とし，その対策の確認方法を決める
5	部署ごと・プロジェクトごとの対策レビュー	1	NO.3～4の結果をトップに報告する
		2	トップ・経営幹部・事務局で，すでに決めたNO.2.2の対策とその確認方法と比較して，見直し内容がないかを確認する
		3	個別部署・プロジェクトで，部門間の問題やトップの関与方法なども検討する

●事前準備●　ポイント17　タイムリーな部分修正／洗い替え基準　重要度

①キックオフが終わり、進捗管理をしても土台ができていない場合、成果は出るはずはない

②「土台づくり」を定期的に把握し、タイムリーな部分修正／洗い替え基準により、改革／改善に血を通わせる

この章では、「改革／改善のタイムテーブル」を見てきた。次の章では、血の通った成果を出すためのアクション・プラン作成方法について言及する。

B	具体的展開	決め方処方箋	血の通ったアクション・プラン

第5章　やることをしっかり決める「アクション・プラン」のつくり方

●成否は，上位方針につながるアクション・プランと進捗管理の細部に宿る

アクション・プラン作成のための体系

NO	内容	説明	詳細		
1	ブレークダウン・レイヤー	時間軸を考えた「ありたい姿」を達成/到達水準を表したもの	目的	一貫性	芋づる
			方針		
			目標		
2	ブレークダウン・ポーション	マイル・ストーンをもとにアクション・プランを作成するための考え方	ねらい		
			課題		
			方策		

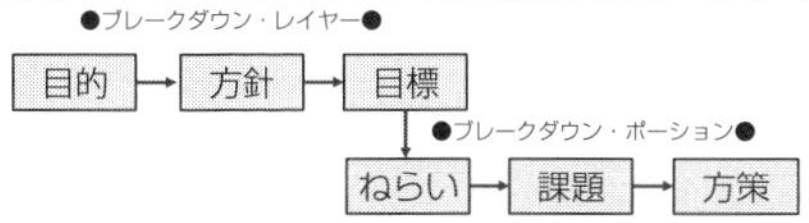

NO	内容		詳細		用語
1	目的	的（まと）	●最後に当てるもの	達成すべきもの 目的地〔いつまでにどこへ〕	TARGET GOAL
2	方針	針（はり）	●目指す方向	進むべき方角	COURCE
3	目標	標（ひょう）	●途中の印	到達すべきもの 中間地〔いつまでにどこへ〕	MILESTONE

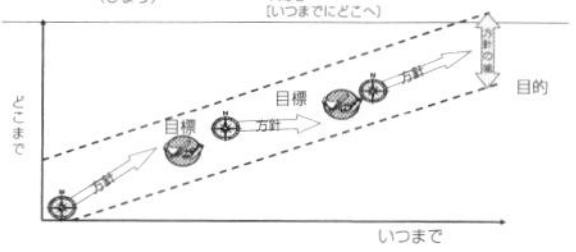

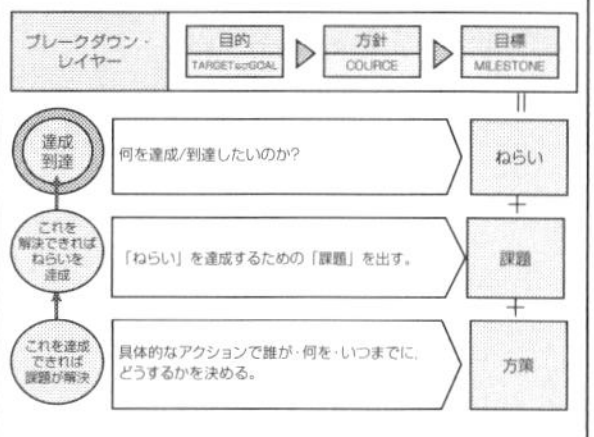

トップの方針を噛み砕く

「方策」の取り組みの考え方

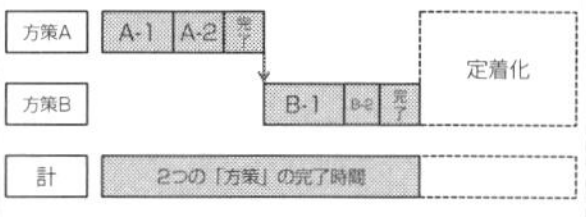

達成／到達するための「方策」の設定方法

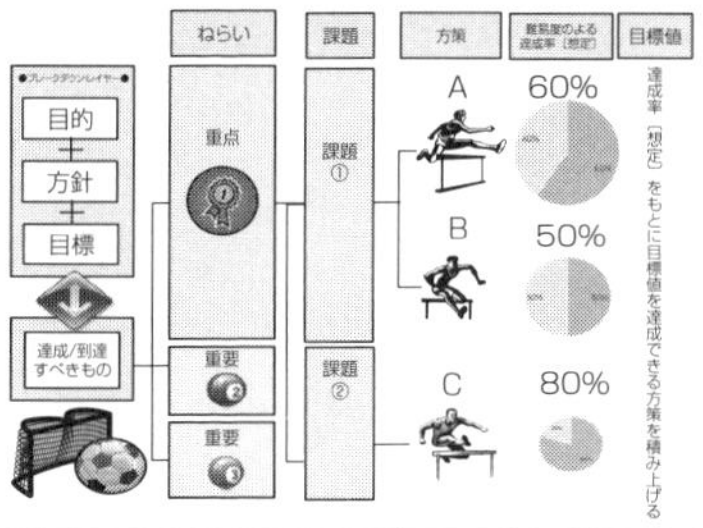

「指標づくり」のための「定量化技術」

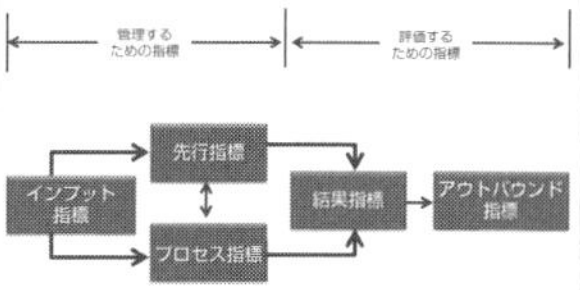

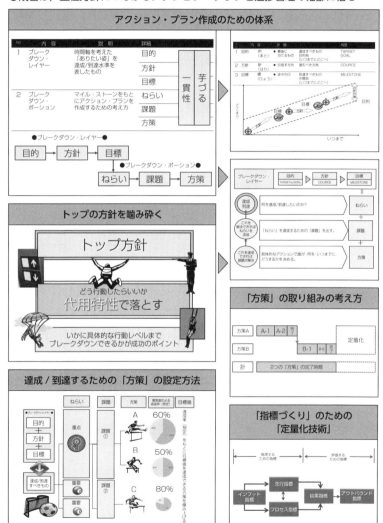

第5章 やることをしっかり決める「アクション・プラン」のつくり方

この章では、第2章で触れた『図表2－13「改革／改善展開の2×5」』の「やることをしっかり決める」ことについて述べる。改革／改善は、闇雲に気合いと根性で奮闘しても結果は「運頼り」となってしまう。そうならないように、何をどのように考えればいいのかをおさえたい。

1 「やることをしっかり決める」ことの明確化

改革／改善は、計画段階で「やることをしっかり決める」ことと、実行段階で「しっかりやり切る」の双方がうまくいかないと成功しない。そのために、的を射た「アクション・プラン」を策定しなければならない。アクション・プランを、どのような考え方でどう策定すればいいのか図表5－1「アクション・プランの策定概念図」をもとに説明する。

まず、多くの企業で使われている「あるべき姿」ということばがある。しかし、誰にとって「あるべき」なのかが不明確である。教科書や経営書に書いてあることは一般論だ。「顧客満足を

図表 5-1　アクション・プランの策定概念図

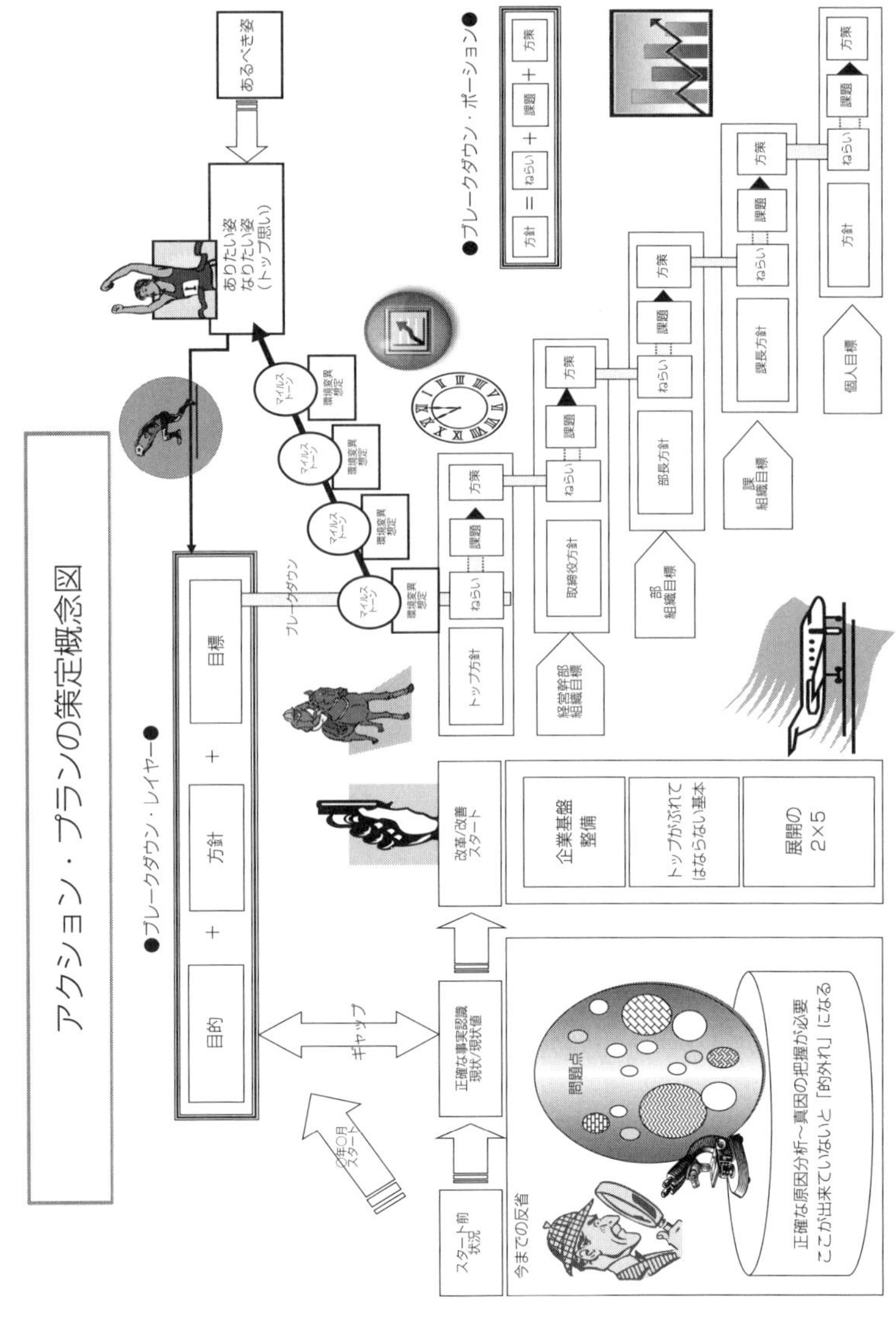

上げる」「従業員を大切にする」「利益を上げて成長する」「株主に貢献する」「グローバル展開をする」など、誰の意思で何を目指しているのか分からない。「あるべき姿」では軸がないため、世の中のいわれている「新しい概念」「新しい枠組み」「新しい経営手法」に振り回されてしまう。

振り回されていると経営革新をやっている気分となる。軸がなく、流されているだけなのに。会社の立ち位置をはっきりさせ、どうしたいのかが「ありたい姿」「なりたい姿」である。「トップの思い」が起点となっている。「あるべき姿」ではなく、「ありたい姿」「なりたい姿」を追求することを、図表5－1の右上に記している。〔参考「価値前提経営」と「事実前提経営」の違い〕

◎参考◎ 「価値前提経営」と「事実前提経営」の違い

「ありたい姿」「なりたい姿」をもとに、経営することを「価値前提経営」という。「価値前提経営」とは、「ありたい姿」「なりたい姿」を具現化するために、何をどうすべきかを具体的に決めていく経営である。

「価値前提経営」の対となるのが、「事実前提経営」である。「事実前提経営」とは、「起こってしまったことに遅れて対応する」ことである。事後対応するだけでは「ありたい姿」「なりたい姿」には、到達できない。多くは「モグラ叩き」となり、日にちだけ経過してしまうこととなる

「なりたい姿」「ありたい姿」を具現化するのが、「ブレークダウン・レイヤー」「ブレークダウン・ポーション」となる。詳細は、次の「2　アクション・プラン作成のための体系」で説明する。「ブレークダウン・レイヤー」は、「目的」と「方針」と「目標」に分かれる。「ブレークダウン・ポーション」は、「ねらい」と「課題」と「方策」に分類される。

改革／改善を進めるにあたり、現状についての「正確な事実認識」をしなければならない。ここが出来ていないと「的外れ」の打ち手となっていく。「ありたい姿」「なりたい姿」とのギャップを把握する。さまざまな問題があるが、全てを解決できない。その中で、重点志向で制約条件となる「問題点」をはっきりさせる。

改革／改善は、一足飛びに達成できない。改革／改善のゴールは、目的地まで「いつまでに」「どこまで」に到着するかを決定することである。それを年単位や半年単位に切り、環境変異を想定しながらマイルストーン〔中間地／経由地〕を設定していく。その期間で、中間地に到着するように決めることが「アクション・プラン」となっていく。「旅程表」そのものである。その「アクション・プラン」は、階層別のつながりで一貫性を持って「芋づる」方式でつながっているようにする。

◆トップと何度も意見の擦り合わせをして決定する

◆トップの「方策」は、取締役方針の「ねらい」となる
◆取締役方針の「方策」は、部組織目標方針の「ねらい」となる
◆部組織目標方針の「方策」は、課組織目標方針の「ねらい」となる
◆課組織目標方針の「方策」は、個人の「ねらい」になる

その目的地に到着するために、トップの役割・経営幹部の役割・管理職の役割・監督職の役割・従業員の役割を決めていく。つまり、「交通手段」「移動方法」「所要時間」「交通費」「事前準備物」「連絡方法」などを設定していく。

■具体的展開■　ポイント1「やることをしっかり決める」ことの明確化　重要度☝☝☝

①「あるべき姿」ではなく、「なりたい姿」「ありたい姿」の軸（価値前提経営）を持つ
②「なりたい姿」「ありたい姿」を具現化するのが、「ブレークダウン・レイヤー」「ブレークダウン・ポーション」となる

では、次に「ブレークダウン・レイヤー」と「ブレークダウン・ポーション」を基本にアク

ション・プラン作成のための体系を説明する。

2 アクション・プラン作成のための体系

アクション・プランを作成するための基礎を、図表5－2「アクション・プラン作成のための体系」にて説明する。「やることをしっかり決める」のは、「ブレークダウン・レイヤー」と「ブレークダウン・ポーション」が各々相互関連して、「一貫性」のある「芋づる方式」になっていることが前提となる。

特に、日本人は、伝えることが下手であり、つながっていない企業が多い。特に、海外現地法人には、分かりにくいお題目となっている。もっと、理解してもらう努力が必要である。

「ブレークダウン・レイヤー」では、「達成／到達したいこと」の目的地にいつまでにどのように到着するのかを決めていく。具体的には、「目的」「方針」「目標」を設定していく。図表5－3『「ブレークダウン・レイヤー」の考え方』及び図表5－4『「ブレークダウン・レイヤー」の内容説明』に詳細を記す。

「目的」は、「最後に当てるもの」であり「的（まと）」を示す。「TARGET」や「GOAL」に

図表5-2　アクション・プラン作成のための体系

1	ブレークダウン・レイヤー	時間軸を考えた「ありたい姿」を達成/到達水準を表したもの	目的	一貫性	芋づる
			方針		
			目標		
2	ブレークダウン・ポーション	マイル・ストーンをもとにアクション・プランを作成するための考え方	ねらい		
			課題		
			方策		

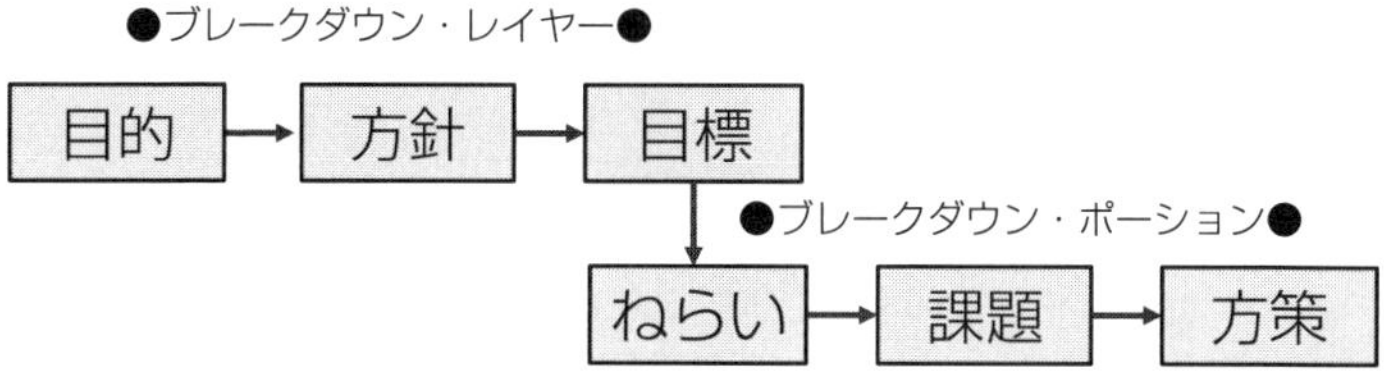

相当する。「達成すべきもの」である。

「方針」は、「目指す方向」であり「針（はり）」を示す。「針」とは、存在する壁に対して、どのように突き破るか、どのように穴を空けるのかというイメージとなる。「COURCE」に相当する。どのように攻めるかの「アプローチ」となる。

「目標」は、「途中の印」であり「標（ひょう、しるし）」を示す。目的地に対して、「いつまで」「どこまで」という到着すべき「中間地点」となる。「MILESTONE」に相当し、「到達すべきもの」となる。

次に、「ブレークダウン・ポーション」について、図表5－5『「ブレークダウン・レイヤー」と「ブレークダウン・ポーション」の関連』で説明する。「ブレークダウン・

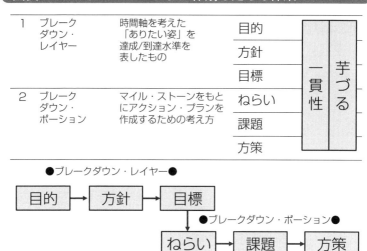

図表 5-3 「ブレークダウン・レイヤー」の考え方

NO	内　容		詳　細		用語	
1	目的	的 （まと）	● 最後に当てるもの	達成すべきもの 目的地 〔いつまでにどこへ〕	TARGET GOAL	
2	方針	針 （はり）	● 目指す方向	進むべき方角	COURCE	
3	目標	標 （ひょう）	● 途中の印	到達すべきもの 中間地 〔いつまでにどこへ〕	MILESTONE	

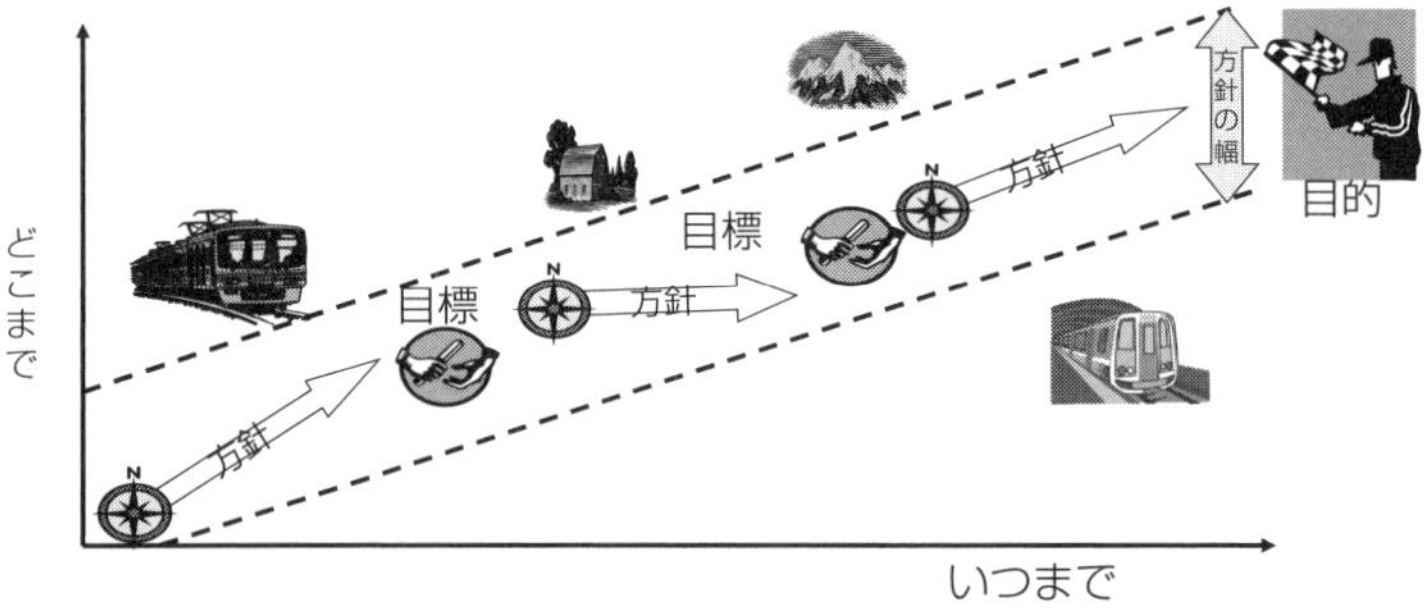

図表 5-4 「ブレークダウン・レイヤー」の内容説明

NO	内容	内容説明
1	目的	●「最後に当てるもの」であり，「的（まと）」である ●「TARGET」「GOAL」に相当し，「達成すべきもの」である
2	方針	●「目指す方向」であり，「針（はり）」である ●「COURCE」に相当し，「アプローチ」である
3	目標	●「途中の印」であり，「標（ひょう，しるし）」である ●「MILESTONE」に相当し，「到達すべきもの」である

図表5-5 「ブレークダウン・レイヤー」と「ブレークダウン・ポーション」の関連

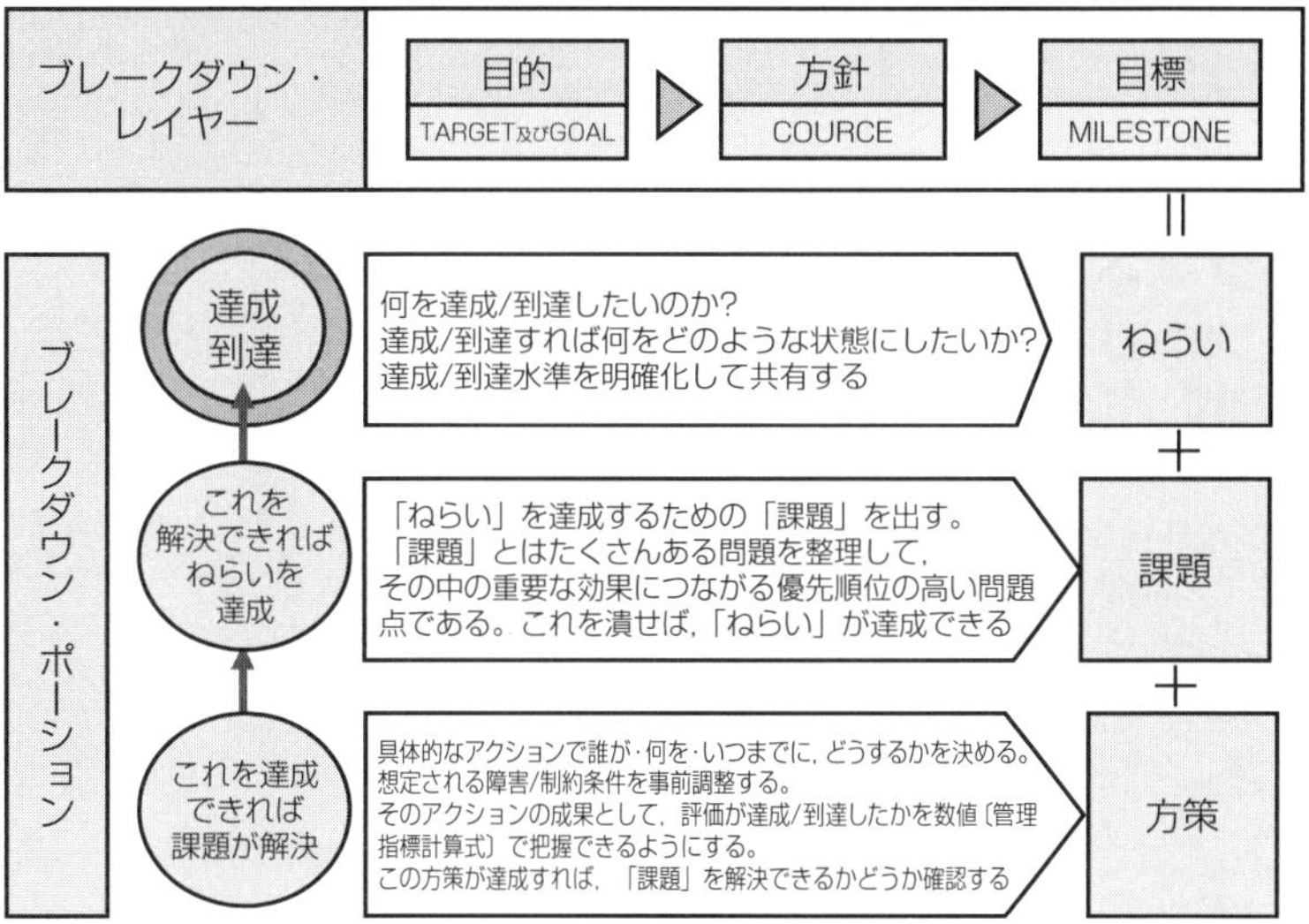

ポーション」は、中間地点にその期間内に到達／達成するための考え方である。

「ねらい」は、「何を達成／到達したいのか？」「達成／到達すれば何をどのような状態になっているのか？」の達成／到達水準を明確化して共有していく。どのような「的（まと）」を射るのかをはっきりさせる。その「ねらい」を達成するための解決すべき内容が「課題」である。「ねらい」を達成するための「課題」を出す。「課題」とはたくさんある問題の中で特に重要な効果につながる優先順位の高い問題点である。

「課題設定」が合っていないと、絶対に「目的」「目標」は達成できない。最も力を入れるべきところである。「課題」は「攻めどころ」で攻撃する対象である。「課題」

を潰せば「ねらい」が達成できるかどうかで評価していく。

その上で、何をするかの「方策」を決めていく。

「方策」とは、具体的なアクションで誰が・何を・いつまでに、どうするかを決めることである。想定される障害／制約条件を事前調整して、実施事項を決める。そのアクションの成果として、評価が達成／到達したかどうかを把握できるようにする。主観的に達成したかどうかを自己満足しないように、数値で把握できるようにする。「管理指標」でとらえ、計算式で把握できるようにする。

この「方策」を達成すれば、「課題」を解決できるかどうか確認する。

決して、「ねらい」を達成するために、ショートカットで「方策」を決め付けないようにする。一所懸命頑張ってやっても成果が出ない企業の特徴に、課題設定ができていないことが挙げられる。その対策として、図表5－6『「やることをしっかり決める」ための要諦』を表している。目標とそれを達成するための「攻めどころ」が曖昧で、決め付けとなっている場合も多い。それは防止したい。各々の各部門やプロジェクトの全体の整合性を確保する。

「ブレークダウン・ポーション」で、「ねらい」を達成するためにどう考えるかを述べる。図表5－7『「ねらい」の設定方法』に記す。テンコ盛りにならないように、必達である「重点」をひとつ、「重要」を2～3つ設定する。

図表5-6 「やることをしっかり決める」ための要諦

■ 次の2点のつながりが最も重要となる。

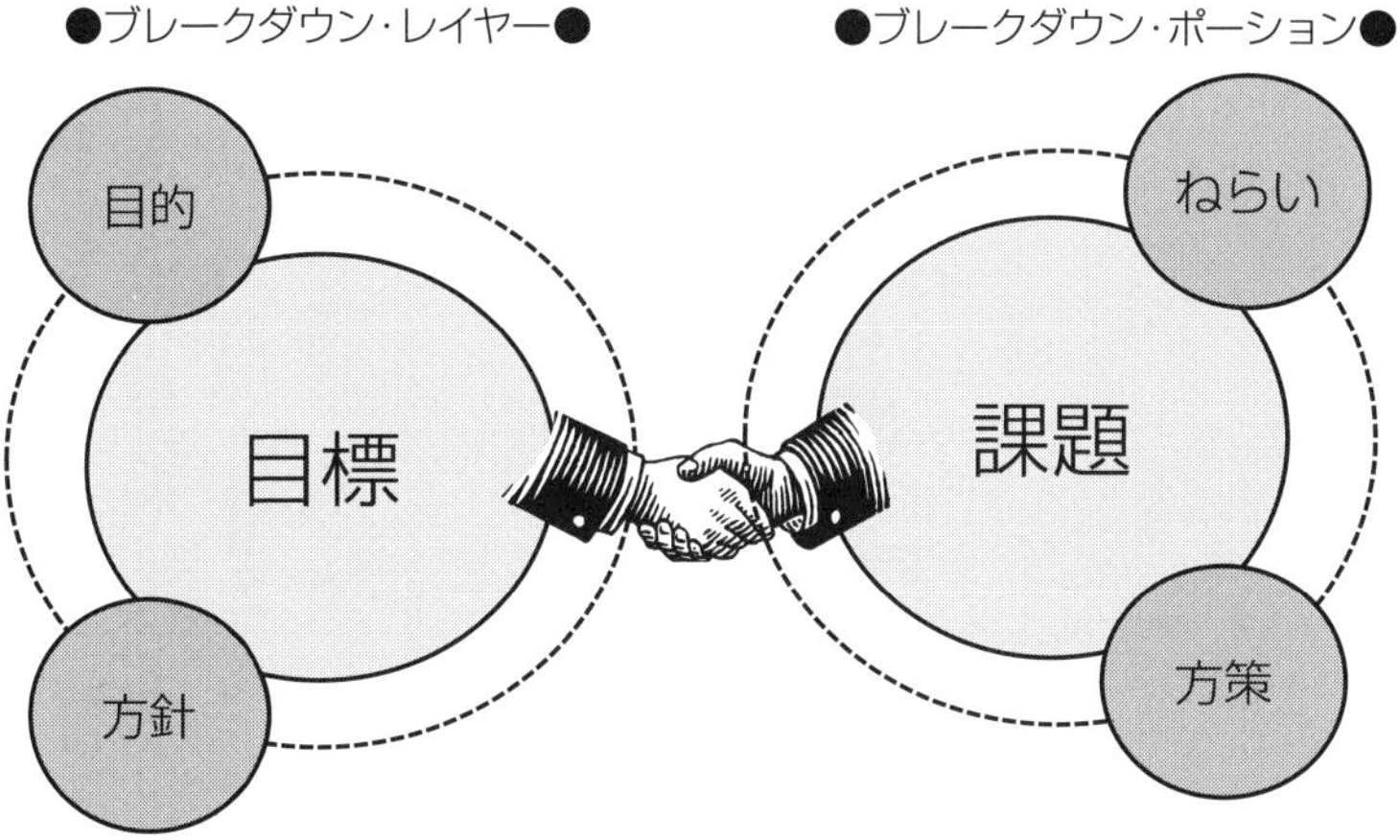

図表5-7 「ねらい」の設定方法

NO	具体的な進め方
1	●「ねらい」を「重点」と「重要」に分ける
2	●「重点」は，一点だけの必達とする ●最重要とし，何が何でも達成/到達する ●「重点」を達成/到達せずに，「重要」を取り組まない
3	●「重要」とは，「重点」以外の優先度の高い「ねらい」とする ●「重点」はひとつだけ，「重要」は2～3個とする ●それ以上になると活動が発散してしまい，効果が出にくい
4	●方針の変更や環境変化があっても，勝手に「重点」「重要」を変えない ●トップ～経営幹部と合議の上，目標〔マイルストーン〕が達成/到達するかどうかで決定する

■具体的展開■　ポイント2　アクション・プラン作成のための体系　重要度 ☝☝☝

①「ブレークダウン・レイヤー」で、「目的」「方針」「目標」を「芋づる」で設定していく
②「ブレークダウン・ポーション」で、「ねらい」「課題」「方策」を「芋づる」設定する。
特に、「目標」と「課題」のつながりをおさえる

次に、アクション・プランのフォーマットについて確認したい。

3　フォーマットへの落とし込み

アクション・プランのフォーマットを紹介したい。

既に、自社で使っているフォーマットがある場合、トップが使いやすいかどうかで判断してほしい。企業で慣れ親しんでいる定型用紙が一番である。自社フォーマットを改造して、追加修正をしてもらっても良い。図表5－8「アクション・プランのフォーマット一覧表〈例〉」に示す。

これらは、実際に多くの企業で活用している。

どれを活用したらいいのか分からないときは、図表5－10「ベーシック・アクション・プラ

図表 5-8 「アクション・プランのフォーマット一覧表〔例〕」

NO	図表	フォーマット名	内容及び活用のポイント
1	5-10	ベーシック・アクション・プラン	●改革/改善の初歩段階で使用する ●初歩段階の慣れていない場合，抽象的表現が多く，何をすればいいのか分からない内容が多い。活動の「やる前」と「やった後」に，客観的に評価できなければならない ●ものの捉え方，進捗管理に慣れてもらうために，重点と重要をひとつずつ設定する ●盛り沢山の「ねらい」とならないように重点志向で取り組む ●決めたらやり切る文化を醸成する
2	5-11 5-12	アドバンスド・アクション・プラン	●トップが，何を考えどうしてほしいかを明確に伝えるために活用する ●組織のコミュニケーション能力を高めていく。迷ったら，何度も上位方針に立ち戻り，軸がぶれないようにする ●上位方針は理解度や実施内容で伝わっているかを把握し，適正な表現に変えていく ●「上位方針」を決めた「その背景」を明確化することにより，ゴールの共有し，手段は任せて「やり切る組織」をつくり上げる ●「到達水準」は，「達成水準」と「期待水準」の2種類で目標値と時間軸を決める。「達成水準」は，必達することである。「期待水準」は「達成水準」の成果の刈り取りができた後，それ以上に到達してほしい水準となる。よって，「達成水準」は「MUST」であり達成しなくてはならない。「期待水準」は「HOPE」で要望である
3	5-13	戦略思考アクション・プラン	●戦略的組織マネジメント手法であるBSC（Balance Scored Card：バランス・スコアード・カード）の4つの視点を使って，アクション･プランを作成する ●顧客価値をもとに戦略的にアクション・プランを作成できる体系となっている ●以下の内容が棚卸できるようになっている 我々の重要なお客さま(お客さま群)は誰でしょう？ そのお客さまの要求(顕在化しているニーズ)は具体的に何でしょうか？ 要求への対応上の問題点は何でしょうか？ 期待(顕在化していないニーズ)は具体的に何でしょうか？ 期待への対応上の問題点は何でしょうか？ 我々が重要なお客さまに提供する価値や利便性は何でしょうか？ 3年後想定される環境の変異はどのようなことはありますか？ 我々が変革するための活動としてどのようなことが必要でしょうか？

図表 5-9　方針の連鎖・相互関連・整合性の確認

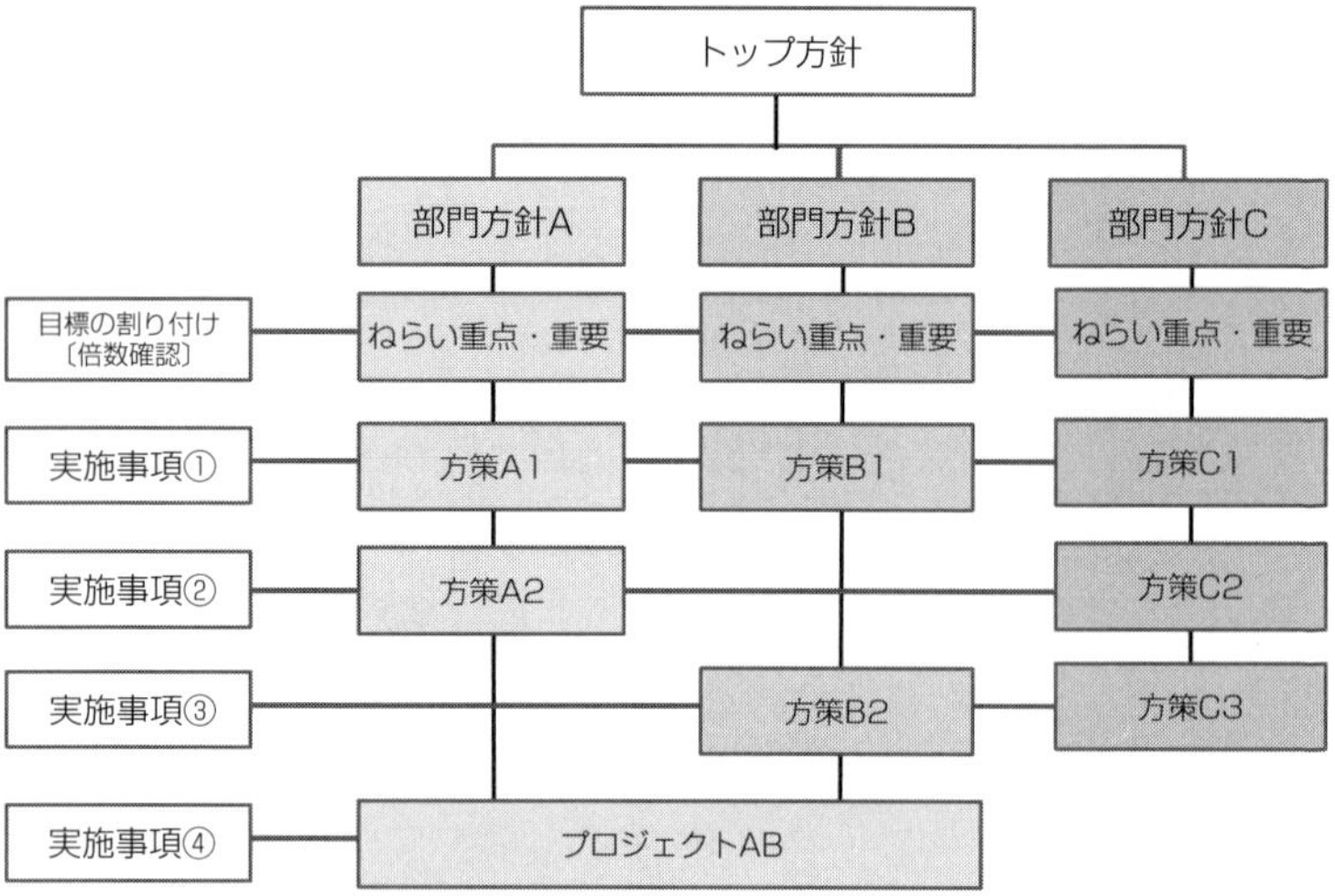

ン」を使ってもらえば良い。このアクション・プラン で、「ブレークダウン・レイヤー」と「ブレークダウン・ポーション」に慣れてほしい。

また、いっていることが「伝わらない」「動かない」組織の場合は、図表５－11「アドバンス・アクション・プラン」を活用してほしい。初めは、記載することに不慣れなため、訓練が必要であるが、使いこなせると非常に良いコミュニケーション・ツールとなる。理解不足を補いブレークダウンがやりやすくなる。日本人は、察して動く「コンテキスト文化」といわれる。目的や背景が伝わっていなくても、動こうとする。しかし、その場合は、その背景を理解していないため、「いわれたこと」だけの行動となってしまう。「分かっているつもり」「伝わっているつもり」とならないためのフォーマットが図表５－11である。

図表 5-10　ベーシック・アクション・プラン

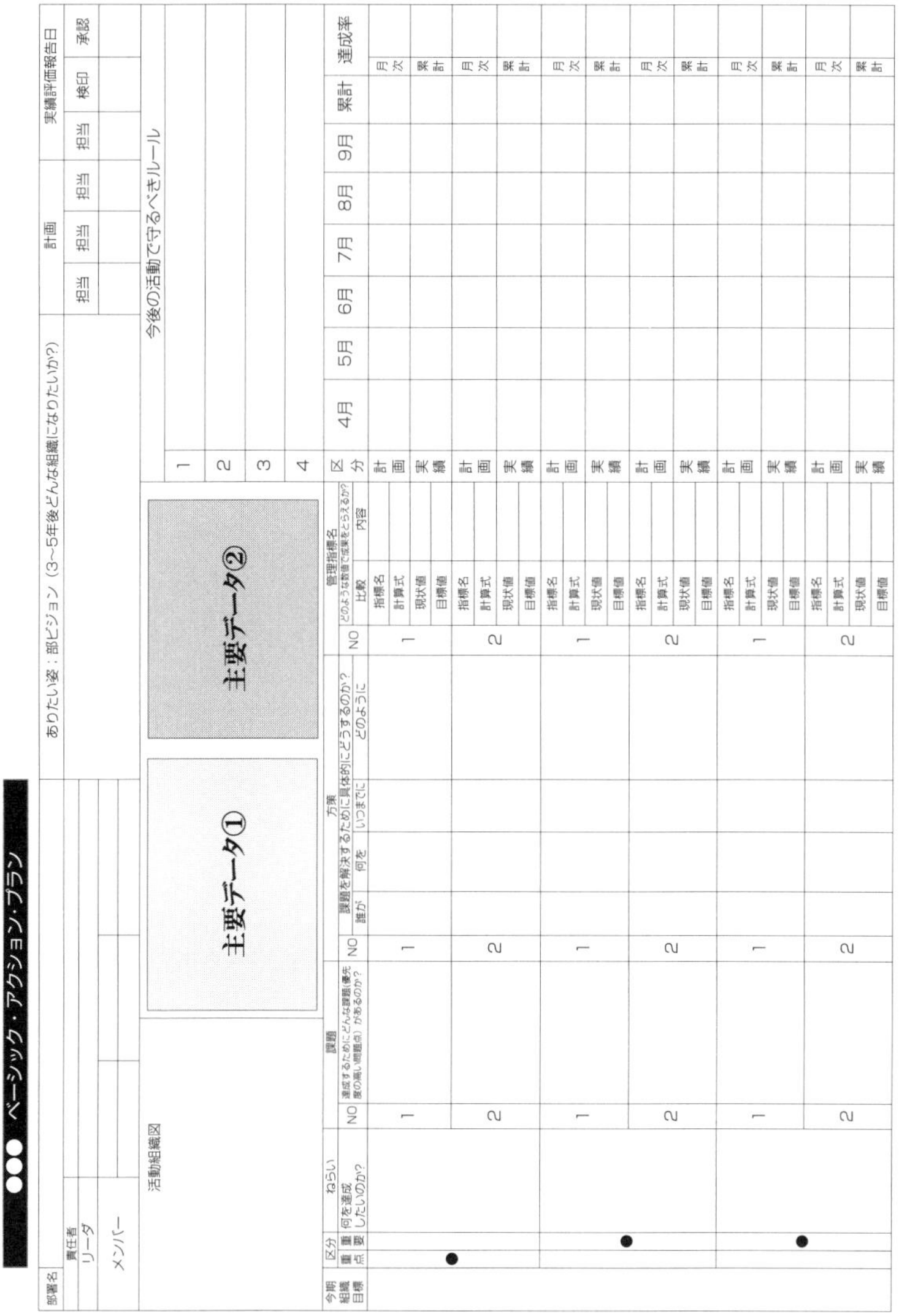

FJ02315029

図表5-11　アドバンスド・アクション・プラン

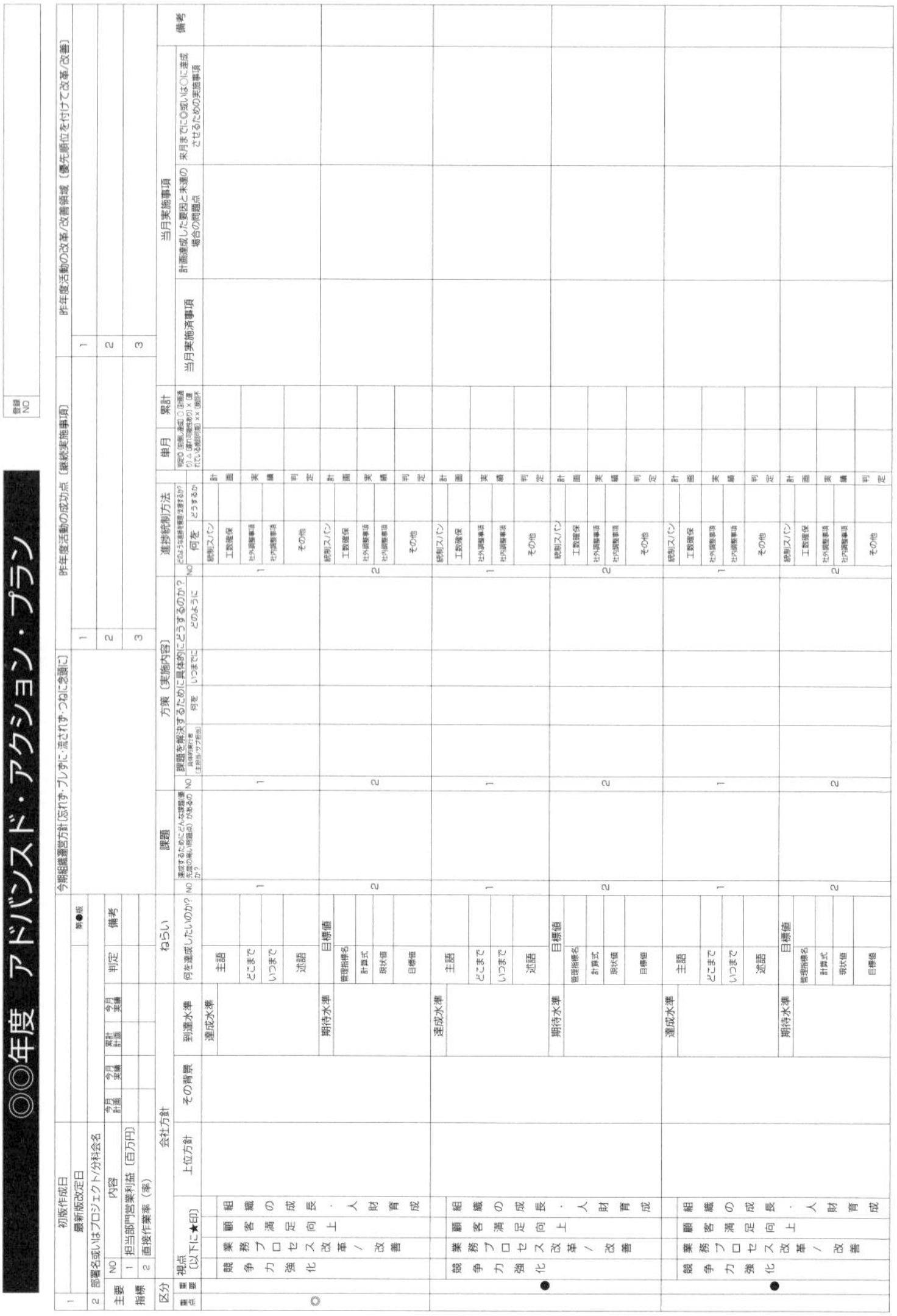

図表5-12　アドバンスド・アクション・プラン〔例〕

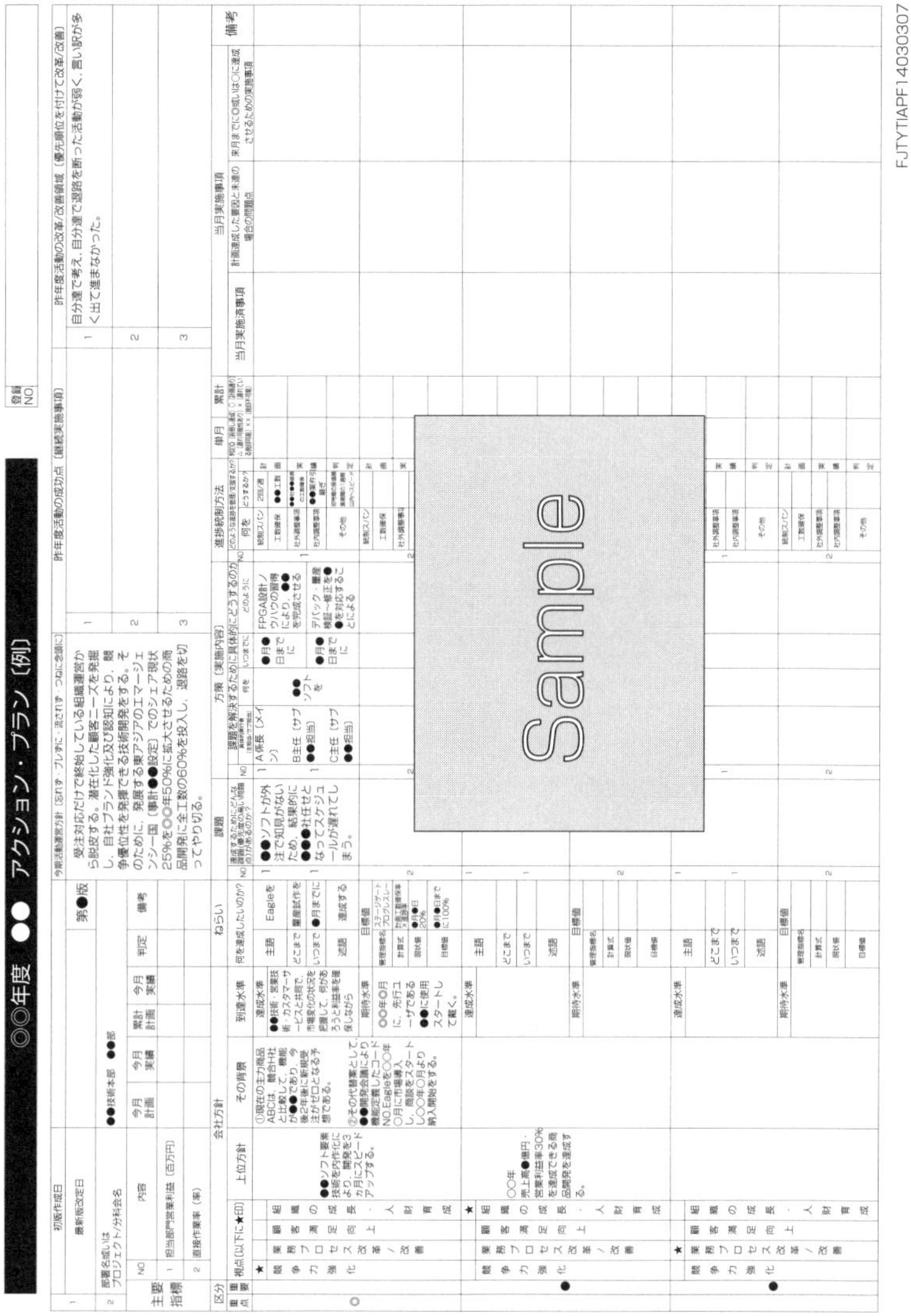

図表 5-13　戦略思考　アクション・プラン

戦略思考　アクションプラン

部署名	

我々の重要なお客さまは誰でしょう？

	NO.1	NO.2	NO.3
お客さま名 お客さま群			
要求は具体的に 何でしょうか？			
要求への対応上の 問題点は 何でしょうか？			
期待は具体的に 何でしょうか？			
期待への対応上の 問題点は 何でしょうか？			

我々が重要なお客さまに提供する価値や利便性は何でしょうか？

NO	内容

我々が変革向けての活動としてどのようなことは必要でしょうか？

3年後我々が想定される環境の変異は どのようなことはありますか？

内部	
外部	

我々の理念・ビジョン

我々の価値観（大切にしているもの）

区分	ねらい	現状における問題点	解決すべき課題	方策	オーナ	管理指標（目標値）	3年後の姿	詳細スケジュール	現状における成果と着地予想	積み残し課題
財務目標 <財務の視点>										
競争力強化 <プロセスの視点>										
人材の育成 <学習の視点>										
ＣＳの向上 <ＣＳの視点>										

FJMC05050601

また、図表5－9「方針の連鎖・相互関連・整合性の確認」で、各部門のアクション・プランの相互関連及び整合性を確認できるようにする。

■具体的展開■　ポイント3　フォーマットへの落とし込み　重要度

① 部門別・プロジェクト別に「方針の連鎖・相互関連・整合性の確認」を確認する
② 「アドバンス・アクション・プラン」など自社で使い易いフォーマットを採用する

さて、次に具体的にブレークダウンするときの考え方を「代用特性」という概念で述べたい。

4　「ねらい」を代用特性で翻訳

ブレークダウンするには、「代用特性」という考え方が重要である。

「代用特性」とは、あることをその対象に合った「代わりに用いる特別の性質・特徴」と読み替える。アクション・プランの表現は、自部門が何をしなければならないかを具体的に把握できなければならない。把握できなければ、落とし込みはできない。「代用特性」を用いて具体的に自部門へ落とし込めるかがポイントとなる。

「代用特性」とは何かを説明したい。たとえば、人によって「気持ちが良いこと」は全く違う。例を挙げてみる。

◆マッサージしてもらう
◆お風呂に入る
◆リラックスしてテレビを観る
◆家族、恋人と美味しいレストランで食事をする
◆海外旅行する
◆海を見る
◆映画を観る
◆ショッピングをする
◆高層ビルから夕暮れ時の景色を見る

さまざまな「気持ちが良いこと」が存在する。それは、個人の趣味・嗜好が違うからである。

では、アクション・プランをつくるために「気持ちが良いこと」を「トップの方針」と置き換え

図表5-14 トップの方針を噛み砕く

たい。

「トップの方針」をもとに、各部門が何を求められているかを咀嚼する。拡大解釈し過ぎては、的が外れ、狭すぎるとお茶を濁して終わりとなる。的の射た内容にするためには、「トップが本当に何を考えているか」「トップは我が部門にどうしてほしいのか」を深く、深く考えなければならない。

視点は、過去の踏襲ではなくなる場合も多い。図表5－14「トップの方針を噛み砕く」にて、今まで説明してきたイメージ図を記載した。

組織メンバーに「トップ方針」をそのままいっても何も伝わらない。

図表5－15「代用特性で具体化」を例にして説明したい。例えば、プロ野球チームで今期の最終目標が「リーグ優勝」をするという方針が

図表5-15　代用特性で具体化

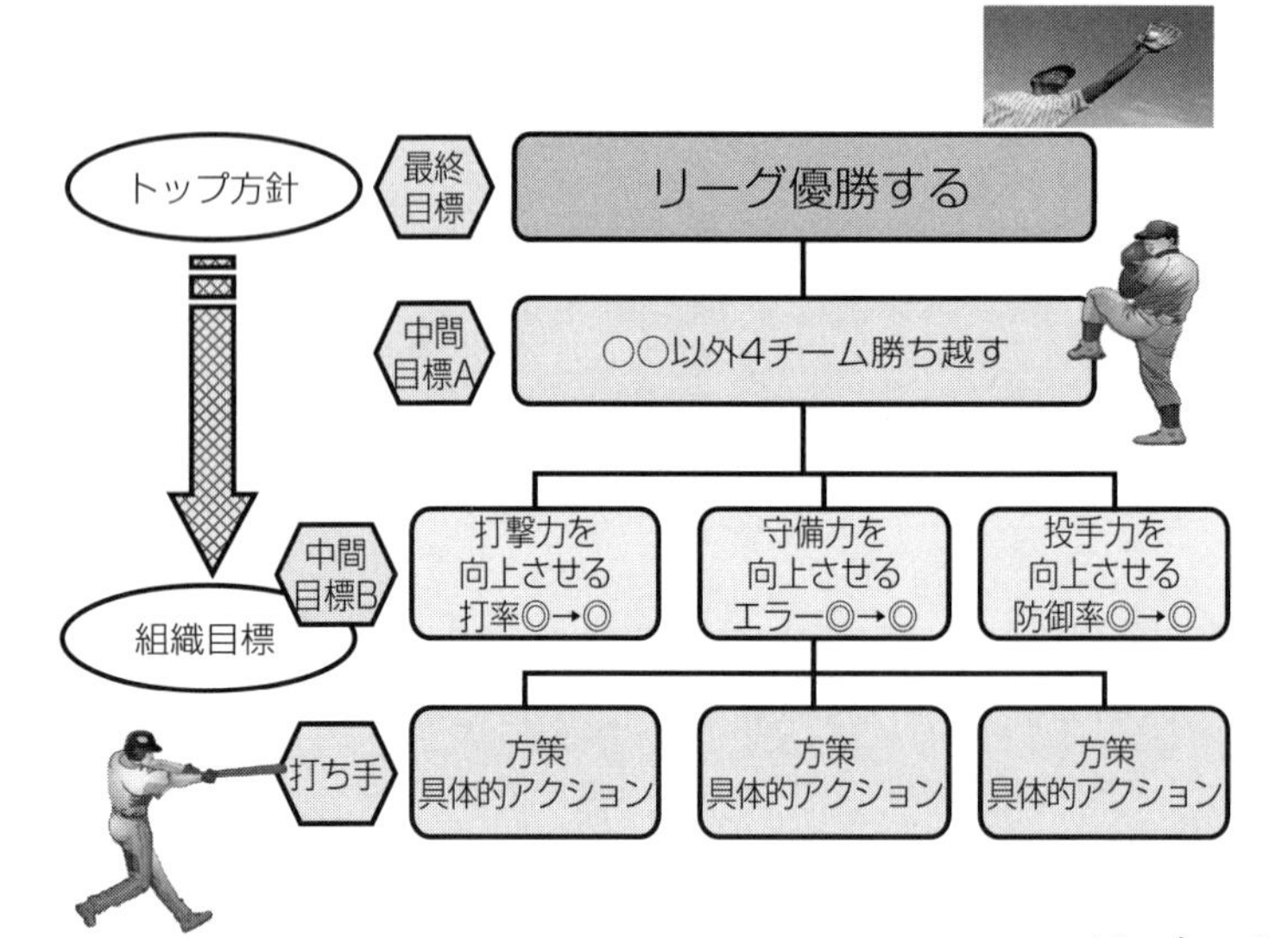

トップから出たとする。今回、トップはオーナとする。勝負の世界は計算どおりに行かないのは、ビジネスでも同じである。監督は、オーナの意向のもとに、次のように噛み砕いた。

◆オーナのねらいは、「リーグ優勝」である。昨年5チーム中1チームにしか勝ち越していなかった。負け越しているチームが4チームあった。その方策として、今年は圧倒的に強い○○チーム以外の4チームに勝ち越すことを中間目標とした。強い○○チームは総力戦で戦い、負け越しを3敗以内とした

◆打撃コーチは、○○チーム以外4チームに勝ち越すことがねらいになる。課題は、主軸の3番・4番・5番が、得点圏内に走者がいるときの「得点圏打率」が悪

い。2割3分を2割7分に上げると得点力が1試合当り0・5点上がる。よって、主軸バッターの得点圏打率向上を方策とした。また、左投手の打率が他チームと比較して悪い。全体の底上げするために、左投手を攻略するために、練習メニューを考え、効果を確認することとした

◆同様に、守備・投手とも実態を把握し、課題を見つけ具体的アクションを決めて進めた

「方針」を徹底させ成果に導くことは、組織運営のなかでも最も難しい。方針を立て簡単に浸透できるのなら、どこの企業も経営はうまくいく。経営の難しさ・面白さがそこにある。うまくいかないから、マネジメントの存在がある。方針を徹底させるのに、王道はない。次に、ポイントを列挙してみたい。

◆一回いって分かる人はいない
◆まして、すぐ行動が変えられる人はいない
◆繰り返し～繰り返しいい続ける
◆人間は、繰り返していくと、良い悪いに関係なく変わっていく
◆判断基準も、軸が変わるとつねに変わっていく

◆人間はすぐに変われない
◆潜在意識を変えないと、顕在意識も変わらない
◆潜在意識とは、表面には出ない
◆潜在意識をみるのは、行動しかない

◆徹底させるためには、いい続けること
◆行動が変わり成果が出るまでいい続けること
◆一緒に苦労し、悩み、喜びを分かち合う
◆ルールは標準化できても、人間・組織は標準化できない

◆徹底してもすぐに成果は出ない
◆着実に数ヶ月、数年間実行して、はじめて成果が出る
◆同じことの繰り返しの中にこそ難しさがある
◆他人に頼った甘えがある間は真剣になれない

■具体的展開■　ポイント4　「ねらい」を代用特性で翻訳　重要度 ☝☝

① 部門別・プロジェクト別に、「目的」「方針」「目標」を噛み砕いて分かりやすく表現する
② 「代用特性」で具体化してどう動けばいいかを明確化する

では、次に「代用特性」を具体的にどのようにアクション・プランに活かすのかをおさえたい。

5 「代用特性」への展開方法

アクション・プランは、作成することが目的でない。また、進捗管理をすることも。「目標〔マイルストーン〕」に向かって、社内一体となりやるべきことを徹底的にやり切り、結果は天に任すことである。人や組織を育てるには時間がかかる。具体的に「組織の癖」を改革／改善することにより成果が付いてくる。次のような基本ルールをもとに、組織の基本的行動を補正していく。

◆方針をしっかり出す
◆「どうしても譲れない方針・ポイント」のみをいい、つながりが合っていれば、それ以外口出ししない
◆失敗させながら、自ら考え改革／改善を進める
◆結果的にこの方が組織・個人が成長する

今まで見てきた「代用特性」がつながっていない場合を悪い例で見てみよう。

実際の状態とその対策を、図表5－16『「各階層の状態把握」による対策』に表わす。成果がでない「組織の癖」は、今までのコンサルティング事例でこの3種類に分類できる。目指したいのは、「理想的状態」である。方針をもとに改革／改善が地に足の着いた状態であり、うまく噛み合っている。成果も出やすい。


悪い例を3つ紹介する。

まずは、「枝葉末節／方針欠落型」である。特徴は、方針を出さずに、細かなことに口を出す。経営幹部～管理・監督職～従業員は、うまくいかなくても、自分達が悪くないと考えるように

図表5-16 「各階層の状態把握」による対策

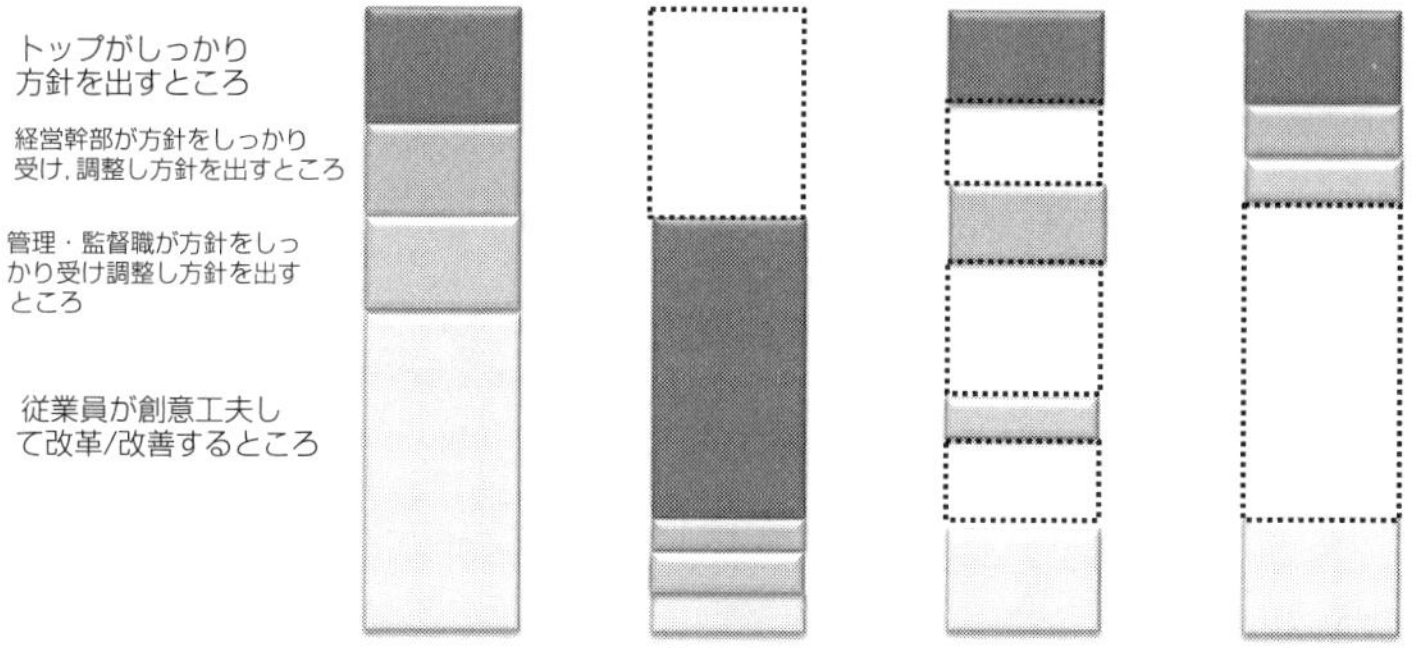
トップがしっかり方針を出すところ
経営幹部が方針をしっかり受け，調整し方針を出すところ
管理・監督職が方針をしっかり受け調整し方針を出すところ
従業員が創意工夫して改革/改善するところ

状態名	理想的状態	枝葉末節 方針欠落型	バラバラ 無責任型	丸投げ/ 空回り状態
特徴 ●良い点▲悪い点	●●方針をもとに改革/改善が地に足が着いている	▲方針を出さずに，細かなことに口を出す ▲うまくいかなくても，自分達が悪くないと考える	▲▲方針を出して，上下がつながっていない ▲▲何をやっているのかわからない	▲▲▲方針だけ出して後は成果だけ追求する ▲▲▲従業員だけの活動となり効果は限定的となる
対応すべきこと	維持継続	方針明確化 権限移譲	上下ギア連結 上下インプット/アウトプット明確化	上下ギアダウン連結 役割責任具体化

なっていく。対策は、方針明確化して、権限移譲を進めていく。

トップには、相当の努力が必要となる。方針を明確化する。あるのであれば、分かりやすくつながりが持てるようにする。最初は、さまざまな点について、いいたい衝動にかられる。我慢することを習慣化しなければならない。

管理・監督職の説明の中には、「聞くに値しない報告」だと考える場合が多い。そんなことは知っていると、途中で説明をさえぎられると、部下は、全くモティベーションが湧かなくなっていくと、やり方は任せ、譲れない基本方針を明確化する。箸の上げ下げまで、厳しく怒らない。

2つ目は、「バラバラ／無責任型」である。

方針を出すだけで、上下がつながっていない。各階層とも、何をやっているのかわからない。進捗管理をしても、噛み合わないことが多い。見ているものが違い、認識も合っていない。終わった後、敵愾心を持ち相互不信が蔓延する。その対策は、第2章の図表2－1「ありたい改革／改善活動の展開」にように、「上下ギア連結」させる。その上で、「上下インプット／アウトプット」を明確化させ、各階層の役割分担を決めていく。具体的な方法は、３つ目と一緒に説明する。２つ目とよく似た内容で、同じ位3つ目も多い。

３つ目は、「丸投げ／空回り状態」である。方針だけ出して、後は成果だけ追求する。進捗会議で糾弾する。また、従業員だけの活動となり効果は限定的となってしまう。その対策は、２つ目と似ている点があるが、「上下ギア」を下げて連結させる。そのために、丸投げとならないように、「役割分担」を具体化させていく。

まず、曖昧で分かりにくい指示をなくしていく。多いのは、指示なのか、参考意見なのかを明確にする。やっていないと後で怒られる場合もある。経営幹部や管理・監督職も、指示しただろうと、当事者意識のない叱責をしてしまう。従業員は、コミュニケーションを取りたくないと思ってしまう。

２つ目と３つ目の対策は、指示・命令を役割分担に沿って上から下までのギアをつなげていくことである。例を挙げてみる。図表５－17「不味い指示／命令方法①（サービス業（レストラ

図表 5-17 不味い指示／命令方法①〔サービス業（レストラン）の例〕

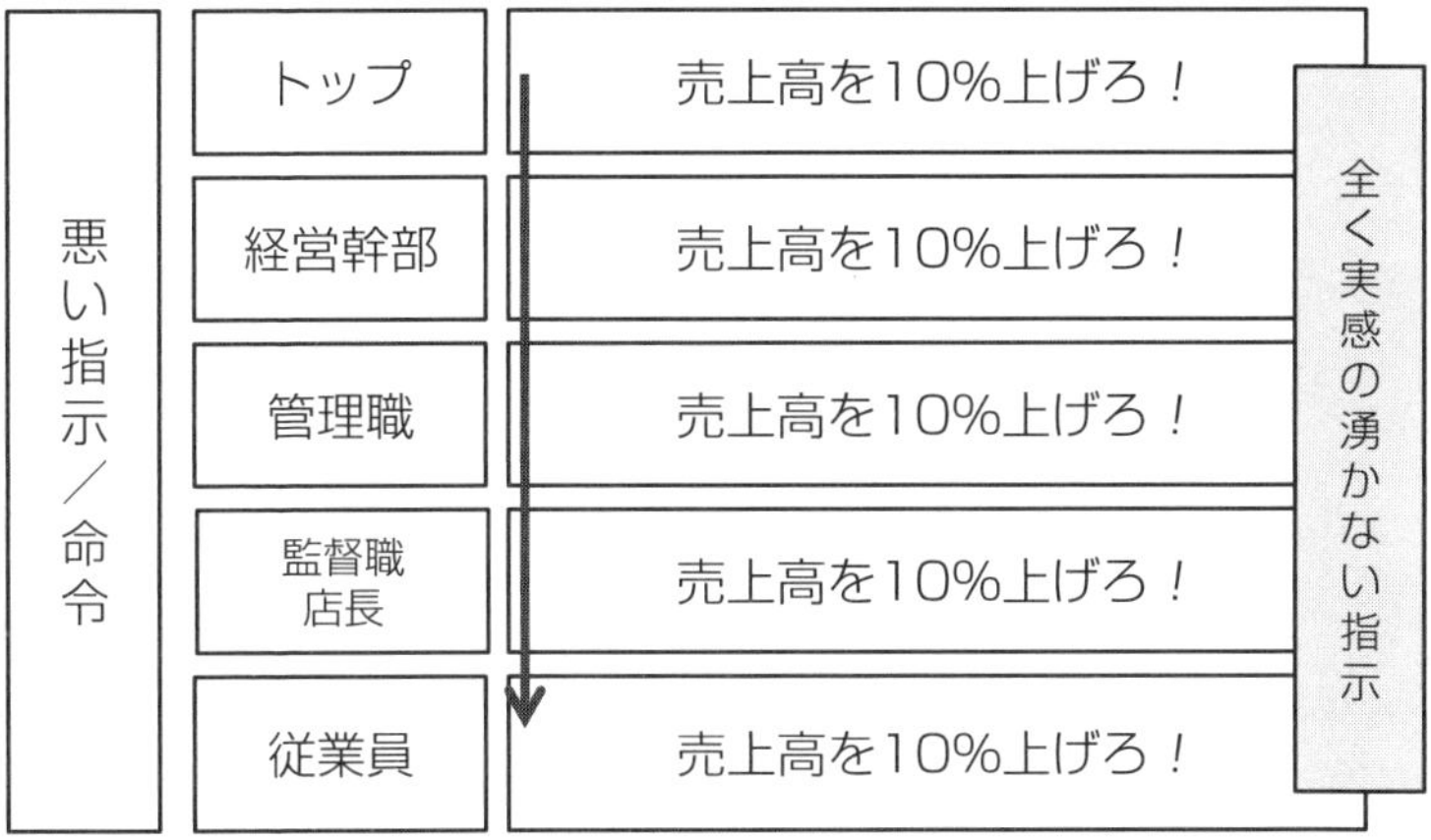

図表 5-18 分かりやすい指示／命令方法①〔サービス業（レストラン）の例〕

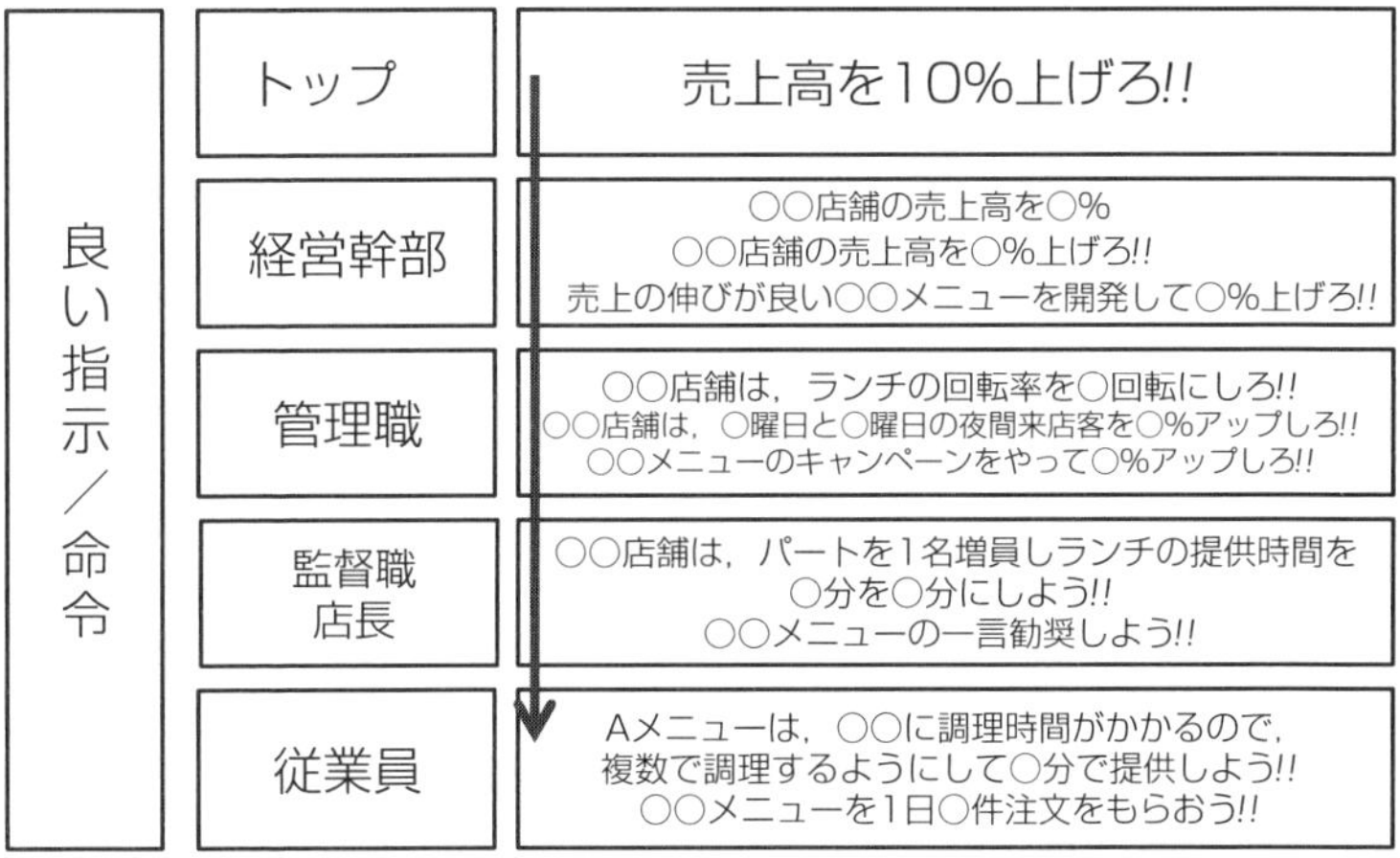

ン）の例〕」は、レストランの場合で売上高を10％上げろと、そのままストレートに指示・命令されている。そのまま指示するのであれば、各階層とも仕事をしたことにならない。伝書鳩である。そうならないために、各階層でどう行動すればいいかを明確化しなければならない。図表５－18「分かりやすい指示／命令①〔サービス業（レストラン）の例〕」に示している。

別の例で、製造業の場合で対比して示す。図表５－19「不味い指示／命令方法②〔製造業の例〕」図表５－20「分かりやすい指示／命令②〔製造業の例〕」。

■具体的展開■　ポイント５　「代用特性」への展開方法　重要度 ☜☜☜

①「方針」を「各階層の状態把握」により、「組織の癖」を把握して対策をする
②オウム返しの指示／命令ではなく、分かりやすい指示／命令にする

アクション・プランでは同時並行で、さまざまな「方策」を実施したい。しかし、同時に多くの「方策」に取り組むと成功しにくい。なぜかを次におさえたい。

図表 5-19 不味い指示／命令方法② 〔製造業の例〕

悪い指示／命令	トップ	生産性を30%上げろ！	全く実感の湧かない指示
	経営幹部	生産性を30%上げろ！	
	管理職	生産性を30%上げろ！	
	監督職	生産性を30%上げろ！	
	従業員	生産性を30%上げろ！	

図表 5-20 分かりやすい指示／命令② 〔製造業の例〕

良い指示／命令	トップ	生産性を30%上げろ!!
	経営幹部	○○の生産性を20% ○○の生産性を35%上げろ!!
	管理職	品質不適合（不良）を○%にダウンし，作業時間のバラツキを○にして生産性を30%上げろ!!
	監督職	層別すると，○○と○○の不適合率を○%へ ○○ラインの出来高を1時間○個 安定的にできるようにしよう!!
	従業員	○○の良品を 一人1時間に○個から○個造ろう!!

6 「方策」の取り組みの基本的な考え方

「方策」の取り組みの基本的な考え方を述べる。

「方策」を決める際、経営環境の厳しさを考えると、さまざまなことを同時並行で進めたい。どこの企業のトップも欲張りである。危機感をバネに、改革／改善のスピードを上げようと考える。ゆっくり数ヵ月かける余裕はない。従業員一丸となり、競い合ってさまざまな「方策」に取り組んでほしい。

しかし、改革／改善は「成果を出す」ことで、「食い散らかす」ことではない。結論は、テンコ盛りの「方策」は止めた方が良い。成果を出したいのであれば「急がば回れ」である。着実に個別の「方策」をこなしていくことが重要である。安易に同時並行で進めると、失敗してしまったり、時間が必要以上にかかってしまったりする。図表５－21「改革／改善の並行活動による成果の刈り取り」を見てほしい。

これは、２つの「方策」に取り組んだ際の活動状況を表した。一見、順調のように見える。実際には、図表５－22「実際の改革／改善の中身」のようになっている。仔細を見ると、アイドルタイムが発生している。例を挙げると、次のようなシーンとなる。

実際にはないが、２台の複雑な自動車の修理を初めて同時並行している状況と似ている。初めてのため、試行錯誤をしながら、２台を修理しなくてはならない。定型化した簡単な修理であれ

図表 5-21 改革／改善の並行活動による成果の刈り取り

- 「方策」AとBに，並行して取り組んでいる
- 一見，順調に改革/改善が進んでいるように見える
- 果たして，そうであろうか？

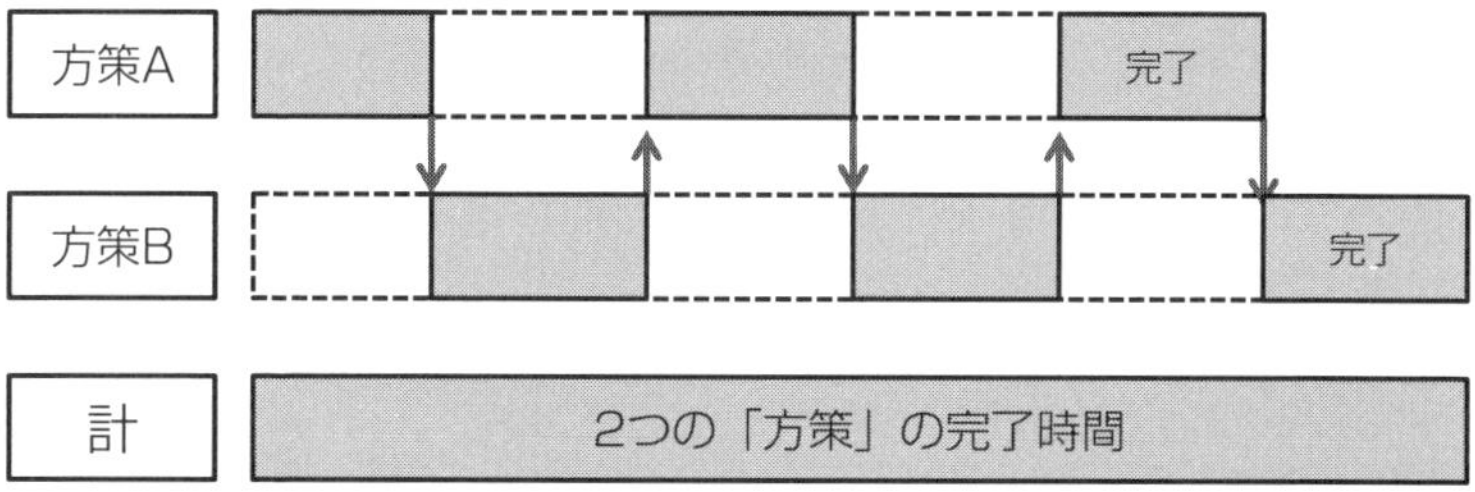

図表 5-22 実際の改革／改善の中身

- ふたつの「方策」を同じメンバーで実施すると，結果的に時間かかってしまう
- 前回の内容を思い出し確認するためのアイドルタイムが発生し，着手するまで時間がかかってしまう
- 作業条件/受注条件などの内容や繁閑などが変わっているため，タイミングを逸する場合も多い

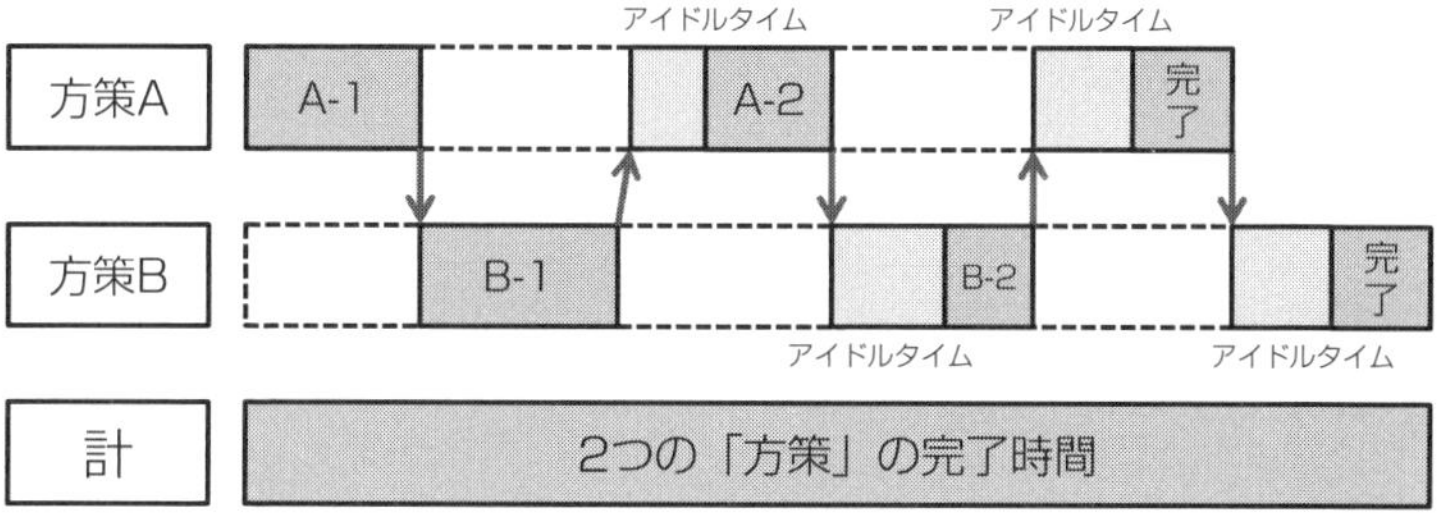

ば、同時並行は全く問題ない。しかし、どこが悪いか問診しながら、試行錯誤を繰り返さなければならない。

微妙な調整や相互関連を確認しながら、どこが悪くどう修理したらいいかを検討しながらしなければならない。やってみないと分からない。一台ごとに集中力を必要とする。微妙なエンジンの音や振動を確認しながら、修理の「攻め所」を決めなくてはならない。同時並行で、２台やっていると、時間がかかってしまう。

つまり、図表5－22「実際の改革／改善の中身」のような状況となってしまう。今やっているものから、別のものに移ると、一度自分の頭をリセットしないと着手できない。それまでやってきたことを思い出し再度取り掛からなくてはならない。結果的に、時間が余計にかかってしまうこととなる。

改革／改善の成果を上げるためには、図表5－23『「急がば回れ」の鉄則　改革／改善の進め方』のように進める。ひとつの「方策」を同じメンバーで短期集中して、まず「やり切る」ことと。その上で、次の「方策」に取り組む。「2－8の法則」別名「20対80の法則」または、「パレートの法則」で、重点志向で取り組む。つまり、経営課題は上位2割の大きな問題を解決すると、全体の8割が解決するという理論である。まずは、あれこれやるのではなく、絞り込むことである。

図表5-23 「急がば回れ」の鉄則　改革／改善の進め方

- 改革/改善は，1つの方策を同じメンバーで短期集中で実施する
- 「2-8の法則」で考える
- ひとつずつ方策を同じメンバーで短期でやり切ることにより，成功体験を持てる
- 定着化させるため，フォローに時間をかけたり，次の方策が取り組める

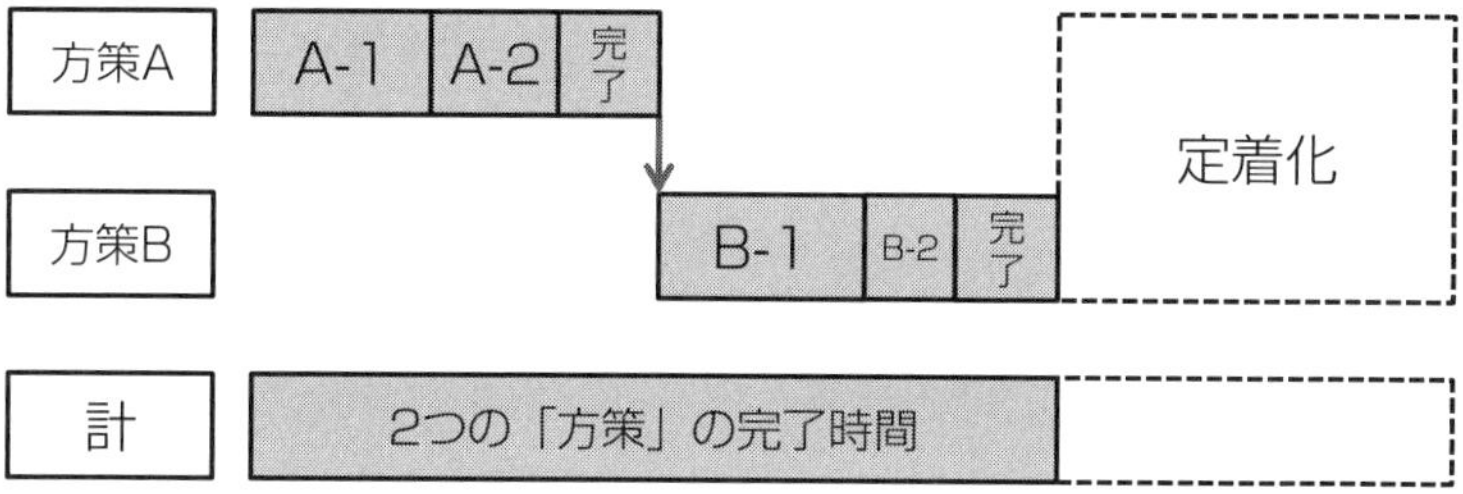

ひとつの「方策」をやり切ると達成感が生まれ、成功体験が蓄積できる。図表5－23のように、結果的に短期で次の「方策」に着手できる。効果の刈り取りも速くでき、一石二鳥となる。速く改革／改善すると、さまざまな付随した細かな問題が出てくる。定着化させるために、その問題を放置すると、実態に合わなくなり、改革／改善効果もなくなっていく。その問題を吸い上げ、定着化させる努力にも時間を遣わなければならない。「急がば回れ」である。

実際の改革／改善では、ひとつの「方策」を途中までやって、別の「方策」をやると、複雑問題となってくることもある。2つの「方策」が、相互干渉してしまうことも多い。「あれこれ」考えてしまい、「こちらがたつと、あちらが立たない」。揺り戻しとなることもある。何をやっているのか、わからなくなる場合も発生

する。このようなことを回避するためにも、ひとつずつの「方策」をこなしていった方が良い。

　トップから多くの指示が降りてくれば、受けるほうも大変である。「あれも」「これも」テンコ盛りになると、力が分散する。「これと」「あれ」に限定した方が良い。遠くて壮大な目標よりも近い目標を設定し、確実に達成する習慣をつけたい。

　3年分を3年掛かって達成しろといっても、なかなかイメージが湧かない。遠い先の話と考えてしまう。例えば、中学生・高校生では、1年を3回の学期に切り、中間と期末試験がある。それに向かって勉強をする。目標設定と一緒に、進捗管理も細かく切って実施した方が成果を出しやすい。


　優先順位の付け方を2種類紹介する。

まず1点目は、「重要度」と「緊急度」で決めていく。縦軸に「重要度」は高いものと低いものの2種類に分ける。「緊急度」も高いものと低いものの2種類に分ける。4つの象限ができ、どちらも高いものから取り組む。デメリットとしては、定義が人により違う場合もあるため、それを解決できるのが次の方法である。

　2点目は、図表5－24『「方策」の優先順位付けマトリクス』である。これは上位方針を基準にテーマを絞り込む。「改革／改善の成果が出るまで期間」を縦軸に、「効果の大きさ」を横軸

図表 5-24 「方策」の優先順位付けマトリクス

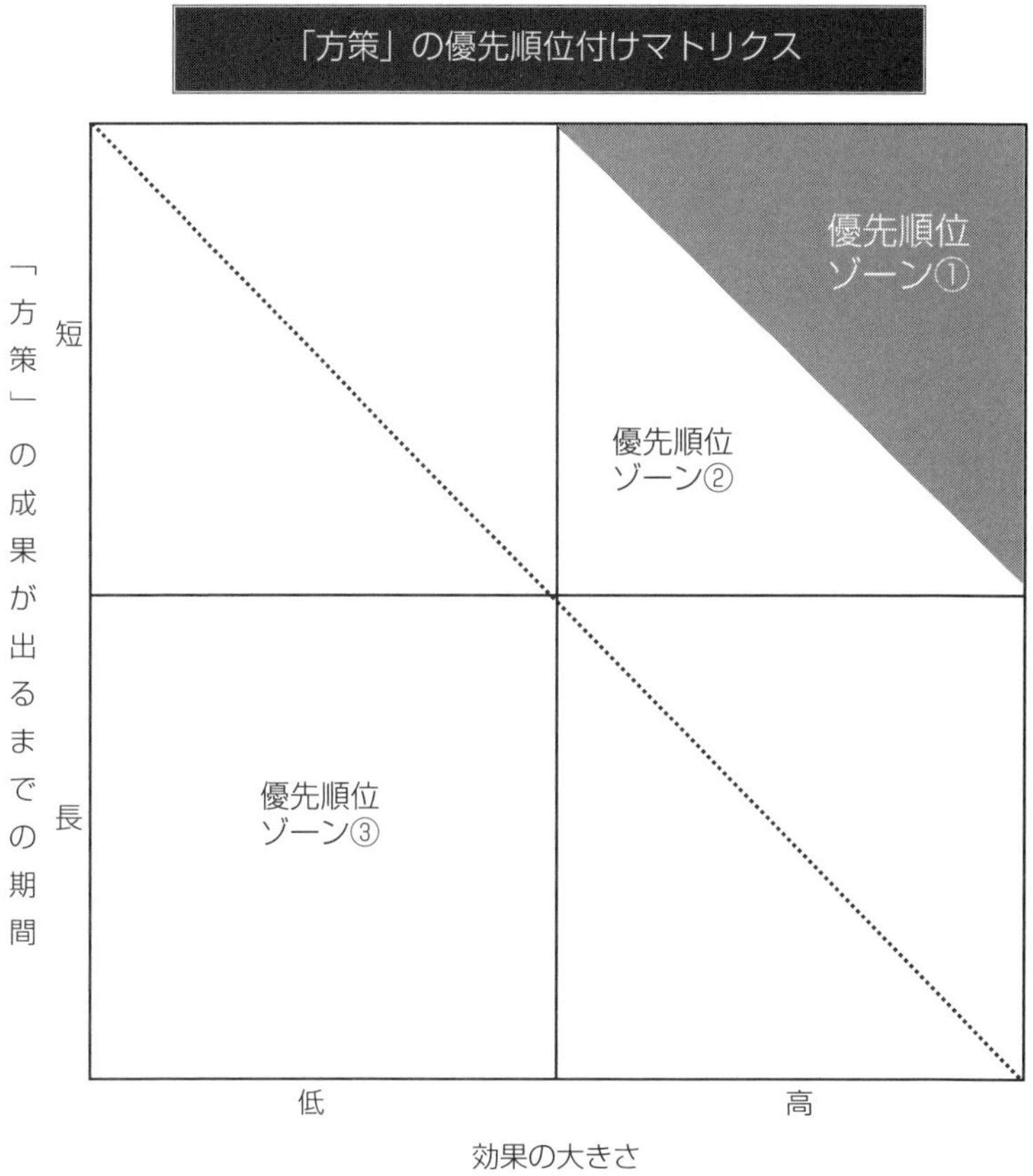

に、テーマごとに内容をプロットする。

「期間」と「効果」で優先順位ゾーン①を取り組んでいく。注意すべき点で、優先順位ゾーン③でも「期間」はかかるが、「効果」が高いものがある。例として、「技術／技能伝承」がそうである。「技術」は、世の中にあるものでベテラン従業員がいなくても継承できる。しかし、人に付随するものが「技能」であり、「カンコツ」である。さまざまなノウハウである。その人がいなくなると、人と共に、「技能」が消失してしまう。教育・訓練は時間がかかる。短期では継承しにくい。必要な時間軸を考えながら、着手時期を決めていく。

■具体的展開■　ポイント６　「方策」の取り組みの考え方　重要度

①テーマは重点志向で、ひとつずつ改革／改善していく
②結果的にスピードが速くなり、「急がば回れ」の状態となっていく

7　達成／到達するための「方策」の設定方法

「ねらい」の設定方法は、「重点」をひとつ、「重要」を2～3つ設定する。その「ねらい」を

確実に達成できるように「方策」を積み上げる。全ての「方策」の100％達成は不可能である。「ねらい」によっては、120％達成など「過達」はあるが、さまざまな環境変化などによって100％達成は難しい。

例えば、予期していなかった次のような例が発生する。当然「好転する上振れ」があるが、当書では「下振れ」した際の例を述べる。「上振れ」は、そのまま効果を上積みしていく。

◆販売量が少なかった。お客さまの都合で生産中止。売れ行きが悪く、販売量未達だった

◆想定していなかった設備が故障してしまい、外注費が増えてしまった

◆為替変動・金属相場・原材料費・部品費・水道光熱費・物流費が想定以上に上がってしまった

◆主要工程の従業員が、体を壊し長期欠勤となってしまい、生産性が落ちてしまった

◆お客さまが、「為替変動」「海外移転」により方針変更のため、発注量が半分になった

トップをやっていると、「言い訳」したいことが多い。計画通りに進まない。スムーズだと安心していたら、「番狂わせ」もある。経営幹部も言い訳がうまい。自部署は、何と「理不尽な被害を被ったか」を理路整然と報告する。報告すれば、自分の責任が果たせたと考えている。対案を出し、事前に率先して動いてくれる経営幹部は少しいるが、全体としては「焼石に水」だ。

図表5-25 「方策」の目標値設定方法〔例〕

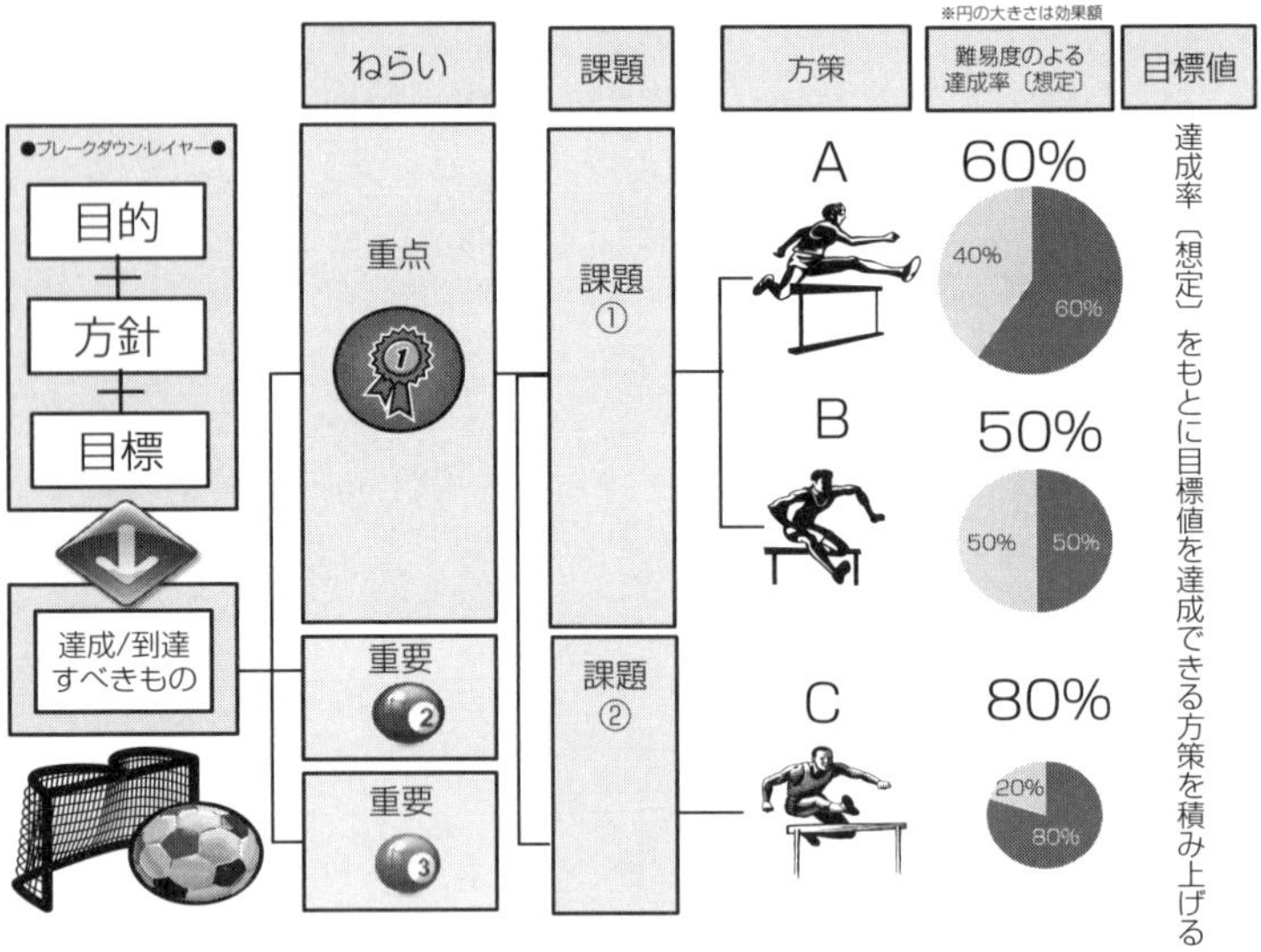

うまく行っていなかったことがスムーズに進むときが、まれにあることはある。しかし、あまり期待しない方が良い。「太鼓判」を押していたことが、環境・条件が変わるとうまく行かなくなる。しかし、トップは「経営責任」という一言で、評価・判断される。

では、どのように考えて「方策」を設定すればいいかを述べる。

図表5－25『「方策」の目標値設定方法〔例〕』で考え方を示す。「ねらい」の重点で「課題」を①及び②の2つを設定している。その「課題」を解決するために、「方策」を「A」「B」「C」の3種類設定している。各々達成率を設定する。その達成率の決め方は、内容によって自社で定義して決めていく。参考例を図表5－26『「達成

図表5-26 「達成率」設定のためのパラメータの考え方〔例〕

NO	大区分	NO	内容	詳細〔製造業例：年間方式で面積で算定する場合〕
1	難易度	1	期間	●達成/到達期間を設定して，面積を算出する ●例として，スタート時点ですぐ刈り取れる場合は，100%。半年かかるものは50%など
		2	スキル	●方策の難易度で過去実績を参考に100%・75%・50%・25%等設定する ●手法/システム/部門間連携が必要な場合に，「使いこなしの予測」「自社に合っているかどうか」の難しさをもとに，100%・75%・50%・25%等設定する
2	量変動	1	販売量	●お客さまの動きがある程度つかめている場合は，主力品目のみ盛り込む。企業ごと・品目ごとの確度をもとに設定する。例：70～120%で10%刻みにて ●また，直接いわれていなくても，主力品目の動きを同業者・業界・材料メーカからの情報があれば，想定して盛り込む。例：70～120%で10%刻みにて ●全く不明時は，過去の実績とお客さまの状況により，プラスマイナスをする
		2	稼働率	●重要設備は，稼働率目標に設定して日々管理する。決して，大きなトラブルは発生させない日常管理を実施する。よって，受注減以外の稼働率ダウンは見込まない ●メンテナンス要員・メンテナンス部品を基準を決めて削減しない ●老朽化設備は，メンテナンス予算をとり改修計画により，想定稼働率ダウンを設定する
		3	単価相場	●今後の動きをもとに仮設定する ●「外注費・物流費の値上げ」，「国際相場」「取引市場」など材料Kg単価変動，「為替相場による影響」など条件変動時に見直しをかける
3	その他			●自社の過去からの経験・知見で想定される要素は，盛り込む ●例として，オリンピックなどイベントの有無・天候によるリスク・従業員の定年退職者による習熟期間設定及び量変動などがある ●決して，見たくない状況に目をつぶり「楽観的観測」にはしない

図表 5-27 「方策」立案と目標値合計の設定ルール〔例〕

■ A～Dは，自社がどれに位置するかを把握して，倍数を設定する
■想定効果額×想定達成率をもとに，A～Dの倍数に合うように「方策」を立案する
■数年繰り返すことにより，倍数設定の自社ノウハウを蓄積していく

NO	企業の特徴	倍数〔目標値100%に対して〕
A	繰り返し同じものを造っている 繰り返し同じサービスを提供している 量変動は少なく，難易度が高くても 改革/改善に慣れ実績ある企業	110～120%
B	繰り返し同じものを造っている 繰り返し同じサービスを提供している 量変動は多く，難易度が高い場合 改革/改善に慣れていない企業	150%
C	繰り返し同じものを造っていない 繰り返し同じサービスを提供していない 量変動は少なく，難易度が高くても 改革/改善に慣れ実績ある企業	120～130%
D	繰り返し同じものを造っていない 繰り返し同じサービスを提供していない 量変動が多く，難易度の高い場合 改革/改善に慣れていない企業	200%

率」設定のためのパラメータの考え方〔例〕』に示す。主なパラメータは、「難易度」「量変動」「その他」で見ていく。

尚、「方策」を立案する際に、目標値に対する倍数設定方法をおさえたい。図表5－27『「方策」立案と目標値合計の設定ルール〔例〕』に記す。Ａ～Ｄは、自社がどれに位置するかを把握して、倍数を設定する。図表5－25『「方策」の目標値の設定方法〔例〕』をもとに、想定効果額×想定達成率をもとに、Ａ～Ｄの倍数に合うように「方策」を積み上げる。また、数年繰り返すことにより、倍数設定の自社ノウハ

ウを蓄積していく。

■具体的展開■　ポイント7　達成／到達するための「方策」の設定方法　重要度 ☝☝☝

① 「ねらい」の設定方法は、「重点」をひとつ、「重要」を2～3つ設定する
② その「ねらい」を確実に達成できるように、内容によって110～200％等の「方策」を積み上げる

最後に、「アクション・プラン」は、「達成／到達したかどうか」を確認できなければならない。そのために、指標化の方法についておさえたい。

8 「指標づくり」のための「定量化技術」

アクション・プランの評価は、正確にしなければならない。「達成／到達したかどうか」をはっきりさせ、進捗が正常か、異常かを把握する必要がある。適正な評価には、適正な指標設定が必須だ。

図表 5-28　管理指標の階層化

- 定量化技術として，以下の指標の違いを理解して階層別に体系化する
- 指標は定義付けをして，捉える数値・計算方法を事前決定する
- 指標の名称及び計算式を記述して，都合良い指標とさせない

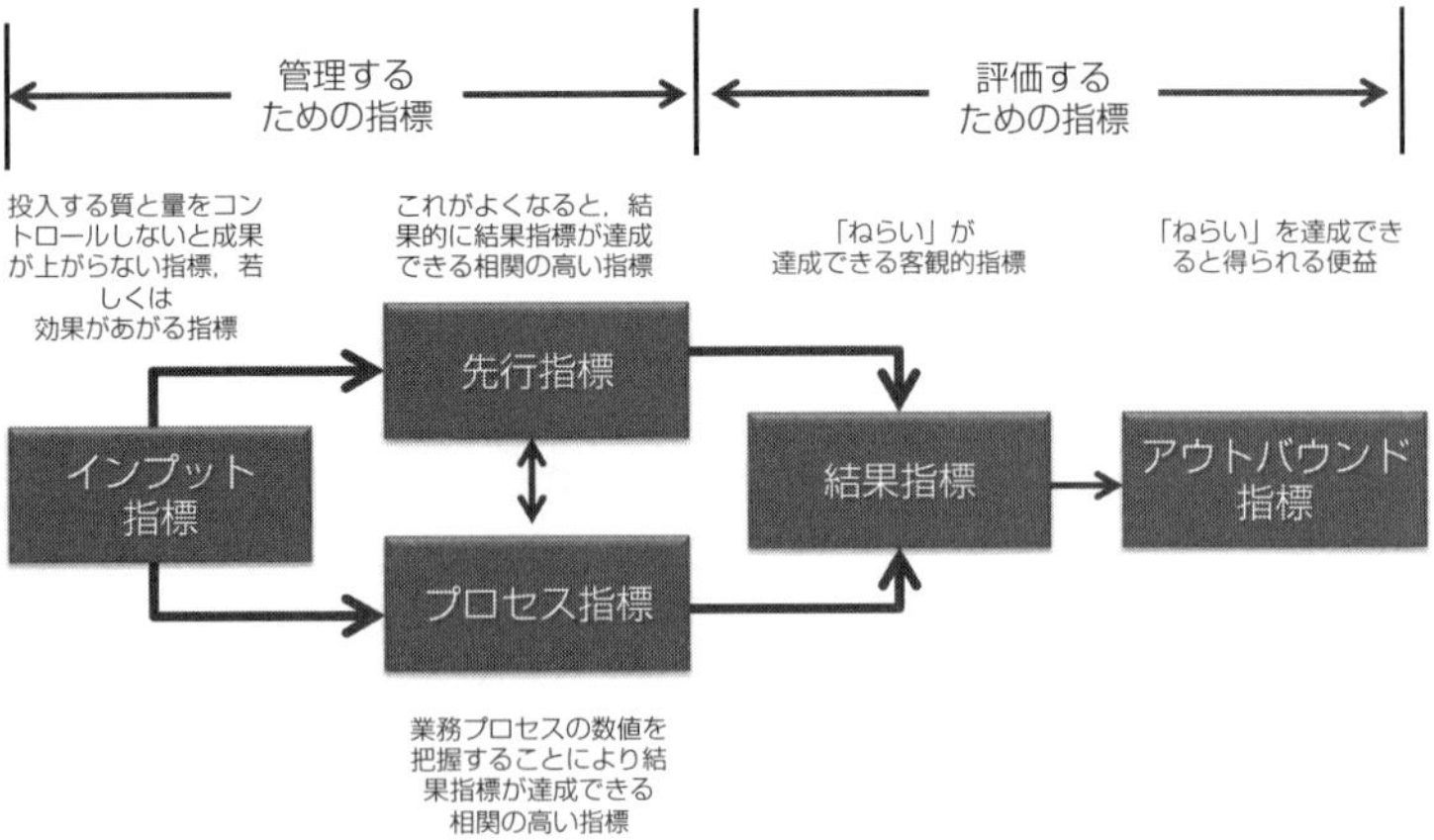

指標には、「評価するための指標」と「管理するための指標」がある。図表5－28「管理指標の階層化」に示す。「評価するために指標」は、「アウトバンド指標」と「結果指標」の2種類がある。「管理するための指標」は、「インプット指標」「先行指標」「プロセス指標」の3種類がある。

◆「アウトバンド指標」とは、「ねらい」を達成できると得られる便益

◆「結果指標」とは、「ねらい」が達成できる客観的指標

◆「インプット指標」とは、投入する質と量をコントロールしないと成果が上がらない指標、若しくは効果があがる指標

◆「先行指標」とは、これがよくなると、

◆結果的に結果指標が達成できる相関の高い指標
「プロセス指標」とは、業務プロセスの数値を把握することにより結果指標が達成できる相関の高い指標

5つの指標を効果的に使いこなせると、見える化ができ迅速な意思決定が可能となる。結果をもとに「都合良い後付けによる指標」にならないようにする。そのためには、事前にしっかりとした指標の定義付けを決定する。どのデータを使い、どのように計算し判断するかを決めておく。

捉え方をしっかり決めておかないと、達成したかどうかで揉めてしまう。人事考課や賞与査定などに直結する場合、本人は達成したつもりになっているが、会社はダメという評価となってしまう。例えば、コストダウン10％という目標の場合に発生するトラブル例を述べる。

◆会社は、半年間で10％のコストダウンを目標としている。つまり、年間6ヶ月分×10％の面積が目標となっている

◆部門は、年度末までに10％を達成したら良いと考えていた。本来は、「やることをしっかり決める」段階で擦り合わせすべきであったが、お互い理解していると考えていた。年度末ギリギリに10％コストダウンできる目途が立った

◆褒められるものと思っていたが、会社からの評価は低かった

この場合、会社は半年間通じた総金額を目標と考えていた。担当部門は年度末に達成したため今期の利益貢献ゼロ。大きな違いとなってしまった。担当部門は、超多忙の年度末に一所懸命対応した。その実情は分かってくれていると考えていた。

半年間の面積金額達成が必須であったら、エンジニアを他の部署から３名借りていたら出来た。最初からいってほしかったと、後悔していた。トップは、今期の厳しい決算を知っているため、総金額だと「いわなくても分かっているはずだ」と思っていた。

このような悲劇は繰り返したくない。組織としてのブレークダウンの訓練が必要という収穫はあった。「後悔は先に立たず」。

最後に、図表５－29「指標設定〔例〕」を述べる。飲食業と製造業の例を示している。

これらの指標管理をもとに適正に進捗状況を把握する。図表５－30『「進捗状況」のSTATUS管理』に記す。

トップを含め活動責任者や事務局と共同で、進捗状況の「STATUS」の、共通認識を持つ。その上で、組織的判断をして「達成すべきこと」に注力できる組織に変えていく。

図表 5-29 指標設定〔例〕

NO	大区分	NO	指標	主な指標〔飲食業例〕	主な指標〔製造業例〕
1	評価するための指標	1	アウトバンド指標	●顧客満足，インターネット評点 ●雑誌取材件数	●顧客満足，シェア ●キャシュフロー，ROI等経営指標
		2	結果指標	●売上高，来店客，客単価 ●原価率 ●回転率，再来店比率	●売上高，受注額，付加価値額 ●原価率，営業利益（率），コストダウン額
2	管理するための指標	3	インプット指標	●1名当たりのキャンペーン金額 ●販促回数 ●割引券配布枚数	●工数（保有/消化等），活動回数，活動時間 ●試作数，改善案実施件数，VE提案件数
		4	先行指標	●予約率 ●多能工化率，スタッフ在籍月数	●改善案提出件数，VE提案原資 ●計画生産性 ●多能工率
		5	プロセス指標	●待ち時間，在店時間，調理提供時間，満席率，サービス・ロス率，割引券戻り率 ●材料廃棄率，メニュー別販売率	●実績生産性，可動率，設備総合効率，材料歩留り，商品歩留り，不適合率，リードタイム，負荷率，現地工事工数 ●仕掛量，もの揃え率，やり仕舞い率 ●アフター・サービス件数/金額

図表 5-30 「進捗状況」の STATUS 管理

記号	STATUS
◎	前倒し達成
○	順調計画通り
	今後遅れリスクあり 未然防止可能
	今後遅れリスクあり 未然防止不可
×	遅れ発生 挽回可能
××	遅れ発生挽回不可能 →計画見直し要

指標管理をもとに
進捗状況を把握する

調整

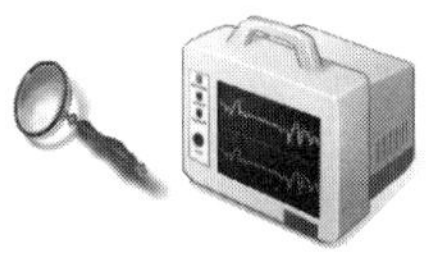

「改革/改善展開の2×5」の
「やり切るための創意工夫」

■具体的展開■　ポイント８

「指標づくり」のための「定量化技術」

重要度

①「評価するための指標」は、「アウトバンド指標」と「結果指標」の２種類がある

②「管理するための指標」は、「インプット指標」「先行指標」「プロセス指標」の３種類がある

ここまで「やることをしっかり決める」ために、アクション・プランの作成方法を述べてきた。次の章では、「決めたらやり切る」ことについておさえたい。

第6章 「決めたらやり切る」ためのパワーマネジメント

● 「やり切る組織づくり」は不断のトップの凡事徹底により築城できる

借り物では「やり切ること」は必ず失敗	
1	形だけ真似たり中途採用者やコンサルタント等に丸投げしたりしても，改革/改善は必ず失敗する
2	「組織の癖」にメスを入れないと「やり切ること」はできない

「集団心理の特性」を理解	
1	「綱引きの実験」 「社会的手抜き」など
2	「働きアリ・バチ」の法則

成熟度を上げるための「トップ・レビュー」			
1	全部署集合形式	1	結論の報告
2	個別部署報告形式	2	実施したこと
3	関連部署集合形式	3	今後実施すること
4	職場巡回形式	4	リソースの不足情報
「目的」「方針」「目標」に関する理解を絶対に譲れない。「蟻の穴から堤も崩れる」こととなる		5	部門間で調整すること
		6	その他要望等

成熟度

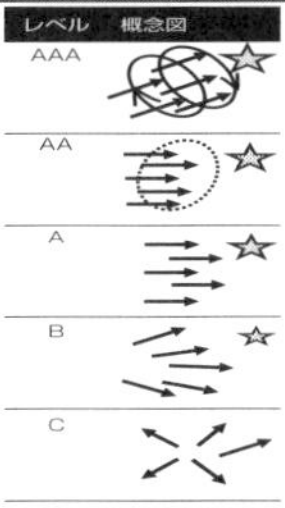

「アンチ集団」の特徴	
1	単なる我がまま
2	自己への評価に関連性なし
3	ライバル・嫉妬
4	上司との関係性の悪さ
5	無視されて立腹
会社は優柔不断・八方美人で失敗	

ぶれてはならない「判断基準」

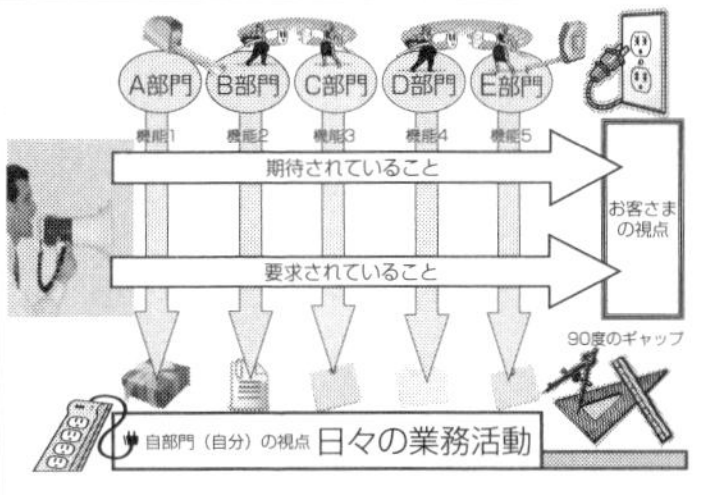

総括のポイント

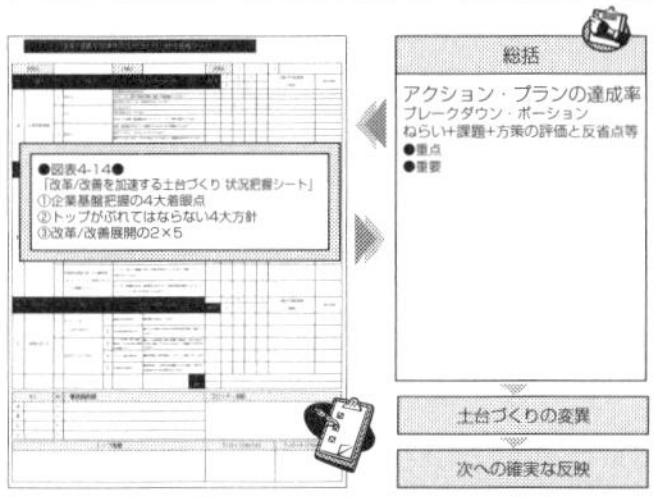

組織的な「部門間調整」
「進捗管理」では，問題があってもそのまま一部門だけに責任を押し付けたままになっている企業がほとんどである。「達成/到達すべきこと」を追求するには，放任してはならない
アクション・プランを一度作成しても放任しない。トップが，「部門間調整」を実施して「達成/到達すべきこと」を追求できる「成熟度の高い組織」に変えていく

効果的な節目の「総括方法」
節目の「総括」がいい加減だと，何となく惰性で同じことを問題意識も感じずやり続ける組織となる
「総括」は，「今までやってきたことの評価はどうか？」「進捗管理方法はどうだったか？」「何を改革するか？」「何を継続して伸ばすか？」をおさえ，反復の繰り返しを省く

第6章

「決めたらやり切る」ためのパワーマネジメント

スポンジに水が吸い込むように、目標が出ると必達する。そんな組織にしたい。そうなると、組織マネジメントは楽である。成果が出るまで主体的に動いてくれ頼もしい。しかし、そんな組織はほとんど存在しない。

前述の「組織基盤」である「決める」「守る」「続ける」「異常時のホウレンソウ」ができる組織へと一足飛びには変革できない。この章では、「決めたらやり切る」ために、組織をどのようにマネジメントすればいいかをトップの視点で述べたい。

1　借り物では失敗する「やり切ること」

ＯＰＱ社のトップは、嘆いていた。

◆同業者の○○社は素晴らしい。うちの従業員と全く違う。人に恵まれている

◆それにしても、我が社はろくな従業員がいない。使えるのは、○君と○君くらいだ

その同業者ではトップが指示したことは、確実に迅速にタイムリーに実現している。顧客から何度も聞かされていた。トップは紹介会社経由で、同業者の管理職を厚遇で数名採用した。同じように成果が上がると思って。どうなったか？

結果は、１年後全員退職してしまった。折角、嘱望されて入社した実績のある人財だったのに。なぜか？　その要因や言い分は、トップや部下・関係者などに沢山あった。主な非難は次のような内容だった。

◆見かけ倒しだった
◆我が社の社風と合っていなかった
◆同業者の仕事のやり方を押し付けた
◆我々のやり方に馴染んでくれなかった
◆期待していた動きをしてくれなかった
◆話が噛み合わなかった
◆「やったことがないこと」を押し付けられ混乱した
◆もう少しできると思っていたのに

その中途採用者は、自分の人生を賭けＯＰＱ社に入社した。決して混乱させることが目的ではなかった。私自身も会って話をすると、人格的にも人間的にもやる気溢れた素晴らしい人財だった。しかし、彼らの戻るべき会社はなくなってしまった。彼らは「他人の芝が青く見えた」かも知れないが、前職が嫌でスピンアウトした人財ではない。トップが自分達を認めてくれ、この会社で役に立てると、やる気満々で入社した。「新天地」「エルドラド（桃源境）」だと錯覚していた。

同じものを造っているため、主な業務プロセスは全く変わらない。しかし、実力が発揮できなかった。彼らの話を聴くと、「起こるべくして起こっていた」かわいそうな点が多かった。ことばの端々に、前職を退職してしまった後悔が滲んでいた。

◆こんなはずではなかった
◆トップから最初すごく歓待を受け、モティベーションが上がった
◆トップに具申すると、最初は熱心に聴いてくれた。「改革／改善の提案」「組織のあり方」「仕事への取り組み姿勢」「役職者の管理上の改善点」をまとめ、提案をした。この会社が、見違えるような会社に生まれ変わるために
◆トップの対応が、あることで急に機嫌が悪くなってきた。地雷を踏んだのかも知れないが、何が悪かったのか分からない。最後には、「我が社は○○社と違う」と聴く耳を持ってくれなくなってしまった

◆従業員も最初は、前職の話を興味深く聴いてくれた。前のめりで、手応えを感じていた。しかし、具体的にこれを改革／改善しようというと、「うちは特殊だから」「こんなことができれば素晴らしいけど、難しいそう」と、賛同してくれるメンバーは少数だった

◆やがて、潮が引くように、周りから少しずつ従業員が近づかなくなってきた。最後には、提案しても誰も受け付けてくれなかった

◆海外で日本語の通じない現地人と話しているようだった

◆徐々に浮いてきているのが分かった

◆重要な情報も伝えてもらえなくなってきた

◆辞めざるを得ないが、できることなら前職に戻りたい

◆後悔先に立たず。今頃なら、○○で○○をしているはずだったのに

同様の悲劇は、他社でも遭遇している。結果として会社のダメージは次のようになっていく。トップは、安易な中途採用で、同業者のように生まれ変わりたいと考えていた。期待が大きかったため、落胆も大きかった。トップの気持ちは「諦め」ではなく、中途採用者への「怒り」へと変わっていった。自らつくった病巣を顧みずに。「組織の癖」に注目もしなかった。「俺がこんなに活躍の場を設定し処遇してあげたのに。恩を仇で返しやがって」と、給料泥棒のように叱責した。得た答えは、「○○社の社員はもうコリゴリだ」という結論だった。

しかし、そもそも何のために招聘したのかをトップは考えた。社内の従業員を見ても、物足りない。内部では、やはり改革はできない。来てもらった社員は、我が社に合っていないだけだと思うようになった。そこで、また同じことを繰り返そうとしている。業界が違っても、優秀な人財に来てもらえば改革／改善は進むはずだ。我が社に合った人財がいないかなと考え始めている。同じ結果を導くことも知らずに。

同業者の実態は、関与したこともあり客観的に比較すると、結論はシンプルであった。

◆ものごとに対して、愚直に取り組む

◆組織一体となって、真面目に素直に一所懸命に頑張る組織である

お客さまからも、評価も好評である。「嘘がない」「正直だ」「信頼できる」という評価を得ている。

一方ＯＰＱ社のお客さまからの評価は、「真実を追求されず、さまざまなことがよく有耶無耶になる」「自分の立場の主張はあるが、何がどうなのか分からない」「行動が速かったり、遅かったり、相当担当によってバラツキがある」「やるといったことが中途半端で、継続してくれない」など、組織としての評価は低かった。トップは、「組織の癖」が災いしていることの認識がない。

造っているものが同一でも、「天と地」のような違いである。

答えは、外部ではなく内部にある。第2章で述べた「企業基盤把握の4大着眼点」「トップがぶれてはならない4大方針」「改革／改善展開の2×5」をもとに、深掘りするとOPQ社の改革／改善の答えはすでに出ていた。その「組織の癖」を把握して、改革／改善に取り組まないと、「決めたらやり切る」ことは不可能となる。「手法」や「やり方」を真似ても、そこで働く個人・組織は真似できない。土台整備より始めなくてはならない。

■具体的展開■　ポイント9　借り物では失敗する「やり切ること」　重要度 ☝☝

①形だけ真似たり、中途採用者やコンサルタント等に丸投げしたりしても、改革／改善は必ず失敗する

②「組織の癖」にメスを入れないと「やり切ること」はできない

「組織の癖」は、長い期間を経て培われている。良い点も悪い点も蓄積される。長い時間かけて培われた土壌は、長い時間かけながら長期戦を覚悟して変革しなくてはならない。そのヒントとなる「決めたらやり切る」ための「集団心理」をおさえ、どう動けばいいかを次におさえたい。

2 「集団心理の特性」を理解

「集団心理の特性」をふたつ述べたい。

一つ目は、心理学に基づく実験例である。アメリカの心理学者リンゲルマンの「綱引きの実験」を見てみたい。この実験は、次の3種類の方法で、一人当り1本のロープを引っ張る力（張力）の測定をした。図表6－1「集団心理テスト」に示す。

◆ 1対1
◆ 2対2
◆ 8対8

3種類のパターンで、最も個人の力が発揮されたか？　答えと、その理由も一緒に考えてほしい。

この実験は、個人にかかるプレッシャーの強さによって、メンバーの行動がどう変わるかを調べたものである。結果は図表6－2「綱引きの実験結果」のようになった。あなたの意見と合っていただろうか？　「性善説」「性悪説」で考えることもできる。改革／改善は、集団意識の傾向をおさえて展開してほしい。

図表 6-1　集団心理テスト

心理学者： リンゲルマン	一人当り1本のロープを 引っ張る力（張力）の測定

最も個人の力が発揮されたのは次のうちどれか?		
1人対1人	2人対2人	8人対8人

図表 6-2　綱引きの実験の結果

最も個人の力が発揮されたのは次のうちどれか?		
1人対1人	2人対2人	8人対8人
63Kg	53Kg	31Kg
100%	84%	49%

図表 6-3 実験結果からいえること

■この実験結果を「社会的手抜き」という

NO	内　容
1	集団でひとつの課題に取り組もうとするとき，人数が増えるにつれメンバーは手抜きをする傾向となる
2	さまざまな改革/改善テーマについて，指示/命令がされても，具体的に何をするかを明確化しないと，組織の力は発揮できない。組織の構成員が増えれば増えるほど,個人にかかるプレッシャーは少なくなる
3	「達成/到達すべきこと」が「できること」で終わっても，自分の問題と思わない。自分ひとりの責任は追及されないという気持ちが自然と働く

この実験結果から次のようなことがいえる。図表6－3「実験結果からいえること」に示す。

この実験は、示唆に富むものが多い。従業員は規模が大きくなればなるほど、自分の問題としてとらえない。誰かがやるから問題ないというふうに考える。組織が活性化して高収益を上げている企業は、この従業員の比率が少なく、反対の企業はこの比率が高い。正直者が損をするような組織は、この傾向が強くなる。

評価されないし、やっても、やらなくても一緒ならば、誰も何もやらない。やっても「あいつだけ売名行為をしている」と非難や陰口を叩かれるようになると、やる気は消滅する。上司から「ヤレヤレ」だけでサポート体制がないことも多い。困ったときには、支援してもらえないと馬鹿らしくなってしまう。

上司に「問題点」「悪さ加減」を報告すると、「お前がやれ。後は任した」となることも多い。自分で自分の首を絞めることとなる。やりたいのは山々だ。内部調整や他部門との根回しなど丸投げだ。自分の守備範囲だけなら調整できるが、一担当が他部門の部長や先輩へ「こうしてくださいと偉そうにいえない。組織的なフォローがないと、行き詰まることが目に見えている（はじめに参照）。

丸投げがひどいと、初めは悶々として仕事をするが、慣れっこになってやってもやらなくてもいいと思うようになる。「大人の悟り」の境地に行き着いてしまう。適当に誤魔化しが効くもっともらしい理由を最初から考えておくようになる。やがて、無難に自分の業務だけこなせば良いという態度になる。ルーチン業務ばかりで満足し、やがて指示待ち族となっていく。そうさせてしまった源流をつぶさなければいつまで経っても、「笛吹けど、踊らず」となってしまう。

集団心理の特性で２つ目を紹介しよう。図表６－４「20対60対20の法則」である。「働きバチの法則」「働きアリの法則」ともいわれる。

組織では、メンバーの数を１００％とした場合、３分類に必ず分かれるというものである。最初の20％は、積極的に活動を推進する集団であり、最後の20％は活動に否定的な「アンチ集団」である。残り60％は、風向きを敏感に感じ取り、どちらにつこうかと考える中間的な集団である。この中間的な集団を味方につけるかどうかで、改革／改善の成果が全く変わってくる。

ＱＲＳ社の例で、どのようなアンチ集団がいたかを確認してみよう。図表６－５『「アンチ集

図表6-4　20対60対20の法則

●組織のメンバーは，以下3分類に分かれる。
アンチの20%がいなくなっても，新たなアンチが20%出現してしまう。
中間の60%の「巻き込み」が改革/改善の成否を握る

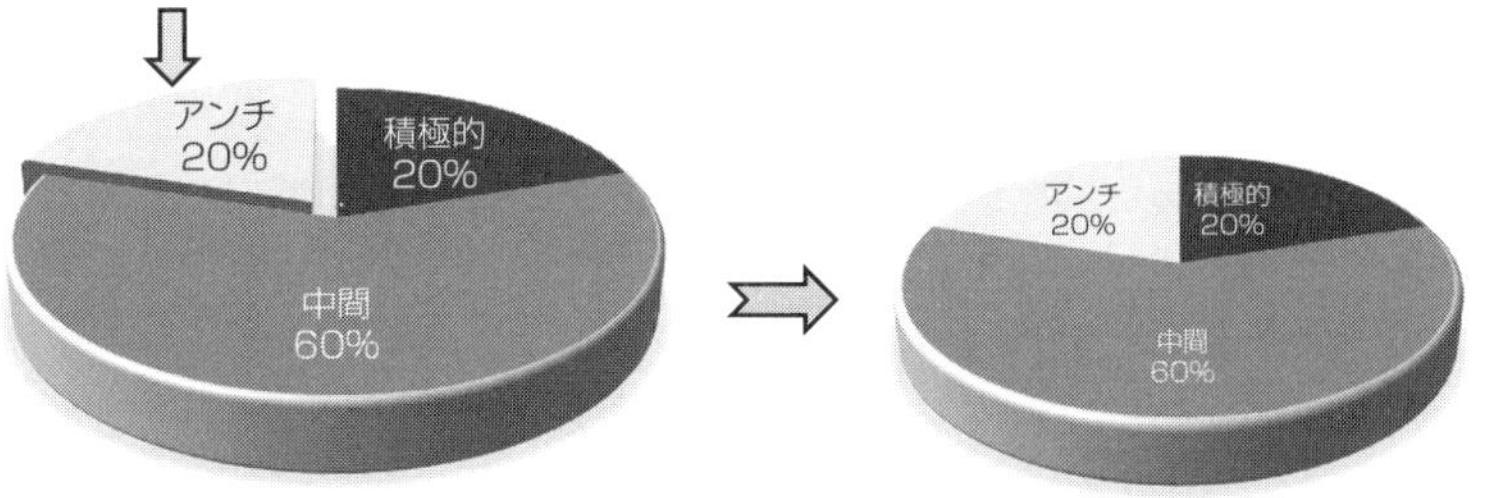

団」の特徴〔QRS社例〕』に記載している。

QRS社で、アンチ集団は「一様」ではなかった。優しい「良い人」の部門長の部署は、「単なる我がまま」が最も多かった。個性の強い「影のフィクサー」の存在により、周りのメンバーが気を遣っていた。

その他管理・監督者以上で多い動機は、「自己への評価に関連性なし」「ライバル嫉妬」だった。さらに、各階層とも共通的なのは、「上司との関係性の悪さ」「無視されて立腹」が多かった。

実際に多くの企業では、この5種類が深く潜行して見えてこない。しかし、QRS社ではトップ～事務局が、時間はかかったが、「本音を引き出すコミュニケーション」に工夫した。トップの本気度を示し、トップがしっかり見てくれていると安心感を持ってもらった。やが

図表 6-5 「アンチ集団」の特徴〔QRS 社例〕

NO	区　分	多い例	行動特性
1	単なる我がまま	●優しい「良い人」の部門長 ●個性の強い「影のフィクサー」の存在	●「天の邪鬼」で，協力しない ●「面倒臭い」「やり方が分からない」「できない」「難しい」「失敗したくない」と能動的に動かない ●自分は忙しい振りをして，行動を起こさない
2	自己への評価に関連性なし	●管理・監督者以上	●やっても評価されない ●成果が出たら業務がしんどくなるだけで，やれば損だ ●年度の個人目標と関係なく，人事考課などに関係ない
3	ライバル嫉妬	●管理・監督者以上	●同期や後輩の○○が頑張っているため，自分は面白くない ●ライバルに差をつけられると困る。指示命令に積極的に協力したくない ●「こうすればうまくいくのに」「このままいけば失敗する」と分かっていても，手柄を立てられると自分の評価が下がるため黙っている
4	上司との関係性の悪さ	●各階層とも共通的に発生	●上司が嫌い ●相性が悪く，自分を評価してもらえない ●上司と積極的にコミュニケーションを取りたくない
5	無視されて立腹	●各階層とも共通的に発生	●協力したくても何をしているか不明で，自分達を無視された ●実情を無視されて，「やりにくいルール」を決められ自分の仕事が大変になった ●勝手に決めたルールを，社長報告会で発表され，褒められた。実態と合っていないが，反対しにくくやり続けなければならない。私は被害者だ

て、「アンチ集団」は足を引っ張ることはなくなっていった。ポイントは、「組織の風通し改革」だった。期間は、振り返ると3年かかっていた。

「組織の論理」「立場の論理」の解消するために、個別具体的な打ち手が必要である。人は論理で動かない。トップ・経営幹部などが自分のことを理解してくれていると、従業員は頑張る。それをしっかり評価してあげることが解決策だった。

活動で成果を上げてくると、残りの否定的な20％の中でも、20％対60％対20％に分かれる場合もある。20％が積極的な方に回り、中間的な60％も模倣する。このような良い循環ができると、組織は活性化してくる。

「アンチ集団」は、否定的意見しか持っていないため、無視していると過激な行動に出てくる場合もある。蔭で深く潜行して、ネガティブキャンペーンも実施する。修復するには、コミュニケーションしかない。「アンチ集団」は、無視されることが一番嫌いである。その深層心理は、自分の意見も聴いてほしい。「無視するな」「認めろ」というメッセージでもある。

その場合、現在のやり方ではどこに問題があり、あなたはどうしたいのかについて意見を吐き出させる必要がある。批判だけで終わらせない。その内容が、その人の「我がまま」なのか、認識不足なのかをおさえる。ときには、愚痴を聴いてあげる。しかし、我がままなど「悪いものは悪い」と、論破せずに理解と納得をしてもらう努力が必要となる。味方につけるために少数意見を聞きすぎ、八方美人にはならないようにも注意する。

■具体的展開■　ポイント10　「集団心理の特性」を理解　重要度 👆👆

①社会的手抜きが発生しないように方策を具体化させる
②積極派20％は中間層60％を巻き込むためのコミュニケーションを工夫する

さて、集団心理の特性をふたつの例でみてきた。次は、組織の成熟度について触れたい。

3　組織の成熟度で浸透度を把握

組織は学ぶことにより成長していく。

「愚者は経験に学び、賢者は歴史に学ぶ」という格言がある。しかし、多くの企業は「経験に学ぶこと」もできていない。また、「歴史に学ぶこと」も頭では理解できていても、能動的に変えることは難しい。

多くの企業は、「組織の癖」という「価値観」「フィルター」「色眼鏡」を使って「認識」「判断」「行動」している。個人と一緒で、学ぶことにより組織の持っている能力が上がっていく。その成長した状態を「成熟度」という。

「成熟度」とは、その組織がどれくらい成長しているかを表す。つまり、幼稚園生が急に中学生の問題は解けない。まず小学生になり「読み・書き・算盤」をしっかり修得する。中学生では算数から数学へステップ・アップしていく。高校生では自分の専門領域を選択して勉強する。大学生・大学院生になった場合は専攻を選んでレベルを上げて行く。

組織の状態を5つの「成熟度」で見たみたい。Cレベル→Bレベル→Aレベル→AAレベル→AAAレベルの5段階となっている。これは、公益財団法人　日本生産性本部で運営されている経営品質協議会のより出されている「日本経営品質賞アセスメント・ガイドブック」より考え方のポイントを抜粋している。それを、図表6－6「企業の成熟度」及び図表6－7「成熟度別組織の状態」で表す。最も区分しやすいのは、図表6－6の右端の「概念図」で各階層～従業員の取り組み姿勢など、合致するものを選べば良い。

この5段階の成熟度の評価で勘違いしているトップも多い。我が社は、しっかり「ありたい姿」を明確にしている。だから、従業員もベクトルが合っている。具体的に確認すると、次のようなありたい姿である。多い例を挙げてみる。

図表 6-6　企業の成熟度

☆ 「ありたい姿」「なりたい姿」を示す

レベル	ありたい姿	多い例	行動特性	概念図
AAA	明確 共感による改革/改善	● 価値前提経営そのもの ● 体系的方法の進化 ● 継続的イノベーション	● 組織的学習により，課題を見つける現状に満足せず，飽くなき経営改革の実践をする	
AA	明確 共感による行動	● 価値前提経営の上級 ● 体系的方法の活用	● 全体最適な方法により，組織学習をしている ● 部門間調整が機能しており，未然防止も効果を上げている	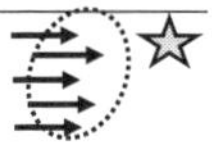
A	明確 共有	● 価値前提経営の中級 ● 体系的方法の導入	● 誰でも同じ価値判断・業務遂行が実施されている ● 改革/改善と学習を目的とした定期的な評価が実施されている ● 部門間調整を実施され，再発防止も効果を上げている	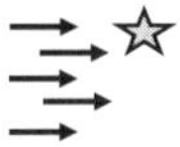
B	あるが漠然 伝わっていないことも多い	● 価値前提経営の初歩 ● 基礎的な方法導入	● 目標に向かって，活動状態を客観的に把握し，評価されている ● 一部プロセス改善が開始され，部分的な部門間調整が行われている	
C	なし	● 事実前提の経営 ● 起きてしまった問題対応	● 目の前にある問題への対応に終始する場当たり的に起こった問題に，遅れて対応している	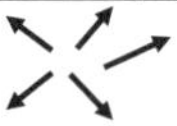

◆生産性向上30％アップ
◆経費削減10％
◆売上高アップ10％
◆棚卸資産削減50％
◆リードタイム短縮50％　など

これらの内容は業務目標であり、「組織の状態」ではない。「ありたい姿」はどのような「組織の状態」になりたいかという強い願望である。これらは、目先の経営の数値目標を表しただけである。どのような「組織の状態」になりたいか、そのために数値目標を達成することが「目標」となる。

これが「ありたい姿」では、従業員は利益のためにこき使う道具となってしまう。「夢のない企業」となってしまい、従業員からの共感は

図表 6-7　成熟度別組織の状態

レベル	成熟度内容
AAA	●AAAレベルは〔継続的イノベーション〕のDNA（遺伝子）を持っている ●完全な体系的手法/方法が導入され，進化させている ●事実に基づいた評価・改善の仕組みと，改革/改善の蓄積による広範な学習がされている ●あらゆる活動は，将来を見据えた未然防止の仕組みが機能しており，組織全体の改善経験が共有されている ●組織目的と一貫性のある改革/改善が全ての部門で実施されている ●導入している方法は，ほとんど部門･業務･個人まで展開され，方法の活用上における格差はなく，ほぼ完璧な状態で「利活用」されている ●こんな企業は，ほとんど聞いたことがない
AA	●AAレベルでは，「全体最適な方法」が導入されている ●組織目標や改革/改善の実現に対応した基本的方法が体系的に導入され活用されている ●事実に基づいた評価・改善の仕組みがある ●多くの活動で再発防止だけではなく，未然防止の取り組みもされている ●「ありたい姿」と一貫性のある改革/改善が多くの部門で実施されている ●導入している方法は，ほとんど部門･業務･個人まで展開され，手法活用の格差は小さい ●部門間調整が機能している ●AAレベルの企業は，あまり接した記憶はない
A	●Aレベルでは，「体系的方法の導入」がされている ●ひとつの方向へ向かい，ベクトルが合い誰でも同じように業務遂行がされている ●事実に基づいた評価・改善する仕組みが会社の日常業務として実施されている ●問題の再発防止に効果を上げている。また，一部で未然防止の取り組みも見られ，改革/改善の学習が実施されている ●改革/改善と学習を目的とした定期的な評価が実施されている。部門間調整も実施し，プロセス改善により再発防止も効果を上げている ●Aレベルの企業になるには，トップの強固な意思と会社全体での不断の努力が必要となる ●このレベルに行くまで，3～5年は十分にかかる ●完全にベクトルが合っても，継続することの方が上げることよりも大変である。「打ち上げ花火」「瞬間風速」など一時的に統率が取れることはあるが，定着化は難しい ●このレベルの企業になると，改革/改善が楽しくなり好循環となってくる

レベル	成熟度内容
B	●Bレベルでは，ベクトルが完全ではないが，概ね合っている ●会社をひとつの方法へ導くために，基礎的な方法導入がされている ●一部プロセス改革/改善が開始され，部分的な部門調整も実施されている ●問題の再発防止に効果があるプロセス改善が一部実施されている。導入している方法は，主要な部門･業務のみで展開され，導入されていない部門もある ●Cレベルの企業はまずこのレベルを目指したい ●「ありたい姿」「なりたい姿」を設定し，目標に向かって，活動状態を客観的に把握し，評価されている状態をつくりあげたい
C	●Cレベルでは，起きてしまった問題対応で，目の前に発生した問題への対応に忙殺されている ●場当たり的に起こった問題に，遅れて対応している ●生じた問題は「後追い」が中心となる ●再発防止の初期段階であり，仕組みの改善への結びつきもない ●事実前提で，目指すべき方向もない ●このような企業は多い ●若手従業員の退職理由の多い例として，「会社のビジョン」「将来性」が見えない。よって，条件の良い遣り甲斐のある企業に転職してしまう

得られない。やらされている者には、疲弊感しか残らない。これは小さな差と思われるかも知れないが、ベクトルを合わせるには天と地ほどの大きな差になってくる。

さて、５つの組織の成熟度を見てみたが、実態が悪いからと卑下することはない。

現状をしっかりとらえ、どうすべきかを考え行動することが重要だ。認識がないと、現状で満足してしまうのが人間の常である。社内の論理ではなく、外部との比較で自社を評価・改善する習慣が大切となる。問題をまず問題と感じないと何も進まない。問題があっても問題と思わないと、それがずっと続いてしまう。問題を問題と思わないと人・組織は行動に移すことができない。

人間の行動は、3つに分かれる。日常生活でも同じことを実施している。まず、さまざまなことを「認識」している。次に「認識」したことを「判断」している。最後に、「判断」したことで「行動」に移すかどうか考える。例を見てみたい。

「靴のセールスマン」の話。考え方が、180度違う結果が存在するよい例である。

セールスマンが2人いた。そのセールスマンが熱帯のある島へ市場調査を行うため出かけた。ここで彼らが確認したのは、島に住んでいる人は全て「はだし」で誰も靴を履いていないという事実だった。一人のセールスマンは、次のように「認識」して「判断」した。皆「はだし」で生活しており、靴は売れない。もう一人のセールスマンは、次のように「認識」して「判断」して「行動」に移った。皆「はだし」だ。これから、全員が靴を履くようになれば、非常に大きなマーケットとなる。有望な市場を見つけた。早速、商売をしよう。

このふたりのセールスマンは、同じ事実のもとに180度違う結論を出している。この違いはどこから発生しているか考える必要がある。「認識」、そして「判断」の方法が違う。このようなことが、日々会社で発生している。改革／改善も同じことがいえる。

どこの組織でも「組織の論理」「立場の論理」がある。部門長ごと・職場ごと・担当業務ごとの「判断基準」がある。それらのギャップをなくすために、図表6－8『ぶれてはならない「判断基準」』をもとに、原理原則を統一したい。

図表 6-8　ぶれてはならない「判断基準」

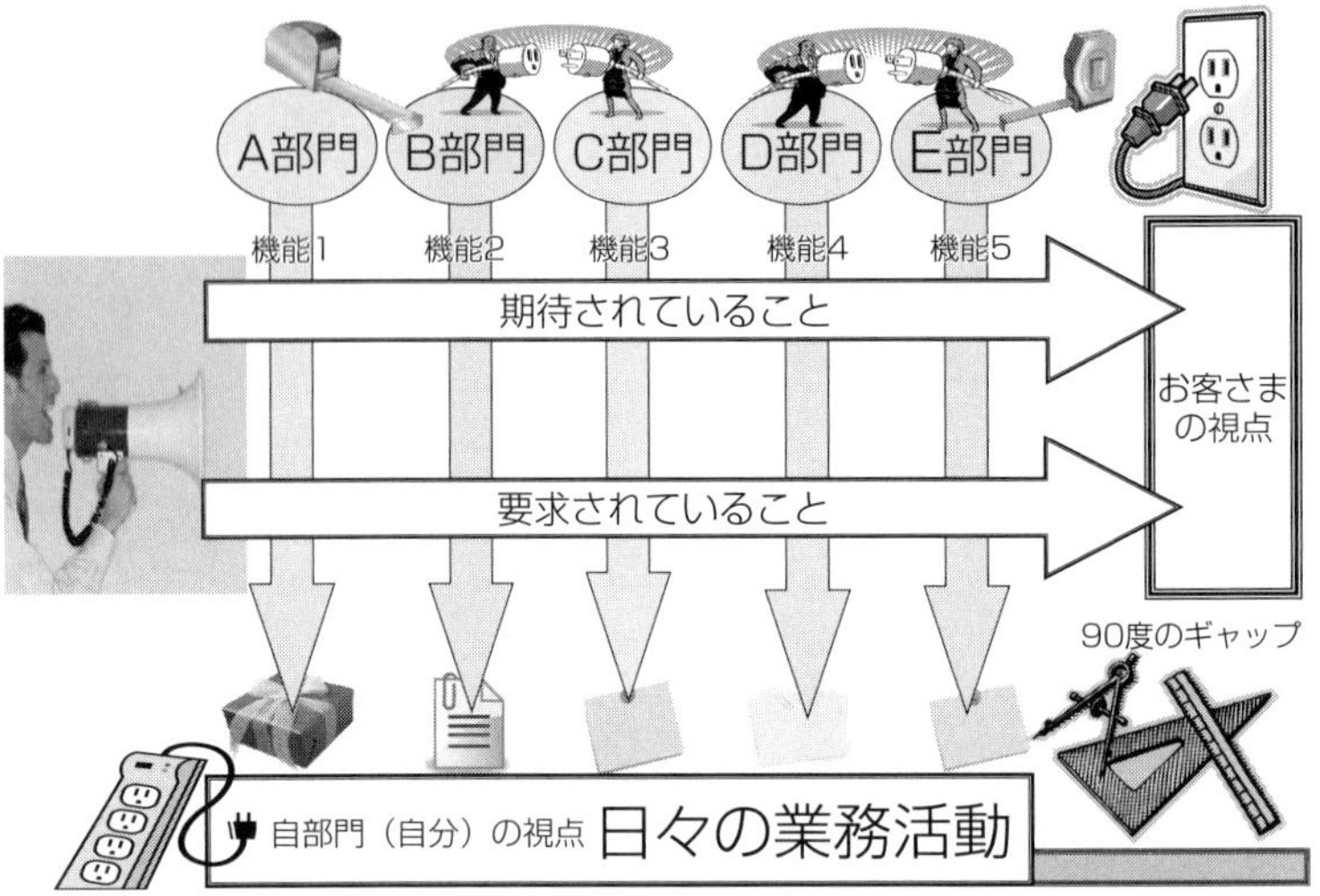

図表６－８は、「視点」「立ち位置」を一緒にするための概念図である。「そもそもその考え方・意見はどうか?」という原理原則に立ち戻るための基準となる。通常、Ａ～Ｅ部門は職責に伴い日々の業務を一所懸命やっている。一所懸命やればやるほど、職責を全うするために、自部門及び自分の視点で物事を見てしまう。つまり、図表６－８に示す通り「縦」での業務をしてしまう。

一方、お客さまの視点は横の視点である。90°違う。お客さまは、あることをお願いして迅速に満足できる対応を期待している。これは、横のつながりである。組織が大きくなればなるほど、こんな簡単なことが見えなくなってしまう。それが、会社である。組織の壁が自ずと出てくる。壁が巨大で厚くなれば、厚くなるほど官僚組織へと変わっていく。

図表6-9 「チャンク」のテクニック

●チャンクを活用することにより，議論がかみ合ってくる

CHUNK	チャンクとは，「チーズ・パン・肉・木材のかたまり」を示す。具体的には，頭の整理方法として有効な方法である 議論するときや良案が出ない場合に活用すると効果的である

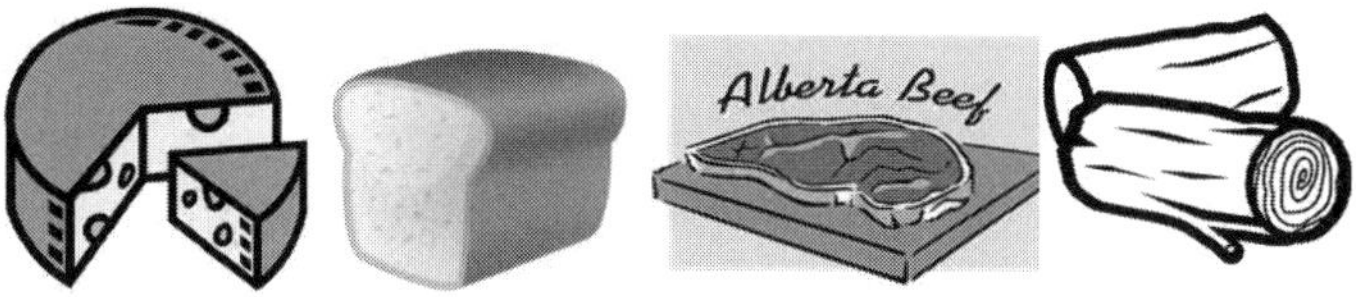

お客さまの視点で、どうなのかを考えていく。トップは、経営幹部が「部分最適」な発言・行動・指示命令をしないように「その場・その場」で指導していく。考え方が、染みつくまで。

その議論で有効な考え方がある。図表6－9「チャンクのテクニック」に示す。チャンクとは、「チーズ・パン・肉・木材のかたまり」を示す。具体的には、頭の整理方法として有効な方法である。議論するとき、論点の整理や良案が出ない場合に効果的である。「チャンク」を活用することにより、議論がかみ合ってくる。「チャンク」の使い方を整理する。次の意見で、おかしな点がないかチェックしてほしい。

◆私は、チンジャオロースと水餃子と中華料理が好きです

図表6-10 「チャンク」の例

●チャンクの整理をすると次のようになる

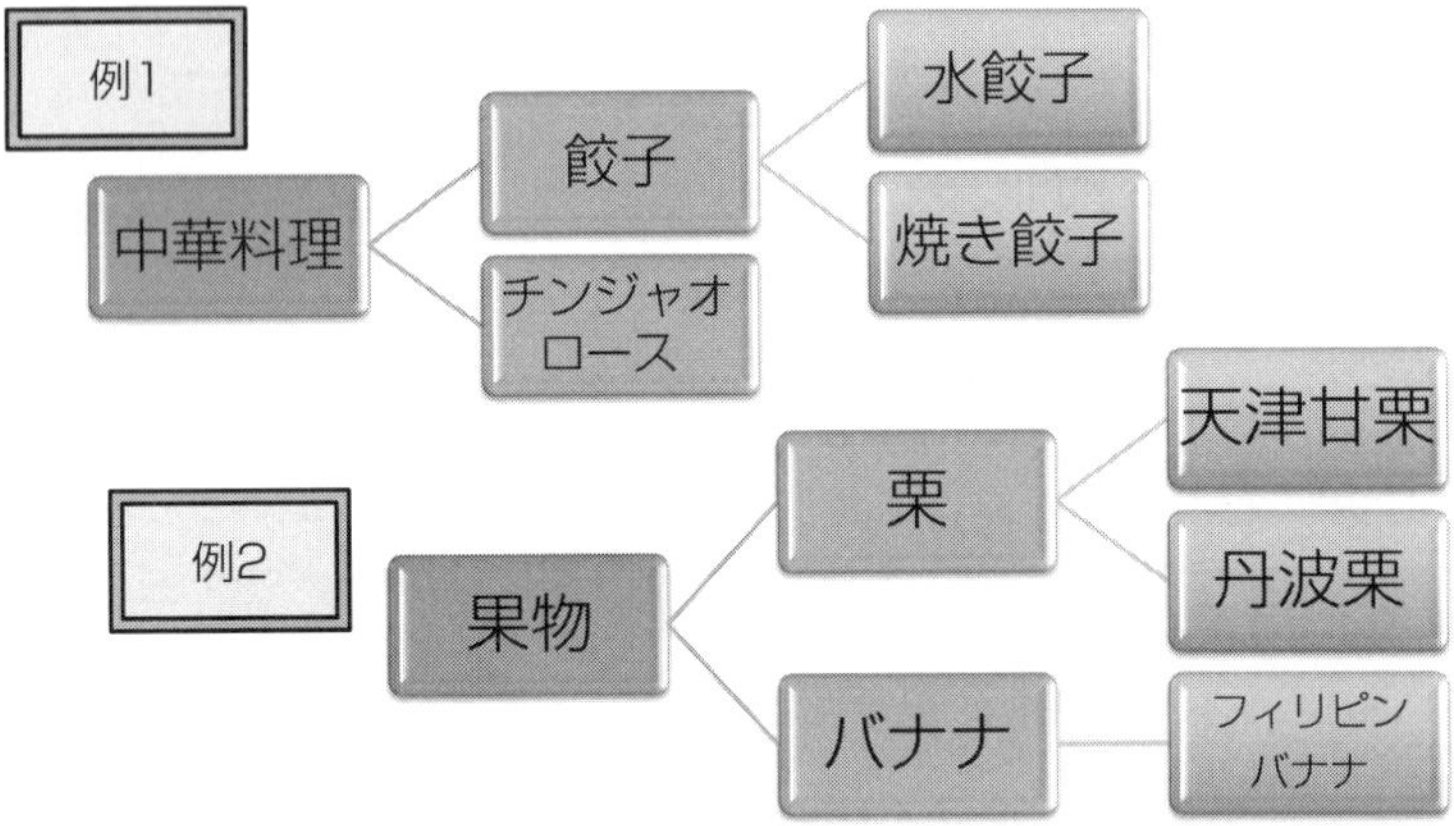

◆私は、果物と天津甘栗とバナナが好きです

この意見は違和感がある。「かたまり」が合っていない。整理すると、図表６－10『「チャンク」の例』のようになる。文脈で議論する日本人は、察しながら議論をする。チャンクが合っていないことも多い。よって、それが合うように議論をしないと「会議の生産性」は上がらない。

「チャンク」の具体的なテクニックを図表６－11『議論する際の「チャンク」用語』に記す。話している議論の内容そのものが合っているかどうかを確認する。議論の方向性がずれたり、間違っていたりすると、軌道を修正しなくてはならない。そのために、次の３つの「チャンク・チャンク」を使い分ける。具体的には、「チャンク・

図表6-11　議論する際の「チャンク」用語

●「チャンク」を使い分けると，論点整理がしやすく，会議の生産性が上がる

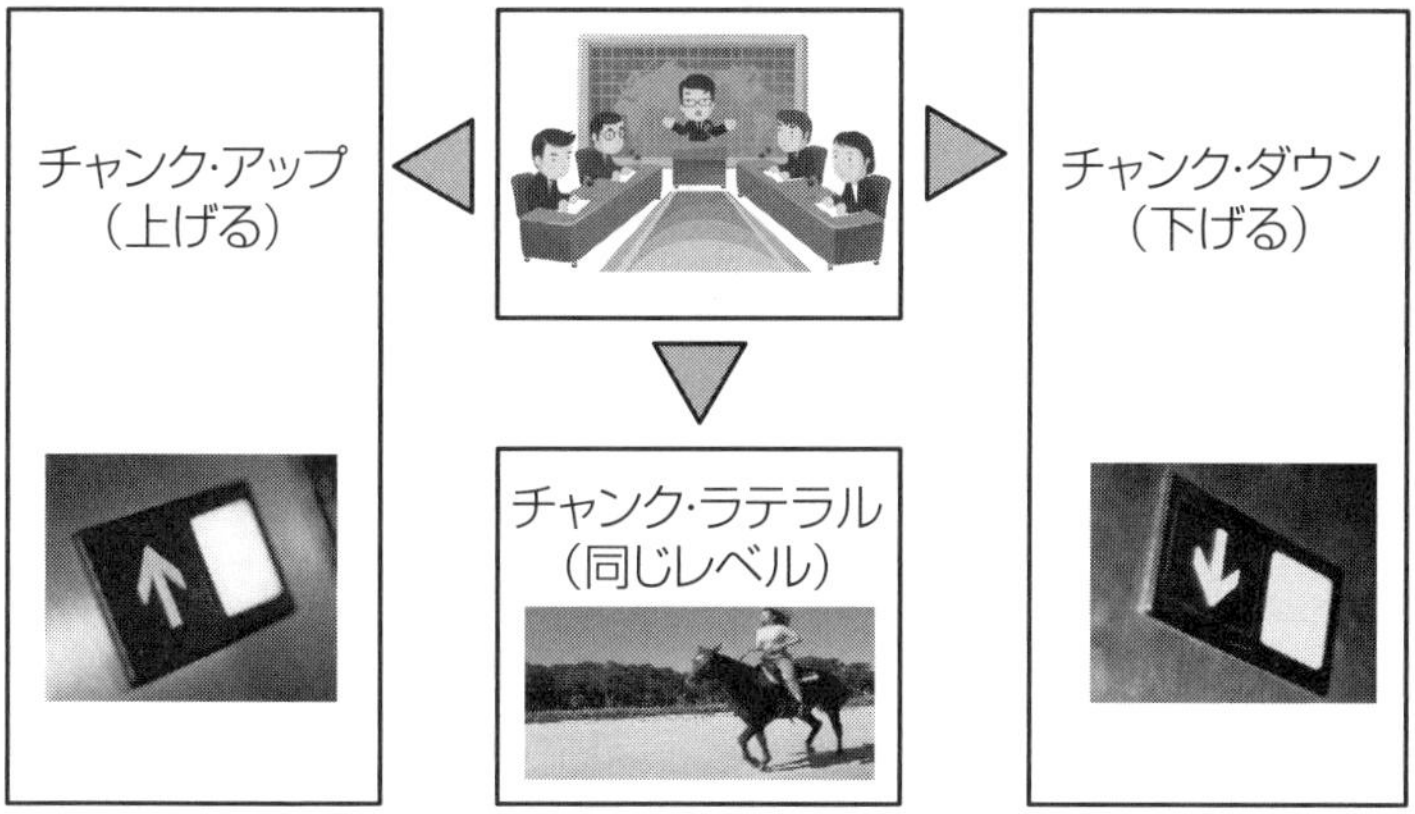

アップ（上げる）」「チャンク・ラテラル（同じレベル）」「チャンク・ダウン（下げる）」である。

具体的には、2つの目的の違いによって、議論の方向性を軌道修正していく。図表6－12『3つの「チャンク」の使い方』に示す。一つ目の目的は、アクションにブレークダウンする場合に使う。「目的」と「ねらい」の関係と、「課題」と「方策」の関係を整理する際に有効である。二つの目の目的は、要因解析のために活用する。「課題」設定の際に「ねらい」の関係、根拠とする「過去実績」と「課題」の関係を整理する際に、効果的である。具体的に使うことばは、図表6－12を参照してほしい。

参考に、コンサルティングの現場で、最もよく使うのは「そもそも、それは何のため？」と

図表6-12 3つの「チャンク」の使い方

●チャンクは，次の２つの目的によって使い分ける。

NO	目的	チャンクアップ（上げる）	チャンクラテラル（同じレベル）	チャンクダウン（下げる）
1	アクションをする場合 DO（～をする） ①「目的」と「ねらい」の関係 ②「課題」と「方策」との関係	●その目的は? ●何のために? ●なぜ? ●どうして? ●どんな良いことがありますか? ●メリットは? ●全体的に言うと?	●他には?	●ではどうしよう? ●具体的には? ●例えば?
2	状態の確認や原因を追求する場合 BE（～である） ①「課題」と「ねらい」の関係 ②「過去実績」と「課題」の関係	●その結果は? ●だから何どう? ●どんな悪いことや良いことがありますか?	●他には?	●その原因は? ●なぜ? ●どうして?

いうことばで「チャンク・アップ」である。

「決めたらやり切る」ことができる組織への変革は、不断の経営努力が必要である。成熟度を考えながら、ステップ・アップができるように進めたい。成熟度が上がることは、改革／改善の能力が上がることを意味する。まずは、Ａレベルは目指したい。

高校野球の学校紹介を見ていると、練習グランドに「向上心」と掲示されていた。その前で高校球児が一所懸命汗をかいていた。会社も一緒だなと感じた。会社もお客さまのお役立ちのために、「向上心」を持てるかどうかである。経営や人生は、生まれて死ぬまで「向上心」との戦いである。戦いをやめた人間は成長せず、無為な人生を送ることとなる。

ここ十年間のビジネス書のタイトルで感じ

ることに、「簡単」「即効」「短時間」など安易なハウツー本が多く出ている。内容を見てガッカリすることも多い。努力は、「嘘」をつかない。正直である。努力を続けないで、即効薬ばかり求めていると「事実前提」で環境に翻弄されるばかりとなる。

■具体的展開■　ポイント11　組織の成熟度で浸透度を把握解　重要度 ☝☝

①組織の成熟度は、C～AAAの5段階あり一足飛びには成長しない
②「お客さまの視点」で、ぶれてはならない「判断基準」で、「チャンク」を使い軌道修正をする

次に、成熟度は、進捗確認の拙劣により、上がる場合もあり、伸びない場合もある。そのためのポイントを次に述べたい

4　成熟度を上げるための「トップ・レビュー」

会社の成熟度を上げるためには、「進捗会議」が「最大の教育の場」となる。以下、「進捗会議」をレビューと表現する。レビューの中で、最も重視するのは「トップ・レビュー」である。

図表6-13 「トップ・レビュー」の方法一覧〔例〕

NO	実施方法	内容	メリット	デメリット
1	全部署集合形式	一同が会議室に集まり，進捗状況を報告する。 その後，担当役員の補足や各部署からの質問を受付ける	●短時間で全体の状況が把握できる ●各部署の取り組みが確認でき，刺激となる ●部署間の問題を提起でき，組織的解決ができる ●多面的な質問が各部署から出てくると，より深い理解が得られる	●現場の実態が分からず，発表がうまい部署が評価されやすい ●多くのメンバーの時間調整に苦労する ●部署が多いと，自部門の発表が終わると，暇になる ●多くメンバーの拘束・会議室・資料等の費用がかかる
2	個別部署報告形式	個別部署ごとに，レビューを実施する	●各部署は短時間の拘束で済む ●ピンポイントで，具体的な打合せができる	●他の部署の取り組みが分かりにくい ●自己満足の報告〔できたことだけ〕になりやすい
3	関連部署集合形式	関連部署を複数集め，レビューを実施する	●相互関連のある部署が集まり，具体的な議論ができる ●相互に抱えている問題を理解し解決着手しやすい	●関連のない部署の状況が分からない ●お互いトップの前で，かばい合うことも増えやすい
4	職場巡回形式	職場へ巡回して，現場/現物/現認で，レビューする。 可能な限り，全員に周知できるような「見える化」ボードを使い発表する	●生の声が聴きやすい ●職場のメンバーのモティベーションが上げやすい ●職場の雰囲気や変化が把握できる	●トップが，さまざまな部署に出向くため，延べ時間がかかる ●発表場所やインカムなどを工夫しないと全員に聞こえない ●職場内で実施する際は，発表のために業務が中断してしまったり，他の者が集中できない場合がある

そのやり方について、図表6－13『「トップ・レビュー」の方法一覧〔例〕』に示す。やり方は、自社に合った方法で開催する。開催間隔は、毎月或いは3ヶ月単位でNO．2「個別部署報告形式」で実施し、半年単位ではNO．1「全部署集合形式」、NO．3「関連部署集合形式」、NO．4「職場巡回形式」が良い。

会社規模にもよるが、部署数が少なければ、NO．1「全部署集合形式」が良い。部署数が多い場合は、NO．3「関連部署集合形式」或いは、NO．4「職場巡回形式」で関連部署を同席させると良い。最も格式／威厳のある「トップ・レビュー」は、NO．1の「全部署集合形式」である。事務局は、事前準備や関係者とのスケジュール調整など最も労力がかかる。

「トップ・レビュー」は、お互い貴重な時間を使っており、ムダな進め方にはしたくない。時間の有効活用ができる進め方をしたい。

ムダな「トップ・レビュー」の例を紹介する。ある発表者は、都合良いことを、都合良く長時間ダラダラ報告している。内輪しか分からないことを、面白おかしく話している。核心の重要点は、ぼかしている。報告の方法も「会社の癖」が出てくる。こんなレビューは意味がなく、事務局の誘導や会議運営を修正しなくてはならない。

「トップ・レビュー」は、標準化してレビューの生産性を向上させたい。その内容を、図表6－14『「トップ・レビュー」の報告方法のルール〔例〕』に示す。また、図表6－15『「トップ・

図表6-14 トップ・レビュー」の報告方法のルール〔例〕

NO	発表順序	内容
1	結論の報告〔第5章 図表5-30「STATUS管理」参照〕	●「ねらい」の「重点」に関し，ステータスを報告する ①前倒し達成②順調計画通り③今後遅れリスクあり未然防止可能④今後遅れリスクあり未然防止不可→④はリスクの最少化要⑤遅れ発生は挽回可能⑥遅れ発生挽回不可能→⑥は計画見直し要 ●「ねらい」の「重要」に関して，STATUSを報告する。同上
2	実施したこと	●「ねらい」の「重点」「重要」に関し，方策で実施したことを具体的に報告する ●管理指標で具体的実績を報告し，その数値の意味についても，どう考えているかも報告する
3	今後実施すること	●結果を受けて，今後いつまでに何をどうするかを報告する ●想定されるリスクへの対策/うまく行かなかった際にバック・アップ策も準備して披露する
4	リソースの不足情報	●人・もの・金・情報など，改革/改善を達成するための不足量/期限を具申する ●やり方で行き詰まっている際には，自助努力を基本に助けを求める
5	部門間で調整すること	●部門間で進めるにあたり，何を解決すべきかを明確化して，どうしてほしいかを報告する ●その際，悪さ加減を明確化してメリット/デメリットも明確化させる
6	その他要望等	●何か要望があるときに，申し出る ●例として，「○○さんが一所懸命頑張っている。ねぎらってほしい」「○○部署の○さんが行き詰まっているようで，このままいくと○○になる」など，改革/改善を加速させるための情報を事前準備や調整する

図表 6-15 「トップ・レビュー」の式次第〔全部署集合形式（例）〕

NO	発表順序	内容
1	オリエンテーション	●事務局より説明
2	開催の挨拶	●改革/改善の責任者より挨拶
3	全体進捗報告	●事務局より，主要指標をもとに全体の状況説明 ●「総括」「賞賛事項」「改善事項」等を部門別特徴を報告 ●「賞賛事項」はヨコ展開化へ
4	各部門報告	●図表6-9「トップ・レビュー」の報告方法のルール〔例〕参照 ●NO.1「結論」，NO.2「実施したこと」，NO.3「今後実施すること」は，報告必須 ●NO.4「リソースの不足情報」，NO.5「部門間で調整すること」，NO.6「その他要望等」は，状況によって決定
5	先行事例発表	●今後，改革/改善に対して「ヨコ展開」「参考となること」「加速すること」を数例発表 ●その後，質疑応答により深い理解を促進
6	トップ講評	●最後に，一般的な各部門の評価で終わらせず，改革/改善が加速するようなコメントを事務局が事前準備して講評 ●トップの自分の苦労してきたこと，失敗談を披露して，親近感を持ってもらうことも一考 〔トップの自分の経験で自慢話のみで終わることはNG〕

レビュー」の式次第〔全部署集合形式（例）〕』に記す。「全部署集合形式」以外は、図表６-14をアレンジしてほしい。

別の切り口で、発表方法の違いにより「会議形式」「成果発表会形式」「職場巡回形式」の３種類がある。最初は、「会議形式」が良い。各部門集まり、緊張感のある雰囲気の中で実施する。情報の共有にもなり、他部門との温度差やバラツキをなくしていくのに有効である。

「成果発表会形式」を最初からやると、成果が出ていないのに、自分達のやったことを自慢する発表会に終わることも多い。やったことを都合よく選び、見せかけに終わることとなる。「職場巡回形式」は、職場の状況により実施する。具体的には、「移動など場所の問題」「収容能力の問題」「職場で確認できるかどうか業務上の特性の問題」など、さまざまな制約条件もある。私の場合は、これらの３種類のやり方を固定的でなく、組み合わせて実施している。

「トップ・レビュー」は、実務を通した「最良の教育の場」である。

進捗を確認するとき、具体的な取り組みそのものも重要だが、最も重視する「はずしてはならないこと」がある。図表６-16『「トップ・レビュー」は成熟度を上げるための最良の教育の場』に記す。

「目的」「その背景」「基本的な考え方」などが間違っていないかどうかを把握しなければなら

図表6-16 「トップ・レビュー」は成熟度を上げるための最良の教育の場

●ブレークダウン・レイヤーの認識●

目的/背景等の理解不足
方針/考え方の間違い
目標値の「達成/到達すべきこと」への本気度/真剣度
ものごとの捉え方の浅さ

放任すると，蟻の穴から堤も崩れる

補正
修正
指導
説明
教育

ない。間違っていたり、ずれていたりすると、トップ自らが指摘していく。必要時、「補正」「修正」「指導」「説明」「教育」を実施しなければならない。トップは、その報告内容の背景を知っている事務局にも、その時間内に状況を確認する。

　前回「トップ・レビュー」で指摘したことを理解せずに、また同じ報告になっている部署もある。今まで何度も話しているため「分かっているだろう」と考えてしまう。このような「大人の対応」「安易な判断」はしてはならない。確認のために、質問を投げかけることも良い。トップへの報告で、些細なことでも基本とする「原理・原則」は、一切妥協しない。基本的な考え方から逸脱したことの報告を放任しない。

　もし、そのまま指摘しなかったら、「トップに認めてもらった」と参加者は考える。「トップ・レビュー」は、「絶好の教育の場」ともなり、一方「組織の成熟度を下げる場」ともなる。「ブレークダウン・レイヤー」である「目的」「方針」「目標」に関する理解では絶対に譲れない。「蟻の穴から堤も崩れる」こととなる。

一方、間違った指摘は、「ブレークダウン・ポーション」における「箸の上げ下げ」である。「因小失大」とならないように注意しなければならない。「因小失大」とは、細かなことに拘わり、大きなこと〔ブレークダウン・レイヤー〕を間違っていても、放任することである。「目的」「方針」「目標」を理解せず、「方策」について、気に喰わないと指摘する。このような例は、最悪の指摘である。

悪い例を述べる。ＰＱＲ社の「トップ・レビュー」では、経営幹部が発表した自部門の管理職に対し、「指摘」「指導」「質問」「叱責」をしていた。経営幹部は、トップに対し「厳しく指導していること」をアピールしたかったのだろう。

「まくらことば」は、「以前からいっているように…」「君には何度もお願いしているが…」「身内の恥で申し訳ありません。ここは、～といっていただろう。君!!」である。経営幹部の保身のためにやっているのではない。実績が出ない理由として、管理職の個人的能力がないことに「スケープゴード」としてはならない。

それを許しているトップにも問題があった。そこで終了後トップに次のようなお願いをした。

このような対応は改めてもらうように、トップの責任で指導してもらうようにした。この経営幹部を、仮にZさんと呼ぶ。トップとの打合せは以下のような内容だった。

◆Zさんの発言は、部門内会議の内容であり、「トップ・レビュー」で発言することではない

◆Zさんは、自分はあくまでも「被害者」であるような発言が多く、あまりにも「当事者意識」が希薄である

◆Zさんは、プライドが高い。また、部門内での打合せでも「お前ら分かるだろ。できるよな」「それは、課長の仕事だ。～をすればよい」などと、自分が先頭を立って動こうとすることが少ない。よって、今のままでは全く変わらない。成果が出ると自分の功績で、うまく行かないと部下の責任という対応。これを改めないと、部下はかわいそうである

◆部下はじっといいたいことを我慢し、謝罪に終始している。管理職は、本意でないことは、表情や前後関係を見れば分かる

◆次回からこのような発言がないように、トップより個人的に指導をお願いします。このままでは、部下が腐るだけです

◆おそらく、1回いうだけで変わることはないので、定期的にZさんから報告を持ってきてもらうようにお願いします。また、事務局からも情報を取るようにします

◆次回のレビューでは、Zさんにはこのようなことがないようにお願いします

Ｚさんは、経営幹部である。トップは、Ｚさんを評価している。Ｚさんには、良い点もあり、改善点もある。さらに上位者になるためには、このままで決して組織をまとめ上げられない。Ｚさんには人望がなく、組織がまとめられない。部下はついて来ない。他の部門を担当しても、同じことが起こってしまう。

これを脱皮できるのは、Ｚさん自分自身である。ここでの「トップ・レビュー」はＺさんの行動やマネジメントを変えるための「教育の場」である。Ｚさんが、真剣に受け取るかどうか、問題を問題と思うかどうかを自身で決めること。このまま行くと、管理職が「うつ状態」になってしまう。現場の管理・監督者をいじめるだけでは、組織は成長しない。「トップ・レビュー」を通してポイントをおさえると、組織の成熟度を上げる道具となっていく。

■具体的展開■　ポイント12　成熟度を上げるための「トップ・レビュー」　重要度☝☝

①「トップ・レビュー」は、実務を通した「最良の教育の場」である

②「トップ・レビュー」では、「目的」「方針」「目標」に関する理解を絶対に譲れない。「蟻の穴から堤も崩れる」こととなる

「決めたらやり切る」ために、「部門間調整」は避けては通れない。どのように考え、どう対応したらいいのかをおさえたい。

5　組織的な「部門間調整」

「トップ・レビュー」を実施後その部門だけで対処できる場合は、そのまま責任を持って主体的に動いてもらう。しかし、想定していなかった条件・変化が発生した場合、「部門間調整」が必要だ。多く企業はそのまま一部門だけに責任を押し付けたままとなる。「進捗管理」をしても「調整」をしないと「進捗確認」で終わる。多くは、特定の部門が糾弾される。割を喰う部門が必ずある。

◆ ○○部門がだらしないから…
◆ ○○部門のレベルが低いから…
◆ ○○部門は日本語が通じない。会話が成り立たない
◆ ○○部門は真剣に改革／改善を取り組もうとしていない
◆ ○○が異動して○○部門を変えてくれると思っていたが、何も変わらない。○○部門の悪

い色に染まってしまった

人は、お互いのことをよく知っていると責めにくい。関係が深くなると、肩を持つようになる。「指摘」「チクリ」によって、今後の仕事がやりにくくなっても困る。また、トップが何げない「一言」「つぶやき」にも気を付けなければならない。「〇〇部門はなぁ〜。〇〇なのだよね」と本音をいうと、悪い評価ほど伝播しやすい。トップの意向により、組織の力関係が出来上がっていく。

特に、官僚組織は、「組織の力学」が強くなっていく。官僚組織における管理職の行動には特徴がある。まず、与えられた仕事は完璧にやる。それは、自分の立場を守るためである。自分の組織を守るような行動にもでる。さまざまな問題が顕在化しても、問題の根っ子が他部署にあると分かると、条件反射的にそれ以上考えなくなる。隣の組織を巻き込もうという思想はない。はみ出すことは、越権行為となるためだ。

徹底的に自分の庭はきれいにする。やがて、さらに部門の壁が強固となっていく。前例踏襲を重視し、仕事のパターンを定型化して変えようとしなくなってしまう。改革／改善は、「部門最適活動」では成果を上げられない。

部門間調整を指示できるのは、トップしかない。図表６－17「関連部門調整表」を使って、組織的に改革／改善を加速するようにする。活用方法は、図表６－18『「関連部門調整表」の活用方法』に記す。

■具体的展開■　ポイント13　組織的な「部門間調整」　重要度 ☝☝☝

①「進捗管理」では、問題があっても、そのまま一部門だけに責任を押し付けたままになっている企業がほとんどである。「達成／到達すべきこと」を追求するには、放任してはならない

②アクション・プランを一度作成しても放任しない。トップが、「部門間調整」を実施して「達成／到達すべきこと」を追求できる「成熟度の高い組織」に変えていく

さて、「決めたらやり切る」のは、一過性のことではない。しっかり節目・節目で総括をしなければならない。組織の成熟度を上げようとすると、活動期間終了後には、「総括」を確実に実施し、改めることは組織で反省しなければならない。そのために、どのようにすべきかを最後におさえたい。

更新日：○○年○月○日

影響度〔B〕	発生頻度〔C〕	計〔A×B×C〕	優先順位	対策	効果の確認方法	完了日と内容

特記事項	

図表 6-17　関連部門調整表

関連部署調整表

NO	対象	NO	関連部署名〔社内外含む〕	スコープ	想定される影響・発生している具体的な悪さ加減	顧客価値の毀損競合上におけるデメリット	制約条件〔A〕
1		1					
		2					
		3					
2		1					
		2					
		3					
3		1					
		2					
		3					

制約条件〔A〕	
評点	評価基準〔案〕
4	自部門だけでほとんど取り組めない
3	自部門だけで取り組んでも効果は30%となる
2	自部門だけで取り組んでも効果は50%となる
1	自部門だけで取り組んでも効果は70%となる

影響度〔B〕	
評点	評価基準〔案〕
4	お客さまとの信頼関係に大きな影響が出る
3	お客さまに影響が出る
2	ビジネス・パートナーに影響が出る
1	自社内の関連部署に影響が出る

発生頻度〔C〕	
評点	評価基準〔案〕
4	日々
3	週次
2	月次
1	四半期

図表 6-18 「関連部門調整表」の活用方法

NO	区分	内容
1	記入方法	●対象は，主管となるアクション・プランの部門を記入する ●調整すべき社内外を含む「関連部署名」を記入する ●「スコープ」を記入する。具体的な対象/範囲/業務プロセスを特定する ●関連部門の調整をしてアクションを起こさない場合の「想定される影響」「具体的な悪さ加減」を記入する ●「顧客価値の毀損/競合上におけるデメリット」など，トップの判断しやすい内容を追記する。決して「組織の論理」「立場の論理」などの責任逃れで書かないようにする。「役割責任の不明確さ」も明確にする ●「制約条件〔A〕」「影響度〔B〕」「発生頻度〔C〕」を記入して。3つの評点を掛け合わせ点数を決める。その点数をもとに，優先順位をつける ●「対策」を決め，「想定される影響」「具体的な悪さ加減」が解決したかどうかを確認する。どう確認するか「効果の確認方法」も事前に決めておく ●完了日と内容を記入している
2	タイミング	●アクション・プランの初版作成時 最初に単独で改革/改善できないものをリストアップする。この段階では比較的記入は進みやすい ●アクション・プランの途中改定時 この段階が力を入れるべきタイミングである。ほとんどの企業では，活用されていない ●「トップ・レビュー」「進捗確認」などで，新しく出てきた内容のものもリストに追加する
3	留意点等	●ここがポイントで，主観で記入すると判断がばらつくため，できるだけ客観的根拠に基づくようにする ●特に，「組織の論理」「顧客の論理」ではなく，「顧客価値」の視点でリストアップする

6　効果的な節目の「総括方法」

節目の「総括」がいい加減だと、何となく惰性で同じことを問題意識も感じずやり続ける組織となる。全員の歯車が、改革／改善を進める一体感は醸成されにくい。「総括」は、四半期・半期・年度などを効果的に実施したい。多忙な日々を送っていると、半年はあっという間に終わってしまう。

まして、四半期でやろうとしていることの1／10もできないことも多い。杜撰な「総括」をしていると、企業の成熟度は上がらずじまいとなる。新たな節目で、何の工夫もなしに、今後頑張ろうという「運」を天に任せた組織運営となってしまう。

ポイントは、次の点である。

- 今までやってきたことの評価はどうか？
- 進捗管理方法はどうだったか？
- これから何を改革するか？
- 何を継続して伸ばすべきか？

下請企業ＲＳＴ社の経営会議の例を見てみよう。

経営状況を考えると、さまざまなことを改革／改善しなければならない。自己資本比率も悪化して、危険水域となっている。このままでは、明るい展望は見いだせない。

会議に参加すると、トップを含め全員が黙って腕組みをしている。難しい顔をして、世の中の不幸を全て背負ったように。しかし、妙案は出てこない。過去の経験・知見では、参考になることがなく、漠然とした「目に見えない不安」だけが迫ってくる。

ＲＳＴ社は「待ちの姿勢」が染みついている。今まではそれで良かった。親企業のいわれるままに、粛々とこなしていれば儲かった。しかし、これからは親企業にぶら下がっていても、明るい将来像は見えない。意見が出てこない。「小田原評定《おだわらひょうじょう》」となっている。打開しようと、会議をしているが長引くだけ。いっこうに埒があかない。対策を討議するが、日が空しく経過していき、方針がはっきりしない。トップが、痺れを切らし、短絡的な結論を出す。皆、早くその会議から解放されたいため、堰を切ったように次のような同調意見が出てくる。

- 20年前は、○○で忙しかった
- あのときは、○○で土日もなかった。社員旅行も海外に行った
- でも、環境が悪い。日本は元気がない
- 同業者も厳しいため、うちだけが経営をさぼっているだけではない

◆倒産した○○社の社員は、かわいそうな末路を送っている。我が社の社員は、未だ幸せだ

◆賞与は出せていないが、雇用は守っている

◆売上高がここ5年で40％減った。しかし、売上高が1％だが、10倍になった顧客もいる。決して、何もしていない訳ではない

◆我々は「使いやすい下請け先」で生きていた。これからも、何でもできることは対応しよう

◆売上高を確保しないと赤字続きだ。来期は特に営業に頑張ってもらおう

◆技術要員は減ってきたが、何とか歯を食いしばり対応しよう

このような会議では、来期も同じ結果に終わる。闇雲に対応して「毒饅頭」のような受注物件を取ってしまうこともある。実際ＲＳＴ社は、ここ1～2年で受注したもので赤字物件も増えている。

結果は必然である。原因と結果の関係で、このような浅い「総括」となっていると、来期以降も経営が好転するとは思えない。「棚からボタモチ」がないとはいえないが、可能性は低い。では、ＲＳＴ社は何を変える必要があるかを考えよう。今後の方針として、客観的データを参照しながら、次のように進めていった。

◆売上高アップが目的ではない。固定費回収のためには、売上高の絶対額は必要である。し

◆かし、「毒饅頭」を食べないようにしなければならない

◆ポイントは、年間○○円という「付加価値の絶対額確保」をすることだ

◆そのために、「ダボハゼ」営業を止める。実際に、新規顧客を獲得すると、社内は混乱してしまう。価格で受注すると、いつまでも苦しい。忙しいが儲からない。現在は、顧客には価格だけの価値訴求しかできていない

◆半期や一年ごとに、「供給者責任」という「錦の御旗」により、2～3％のコストダウン対応を強要されている

◆ここで立ち止まり、営業方針を変える。「何でも対応する」という過去からの延長では、勝負しない

◆今後、我々が価値を認めてもらえるお客さまを限定する。現在の取引先を拡大しても、中身がないまま忙しくなってしまう

◆限定したお客さまに認めてもらえる競争できる分野を決める。実際に、今年○○社では、我々の外注と協力して、○○というこれから伸びる物件を受注できた。付加価値も50％以上ある

◆現在の顧客は、ほとんど現在購買窓口しか接点がなく、経営幹部同志の関係構築が出来ていない。会社対会社の取引をしないと、単なる「出入業者」のままだ

◆お客さまの声を聴きながら、「顧客価値」を明確化していくお客さまが困っていることで、

図表6-19 総括のポイント

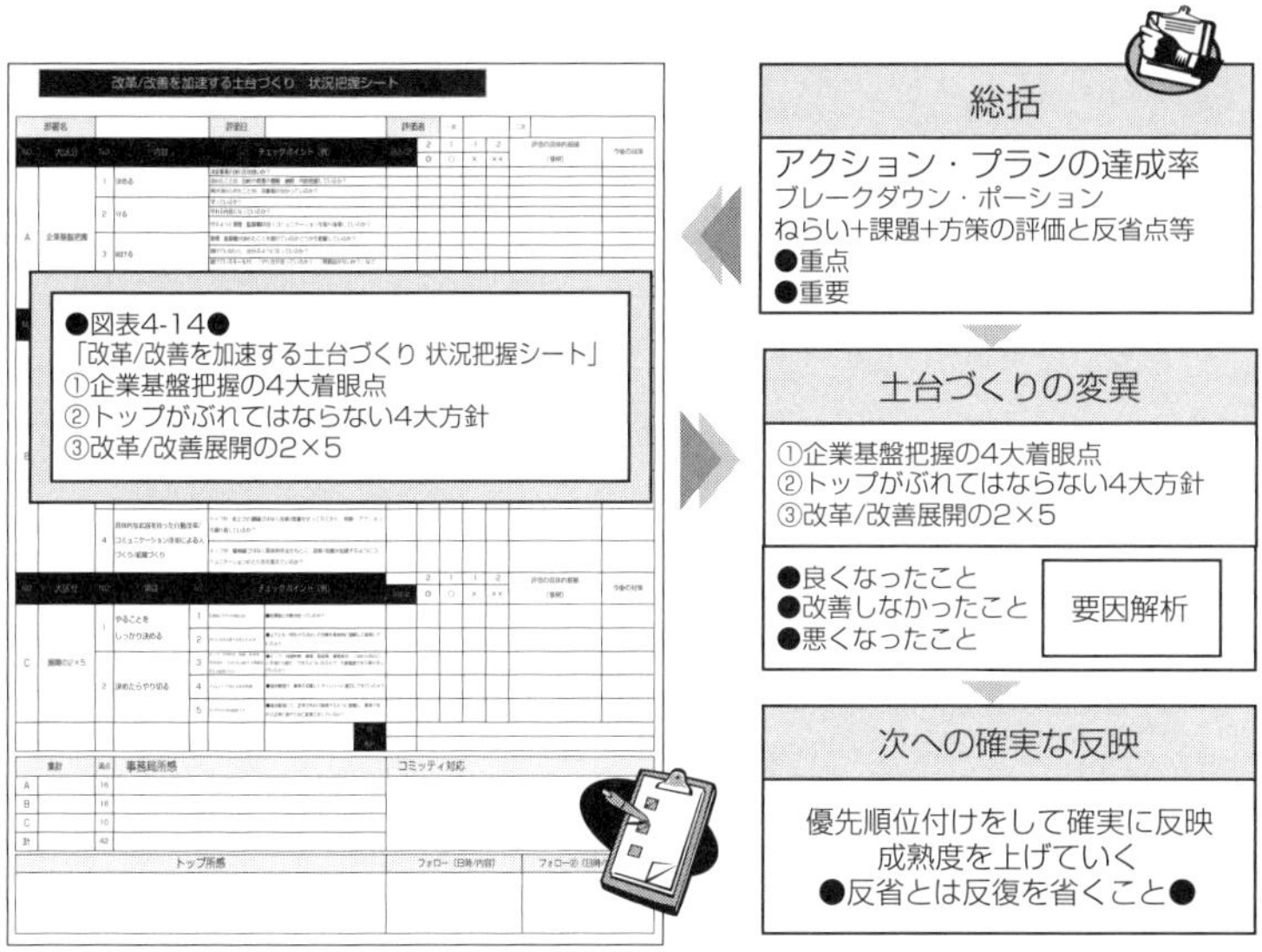

もっと我々が価値を提供できることに特化していく

◆「営業戦略」「技術戦略」「ものづくり戦略」を整理していく

RST社の総括としては、次の点にまとめた。図表6-20「総括のポイント」を実施し、その後図表6-21「顧客との関係の整理整頓」をもとに来期方針を決めた。着手して、半年後社内の動きも変わり、改革/改善を展開し成果が出始めている。

◆図表6-19の評価は次の通り。①「企業基盤把握の4大着眼点」では、「決め方」が杜撰で、「守り方」「続け方」「異常時のホウレンソウ」もいい加減となっていた。②「トップ

図表 6-20 顧客との関係の整理整頓

■何をお客さまが望んでいるのかを分かっていない企業は多い

NO	顧客との関係	詳細	備考
1	業務営業	●発注窓口しかあまり付き合ったことがない ●顧客からいわれたことをいわれた通りに従う ●主に納期対応のために，支給品や外注などの進捗管理を実施する	
2	提案営業 ソリューション営業	●意思決定ができる経営幹部/管理職と付き合いがあり，「本音の要望」の情報交換ができる ●顧客のいわれることを「鵜呑み」をしない ●「当たり前」「常識」を疑ってかかり，ニーズを発掘する ●お客さまに役立つことにより，大きな付加価値を得ていく ●付加価値は，お客さまが気付いていない新しいビジネスを組立てることにより，得られる ●他社と価格競争に巻き込まれないように，差別化を進める	
3	ビジネス・パートナー	●意思決定ができるトップ/経営幹部との強いパイプをつくり，さまざまな場面で意見を求められたり，新しいビジネスの関与・アドバイスを求められたりする ●個別案件だけではなく，お客さまのビジネスの全体像を把握して，お客さまのビジネスのやり方まで，深掘りする ●自社では，サービスを絞り込み，お客さまにはなくてはならない取引先となる	

がぶれてはならない４大方針」では、「経営幹部と従業員の一枚岩で同じゴール」となっていなかった。伝わっていないことが多かった。③「改革／改善展開の２×５」は、「やることをしっかり決める」の「目標値と打ち手の整合性」ができていなかった。結論は、「良きに計らえ型」だったと反省していた

◆図表６－19の評価にて、やっとトップは本来の意味が分かったようだった。理解不足だったと、体感した。本人はできているつもりだった。このトップの偉い点は、反省して二度と同じ轍を踏まないと、経営幹部～管理・監督職に自戒も踏まえ宣言した

◆図表６－20「顧客との関係の整理整頓」を使い、営業体制を自己評価した。結果として、「業務営業」しかできていない。ここから脱皮しないと経営は厳しくなるばかりとなることが分かった

◆図表６－20の「提案営業・ソリューション営業」を目指すために社内改革／改善しなければならない。お客さまが困っていることを中心に対応していく

◆その後、パイプを太くし「ビジネス・パートナー」を目指すような組織づくりをしないと将来はない

■具体的展開■　ポイント14　効果的な節目の「総括方法」　重要度 ☝☝☝

①節目の「総括」がいい加減だと、何となく惰性で同じことを問題意識も感じずやり続ける組織となる

②「総括」は、「今までやってきたことの評価はどうか?」「進捗管理方法はどうだったか?」「何を改革するか?」「何を継続して伸ばすか?」をおさえ、反復の繰り返しを省く

ここまで、「決めたらやり切る」ための、ポイントを述べてきた。また、日本国内企業の事例をもとに、改革／改善のポイントに触れてきた。

最後に、グローバル化の進展により、中堅中小企業であっても、海外現地法人の改革／改善には避けて通れない。海外の日系企業やローカル企業の事例で改革／改善ついて述べたい。

第7章 海外現地企業の改革／改善を進める留意点

●価値観は日本と全く違う。改革／改善は「阿吽の呼吸」「以心伝心」では全く進まない

さまざまな現地従業員から見た日本人観	
1	ビジョンづくりの弱さ
2	完璧追求
3	評価曖昧
4	コミュニケーション能力
5	弱い折衝力
6	遅い意思決定
7	顔の見えない現地トップ
8	説明不足の指示命令

ベトナム人に合った改革／改善	
日本も通ってきた道	
1	注意すべき経営管理
2	運営管理のレベル差あり
3	懇切丁寧なコミュニケーション
4	興味を持つが実践力欠如

▼

1	通訳を使う場合のおさえるべき点
2	情報の絞り込み
3	積み残し課題は限定
4	改革／改善の基本的概念の違い

中国人の特性理解と注意点〔例〕

NO	区分	日本人	中国人
1	基本的行動	じっくり考え積み上げ行動する	まず行動を重視する
		熟考をして精緻に積み上げ失敗を恐れる	逃げ足速い
			熟考はしない
2	時間軸	長期目標をもとに行動する	目先の実利が重要である
		会社のために愚直に業務遂行をする	理念は重要ではない
3	緻密さ	正直さ・勤勉さ・完璧さを求める	ルールは大まかで良い。結果が良ければ自分のやり方でやる
		細部に拘る	ルール決定のための会議は，じれったい

米国でのコミュニケーション

日本	価値観が一緒の「ハイ・コンテキスト文化」
米国	価値観の違う「ロー・コンテキスト文化」

▼

1	Introduction
2	body
3	Conclusion

▼

P	Point
R	Reason
E	Example
P	Point

シンガポール・ローカルの見習うべきこと／改革すべきこと	
◎意思決定の迅速さ	▲オペレーション

第7章 海外現地企業の改革／改善を進める留意点

日本企業の多くは、ここ10数年東アジアを成長エンジンとして、海外展開でさまざまな試行錯誤をしてきた。地域性・国民性の違いに対処しながら、失敗経験を積み重ね苦労してきた。各国の生活も少しずつ賃金の上昇とともに、豊かになっていく。

今回ご紹介する私の海外企業指導の経験以外にも、多くの正解があると考える。ある条件、あるときの事例である。よって、普遍性があり、これが正論だと決めつけるつもりはない。各国の状況も立ち止まらず、日々変わっている。その中で、一例として参考にしてほしい。

今回、中国・ベトナム・米国・シンガポールの事例を紹介したい。事例企業は、業種や人数規模によりある程度特定できるため、実施事項や詳細は省いた。内容は、改革／改善を取り組みためのポイントを記述している。

1 現地従業員から見た日本人観

過去、海外の日系及びローカル企業を指導して思うことは、企業の基盤が日本と違う。日本国内の企業でも細かく見ると、企業ごとのバラツキが存在する。しかし、相対的に見るとバラツキは少ない。日本国内であれば、島国で単一民族のため、価値観は一緒で土台づくりは進みやすい。海外企業は、日本の真逆やバラツキは十倍以上違うような感覚である。「グローバル」といっても、生活水準の違い、基礎学力の違い、国民性の違いなど、多種多様である。よって、その土台づくりは、時間がかかる。しかし、日本人同士でやっている「察する」「空気を読む」コミュニケーション方法では、いつまで経っても土台づくりはできない。

また、実務での教育／訓練の負荷と手間は、経験則として3～4倍以上は十分かかる感覚を持っている。特に赤道に近い国は、おおらかで、細かな決まりを守るのは苦手である。

日本企業は、特にここ十数年自信をなくしている。弱体化している企業も増えているのも事実だが基盤はどこの国よりも強固だ。自信を持つべきである。改革／改善を実施する現場力は非常に強い。仕事に対する「質」は非常に高い。土台の「決める」「守る」「続ける」ことのレベルは高い。

一方、トップマネジメントが物足りない。特に、「決断と実行」が弱い。よく感じることは、細部に拘ることにより、経営判断に時間が掛かりすぎる。やっと判断したときは、すでに環境が変わってしまっている。日本では、サラリーマン社長の場合、内部昇格で人間的魅力があり人望の高い方が、トップになりやすい。しかし、荒波に立ち向かう「気骨」や、「決断と実行」ができる人とは、大きく違う。

複数案をその数で割って出すような「中庸」な経営戦略では、決して成功しない。相対的に、海外企業と接してきて、大きな相違点がある内容を図表7－1「日本企業の傾向的に多い組織運営〔例〕」にまとめた。

この図表7－1には、日本企業の悪いところだけではなく、良い点も存在している。ものごとには、両面存在する。しかし、どのように現地従業員に思われているかを理解して、組織運営をするようにしてほしい。コミュニケーションは、双方向の考えていることの理解である。まず、「認知」してもらい、その意見や考え方を「理解」してもらい、その上で「行動」してもらう。「認知」も「理解」もなく、「行動」だけ強要するのでは、決して能動的な協力は得られない。

日本は豊かになり、海外留学・赴任へ行きたくない若者も増えてきた。これから日本人の考え方・国民性も、5年や10年単位で変わってくる。全く同じで一定ということはない。「グローバル化」といっているが、東北や北海道のトップの方とお話をしていると、気が付くことがある。地方から、東京へ進出するのも、東アジアに拠点をつくるのも、感覚的に同一だ。言語や風習の違いはあるものの、どうせ慣れない場所に拠点を出すのなら、東アジアの方がメリットある。リスクはどこに行ってもある。平均年齢も20代後半と若く、日本の42歳と大きく違う。東アジアは、「つくれば売れる」という日本の高度経済成長時代と一緒だ。どちらが、付加価値を確保で

図表 7-1　日本企業の傾向的に多い組織運営〔例〕

NO	大項目	具体的特徴〔例〕
1	ビジョン	●ビジョン〔未来構想図・将来像〕を掲げて，組織を引っ張ることに慣れていない ●戦略的なものごとを考えることに慣れていないため，何をしたいのかがない。非常に弱い点である
2	完璧追求	●細部に拘り過ぎる。意味の感じない面倒くさい仕事のやり方をやっている ●全般的に，真面目で過剰に手続きにこだわり，融通が利かない ●重要と考える戦略的な大きなことを，あまり考えていない。しかし，細部に「真面目すぎ」「融通利かず勤勉すぎ」「細かすぎ」「完璧主義」でうるさい
3	評価曖昧	●頑張っても褒めることが少なく，失敗すると注意される ●成果が出なくても，頑張っていると評価される ●チームワークで仕事をして，細かな役割責任が決まっていなくても，日本人だけは協力して仕事をしている。違和感がある ●成果を出しても，どのような階層/役職/給与等になれるか不明確となっている
4	コミュニケーション能力	●ものごと実施する際の目的・背景の説明がわかりにくい ●ダイレクトにいわないため，何を求めているかわからない。上司が意見をいうと何もいわない ●補足説明や事例を一杯するが，価値観が違うため伝わらない。聞く方は，自分達には関係ないと考える
5	折衝	●対外折衝では，時間伸ばしとなると簡単に妥協する ●相手に一歩譲歩すると二歩攻撃され，劣勢に立たされる ●お互い誠意を持って対応したら，分かり合えると思っている。ビジネス上「お人好し」は馬鹿されることを知らない
6	遅い意思決定	●じっくり考え積み上げ行動する。熟考をして精緻に積み上げ失敗を恐れる ●長期目標をもとに行動する。正直さ・勤勉さ・完璧さを求める
7	現地トップ	●〔改善傾向にあるが〕現地トップが変わると，方針・実施事項が変わり，継続性がない ●現地幹部や管理・監督職は，また数年の我慢と思って，適当に対応する ●日本人だけで，会議ばかりしており，指示命令はよくわからない内容が多い
8	指示命令	●頭ごなしに日本のやり方を押し付ける ●現地社員が反発すると，日本人上司は怒る。反発できない場合，何もいわれないと問題ないと判断している。しかし，現地社員はやらない。若しくは，やったふりをする

きるのは自明の理だ。まして、多くの失敗例も情報が入ってくる。一からではなく、後発でのメリットも享受できる。

国内を見ると、北海道と沖縄では県民性が違う。首都圏・中部圏・関西圏でも違う。よく見ると、日本人といいながら同質ではない。価値観は県民性で違う。ルールが違うことも多い。例えば、簡単な例で空港バスの乗り方が違う。切符を買って、降車するバス停は一カ所しかない。伊丹空港のバスは、乗る際に運転手に渡す。しかし、岡山空港は降りるとき渡す。乗る側の気持ちからすれば、乗る時に渡した方が良い。つまり、なくしたり、保管したりするストレスが少ないためだ。慣れると気にならないが、このような違いが海外でも多く発生する。

海外で、さまざまな違いに一々反応して、腹を立てても全く意味がない。なぜなら、腹を立てても解決できないためだ。細かな違いは多く、小さいトラブルも日常茶飯事だ。スムーズに行くことも少ない。上海では、道を知らないタクシードライバーがいる。道を間違え遠回りしても料金は一切下げない。タクシーに乗っていたのだから、払えという考えである。他の地域では、高速料金を払っているの混んでいないのに高速は通らないこともある。その差額はどうしているか不明だ。迎えのピックアップの車が来ない場合もある。為替の両替自動機で、お金を入れたのに故障で出てこない。連絡先も分からないこともある。

バンコクで、鉄道の公共機関は「ＢＴＳ」と「ＭＲＴ」があり、切符を買うルールや乗るルールも違う。シンガポールのＭＲＴも。ニューヨークとボストンの地下鉄も。パリの地下鉄も。ホーチミンのタクシーも。マニラのタクシーも。ホノルルの空港バスも。台北の松山空港と桃園空港の空港バスも。香港から東莞に行く空港バスも。

私は、最初一々反応していた。それは、日本を基準に「○は、○○あるべきだ」と固定概念があったためだ。そこで、ひとつひとつに反応して、○○はダメだと「認識」「判断」していても何も生まれない。一人腹を立てて解決できるのであれば、いくらでも腹を立てればいい。思いもしないことも多いが、その国の風習やルールなど、「郷に入れば郷に従え」しかない。自分だけ孤高になっても何も生まれてこない。

よって、日本の常識で改革／改善は進まない。留意した方が良い点を事例でまとめた。具体的な改革／改善は、当書で述べている内容を活用している。原理原則は一緒で同じ考え方で展開している。しかし、企業の実態はさまざまで、バラツキも多い。土台づくりからスタートする企業も多い。その考え方・進め方で、おさえるべき点などを確認してほしい。

2　中国人に合った改革／改善とは

中国の人口は14億人といわれる。国土も広く、枠にはめてこうだというひとつの答えはない。上海などの華東地区、広州などの華南地区、北京・天津などの華北地区、それ以外に農村部など、地域性も多様だ。

中国での改革／改善について述べたい。中国のローカル企業も指導したが、まだ改革／改善への取り組みは、「短期的利益志向」の概念が強い。お金があれば、設備投資するという考えも強い。具体的に、CHN社の事例を見てみよう。

日系企業CHN社は、過去数年前まで輸出製造拠点として、多忙だった。しかし、人民元高や毎年2桁上がる人件費高騰により、相対的コスト高となっている。輸出拠点から中国国内製造拠点への転換のため、改革／改善を進めなければならない。

そこで、大きく販売先を変えるための制約が、日本仕様品質の見直しだった。日本へ輸出している過剰な品質では、中国の同業者と比較すると価格が合わなくなっている。店頭価格を見ると明らかだ。日本製は高く、売り場でも陳列場所・方法が違う。高額消費者が多い都市部では、ある程度販売できているが、圧倒的に陳列スペースを確保しているのは、現地製である。店頭に並んでいる商品を見ると、日本仕様では不良品〔不適合品〕となっている品質だ。

そこで、ＣＨＮ社では、過去数年中国国内向けの商品開発をしていた。日本向けをそのまま中国向けで販売しようとしていたが、価格が合わず売上も限定的だった。現地総経理（中国でのトップ）は、中国売れ筋価格をターゲットに、仕様を見直し「品質ローカライズ活動」を展開した。そこで、総経理の改革／改善は、大きな2つの壁にぶち当たり、苦労が待ち構えていた。それを紹介しよう。

一点目は、日本本社の「組織の論理」「立場の論理」との戦いだ。前述図表6－8『ぶれてはならない「判断基準」』における各部門の視点〈縦〉と顧客の視点〈横〉の違いだ。本社コーポレート機能は、本来現業部門の支援組織であるが、岩盤規制で「制約条件」となっていた。本社は、柔軟性がありすぎると、統率が取れなくなるもの困る。本来は目的と手段をよく考えなければならない。本社コーポレート部門は、総経理の問題提起をもとに、方針をどうするかを検討した。結論は以下の通り。

◆品質は我が社のブランド力の象徴だ。決して譲れない

◆過去、中国工場で、品質管理で苦労した。今までは、ルールを決めても守らないし、社員は教育しても辞める。守らない場合、罰金を科し、品質向上維持の奨励金を払うことにより、5年前にやっと安定してきた

◆ここで、品質基準の「ダブル・スタンダード」となると、必ず安易な方法になびく。決し

て許されない

総経理は、本社コーポレート部門にも属していたこともあり、結論には理解できた。しかし、このままでは、中国製造拠点は縮小均衡となるのは「自明の理」となる。人件費の安い他の東アジア拠点へ移管されてしまう。中国人従業員の中には、欧米系企業へ転職する者も増えてきた。

総経理は、このままでは打開できないため、一所懸命考えた。いくら顧客調査や市場規模を考え、経営計画書を作成して提案しても、前に進まない。もう決まったことと、つれない返事が多い。本社部門は、前例踏襲していると、自分の責任は追及されない。しかし、変えることによりトラブルがあると、自分の責任となるためだ。

トップにいうと、総論は大賛成だが、結論は変えることはできないという。中期方針の「成長エンジンの取り組み」といっているが、具体的施策が打てず落胆していた。何が大事なのか何をすべきかを考えず、このままで終わる企業も多い。

総経理は、正面突破は難しいと思い、違うアプローチで進めた。

本社コーポレートに現状を変えるという関与・英断しなくても良いようにした。社内調整の迷惑を掛けずに、ストレスを与えないように考えた。トップへ「違うブランド」を立ち上げるように具申した。投資は可能な限りしないように、共通すべき工程と隔離すべき工程を決めた。投資金額は、日本国内中古品などを転用して、現地決裁権限で済むようにした。本社コーポレート部門から、一切指摘を受けないような管理システムをつくった。

「品質の現地化」に取り組んだが、随所に日本でやっていることを「そのまま移管」することが多い。押し付けるのではなく、ＣＨＮ社は多様化への対応のため、まだまだやるべきことが多い。しかし、この調整に時間がかかり1年以上の期間がかかってしまったのが悔やまれた。

2点目は、中国人のマインドとの戦いだった。

日本企業の中には、『中国人は、「魑魅魍魎《ちみもうりょう》」でもうコリゴリだ』「嘘つきで騙された」「リスクが多く、手に負えない」と、逃げ出した会社もある。多くの日本人は、よく次のことばで失望したことが多い。ＣＨＮ社も同じことで困っていた。

◆問題ない

◆大丈夫です

日本人はこのことばで安心しやすい。

中国人は、内容が分かっていなくても「今は問題ありません」という意味である。途中の「ホウレンソウ」は不得意である。できなくても、責任感を持って一人で仕事をやろうとする。しかし、できないことが多い。

そこで、ＣＨＮ社はこのようなトラブルを未然防止するために、次のようなマネジメントを進めている。依頼事項の目的を十分に理解及び納得してもらう。その上で、節目を決め、日々／週1／10日ごとなど報告をルール化する。その人の性格を把握して、その人に合った指導する。聞き方が特に重要となる。人前では絶対に叱責しない。そうすると必ず退職してしまう。

1対1でも反応が悪い場合、関係はいえばいうほど悪くなってしまう。最もダメないい方は、追い込むいい方である。「なぜ、できなかったのだ？」「できるといったじゃないか？」である。時間をかけても、ストレートにいわない。追求すればするほど、分かり合うことは一切ない。話せば話すほど、何も得られることはない。

一方、良い聞き方は、「面子」を追求しない方法である。「何か業務上問題はありましたか？」と確認すると、さまざまな意見が出てくる。人を責めず、会社の仕事を進める上で、業務プロセスがおかしいこと、困ったことを確認する。さらに、「面子」を刺激すると効果的である。やって当たり前ではなく、やってもらえば、感謝を口に出して具体的表現で数多く言う。日本人特有の「以心伝心」は絶対に伝わらない。その場での褒めることが重要で、後では効果は半減する。

私の中国人観は、素直でかわいい。ポイントをつかめば、日本人より付き合いやすい。大きな特徴は、「和して勝つのは苦手、勝って和す」ことだ。つまり、仲良くして勝っていこうというのではなく、目先の「実利」を確保して一緒に頑張るスタンスが良い。「実利」とは、「給与面」

以外には「昇進昇格制度の具体化／数値化」「勉強会／研修／ＯＪＴ」などである。

中国人の「面子《メンズー》」を理解しながら、マネジメントをすると分かりやすい。基本は個人対個人の信頼関係となる。具体的には、「自分の立場／存在／プライド／意見／提案／性格／視点／家族／親族」など非常に広い概念である。

ＣＨＮ社は、「高コストの日本人駐在者削減」「経営の現地化のための幹部育成」をもとに、土台づくりを現地幹部主体で進めている。販売しても入金がない、減額されるという商売上のルールと悪戦苦闘しながら、中国国内市場拡販を進めている。販路開拓は容易ではないが、店頭に中級品として中国国内ブランドが確実に並び始めている。

一方、中国人に信頼されていないＣＨＭ社は次のような組織運営をしていた。こうなると、なかなか受け入れてもらえない。ＣＨＭ社は、根本的な組織運営の考え方から修復していった。土台づくりができていなかった。

◆つねに中国人を日本人は厳しい目でチェックしている
◆業務について慎重に取り組む。日本人は騙されたくないという意識が強い
◆日本人は中国人とチームワークを取れていると思っているが、中国人は自分たちを信頼してもらっていないと考えている

◆日本人のコミュニケーションは一方通行で、ことば足らずが多い
◆中国人は、日本人の性格により、その人が喜びそうなことをいい対応を変えている
◆優秀な従業員はほとんど退職してしまい、指示待ち族となり、意見を持っていない中国人しか残っていない

さて、2つの会社の事例以外に、中国現地法人経営は、業種・業態・ビジネス環境も違い一律ではない。中国での改革／改善について過去実績をもとに、基礎的な中国人との考え方の違いを述べる。図表7－2「両国民性の違いで留意すること〔例〕」、図表7－3「日本人と中国人特性比較〔例〕」、図表7－4「中国人の特性理解と注意点〔例〕」に記す。

注意した方が良いのが、日本人の考え方とは大きく違うことだ。サービス精神旺盛だが覚えていないことも多い。その場面で相手が喜ぶと思って、適当に口先だけでいうことも多い。例えば、日本でいう「近江商人」のような温州地域の方は、サービス精神が特に旺盛だ。30秒でも黙っていると「どうしましたか?」「何かしましょうか?」と話かけてくる。10年以上前の話だが、私は東洋整体のマッサージが好きで、その話となった。上手な良いマッサージ店がありますす。次回は必ず予約しておきますといってくれた。楽しみにしています。是非、予約をお願いしますといっておいた。翌月訪問したときに、会食終了後、連れて行ってくれると思っていた。し

図表 7-2　両国民性の違いで留意すること〔例〕

■日本人と中国人は比較すれば相容れない点が多い
■お互い理解して許容していくかが成否を握る

NO	区分	◎日本人◎	■中国人■
1	基本的行動	●じっくり考え積み上げ行動する ●熟考をして精緻に積み上げ失敗を恐れる	●まず行動を重視する ●しかし，逃げ足速い ●熟考はしない
2	時間軸	●長期目標をもとに行動する ●会社のために愚直に業務遂行をする	●目先の実利が重要である ●理念は重要ではない
3	緻密さ	●正直さ・勤勉さ・完璧さを求める ●細部に拘る	●ルールは大まかで良い。結果が良ければ自分のやり方でやる ●ルール決定のための会議は，じれったい

かし、連れて行ってくれなかった。聞くと、それなら事前にいってくれないと分からないといわれた。

これが、日本人的な考え方だなと感じた。ストレートにいわないと伝わらない。「わかってくれているはず」では、さまざまなトラブルへと発展してしまう。

ポイントを整理すると、個人的に損か得かを判断できる能力は非常に優れている。

直接的に、自分にメリットがあれば動く。自分にメリットがある教育・研修制度・ＯＪＴは、好評である。透明性のある評価基準があり、何をどこまで達成すれば給料が上がるかを明確にする。報奨金・奨励金なども含め、マイナスインセンティブもはっきりさせる。

このような前提なしに、何の説明もせず「と

図表 7-3 日本人と中国人特性比較〔例〕

■日本人と中国人の違いを認識しながら，現地マネジャーの強化を進める

NO	◎日本人から見た中国人◎	■中国人から見た日本人■
1	●信頼して仕事を依頼しても勝手にルールを破る ●仕事の進め方が，大雑把すぎる ●ホウレンソウは不得意。ダメになってから判明する	●細部に拘り過ぎる。意味の感じない面倒くさい仕事のやり方をやっている ●全般的に，真面目で過剰に手続きにうるさく融通が利かず，細かすぎる ●感覚は，真面目すぎで融通利かず勤勉すぎる
2	●お互い面子を気にしてかばい合う ●問題点を聞いても，「面子」が影響して本質の答えは全く返ってこない	●頑張っても褒めることが少なく，小言や指摘が多い ●あることを達成すると，さらに完璧を求め過ぎる。細かいことにうるさく，際限がない
3	●話が長く，無駄話多い ●中国人同志には，人間関係構築のため「秘密」「口外してはならないこと」「給料」などは「検討中事項」でも何でも話してしまう	●目的・背景の説明なく，説明がわかりにくい ●ダイレクトに言わないため，何を求めているかわからない
4	●対外的折衝で，いわなければ損という姿勢に辟易する ●契約を締結してもさまざまな難癖をつけて値引きを要望してくる ●痛み分けで自社が譲れるところは，一歩譲歩したが，結局全く先方は譲らなかった	●日本人は，「お人好し」で，気が弱い。一歩譲歩すると二歩攻撃しても受けれてくれる ●トップと懇意となり好かれると「告げ口」しやすい。面白いように，中国の日本人現地幹部を陥れることができる
5	●押し付けられると抵抗感があり，自分が適切だと思う方法で進める	●頭ごなしに日本のやり方を押し付けてくる ●反発できない場合，やらない

図表 7-4　中国人の特性理解と注意点〔例〕

NO	日本人の視点	中国人の視点	注意点
1	話が長く無駄話多い。大きな声で喧嘩をしているようだ	●自分の意見・考えを明確にかつ詳細に表現する ●「面子に敏感」で「相手の反応にも敏感」である ●大きな声で相手にしっかり伝わるように心掛ける ●「サービス精神」が旺盛で，相手が聞く気になるようないい方をする ●黙っているのは苦手で上司・部下にも丁寧なことば遣いをする ●上海等では，断定表現はしない。「〜かも知れない」「〜した方が良いと思う」	●内輪のいってはならないことまで平気でいう ●或いは「決定していないが打合せをしている内容」まで包み隠さずいってしまうことも多い
2	ルールを守らない	●自分が適切だと思う方法で進める ●結果さえ良ければ，手順・手法は重要ではない ●強制や押し付けられると抵抗感あり ●面倒くさいことは嫌い ●日本人ができることは，自分もできると信じている	●目的・背景の充分な理解をさせる ●教えるとき，口頭ではなく書類をもらうことに価値がある ●罰金・ペナルティを付与しないと守らないことも多い
3	個人主義でチームワーク悪い	●基本は家族・友人が非常に重要で，個人主義ではない。集団で会社は順位は低く，属している集団という気持ちはない ●小学校のころより，チーム作業などをしていないため，個人作業には慣れている。チームで作業するのは不得意である。複数意見の取り纏めも慣れていない ●仕事は，個人作業を好み，自分で仕事を片付けようとする。自分のアイデアや自分の方法で仕事に取り組むことは，「できる」「できない」は関係なく重要と考えている ●リーダは決断力・分析力・統率力・実行力が重視される	●出身地・学歴などホワイトカラーとブルーカラーの関係が強い。日本人では，見えない人間関係がある ●監督者の教育をしっかりする必要がある。監督したことがない管理職は，管理できないことが多い ●日系企業では，日本人が喜ぶような資料づくりが上手で，日本語がうまい中国人が重用されやすいため注意が必要である

りあえずやれ」という指示は全く機能しない。やってみないとわからないことは面倒臭いし、特に黙々とやる仕事は苦痛である。ダべっている時間はあるが、面倒くさいことに時間は使いたくない。やったふりは、非常にうまい。

また、縦割り組織のため、共同活動をすることやヨコの連携は弱い。学校の授業などチームで、ものごとを解決する「ワーク・ショップ」などほとんどない。チームで仕事をすることには慣れていない。職権乱用・越権行為には敏感で、自主的な部門間調整や協力を希望しても難しい。このような場合、まず監督職を強化する。監督職の部下の数は、メーカでは業種にもよるが大量生産品では10名で、個別受注品の場合は5名前後が良い。

全く価値観が違う「90后（1990年以降生まれ）」の大卒者が企業に入社してきた。未成熟で、甘やかされて育てられたため、わがままで自己主張も強い。自己中心的で、自己主張して要求しても、じっくり取り組む忍耐強さは弱い。適応能力に低く、プレッシャーにも強くない。一方、プライドは高く負けず嫌いで、面子をひどく気にする。今まで、80后にも苦労してきた。楽して、金を儲けたいと考え、他の人から指摘されることは大嫌いだった。自分にどれだけメリットがあるかで、えり好みをすることも多かった。

その中で、見えない人間関係を注意深くチェックした方が良い。見えない上下関係・出身地による差別を業務のやり取り・協力関係で確認する。さまざまに口裏合わせし、うその報告もする。

会社の組織マネジメントで苦労することも多いが、会社対会社でも苦労することが多い。債権

図表 7-5　単刀直入・シンプル

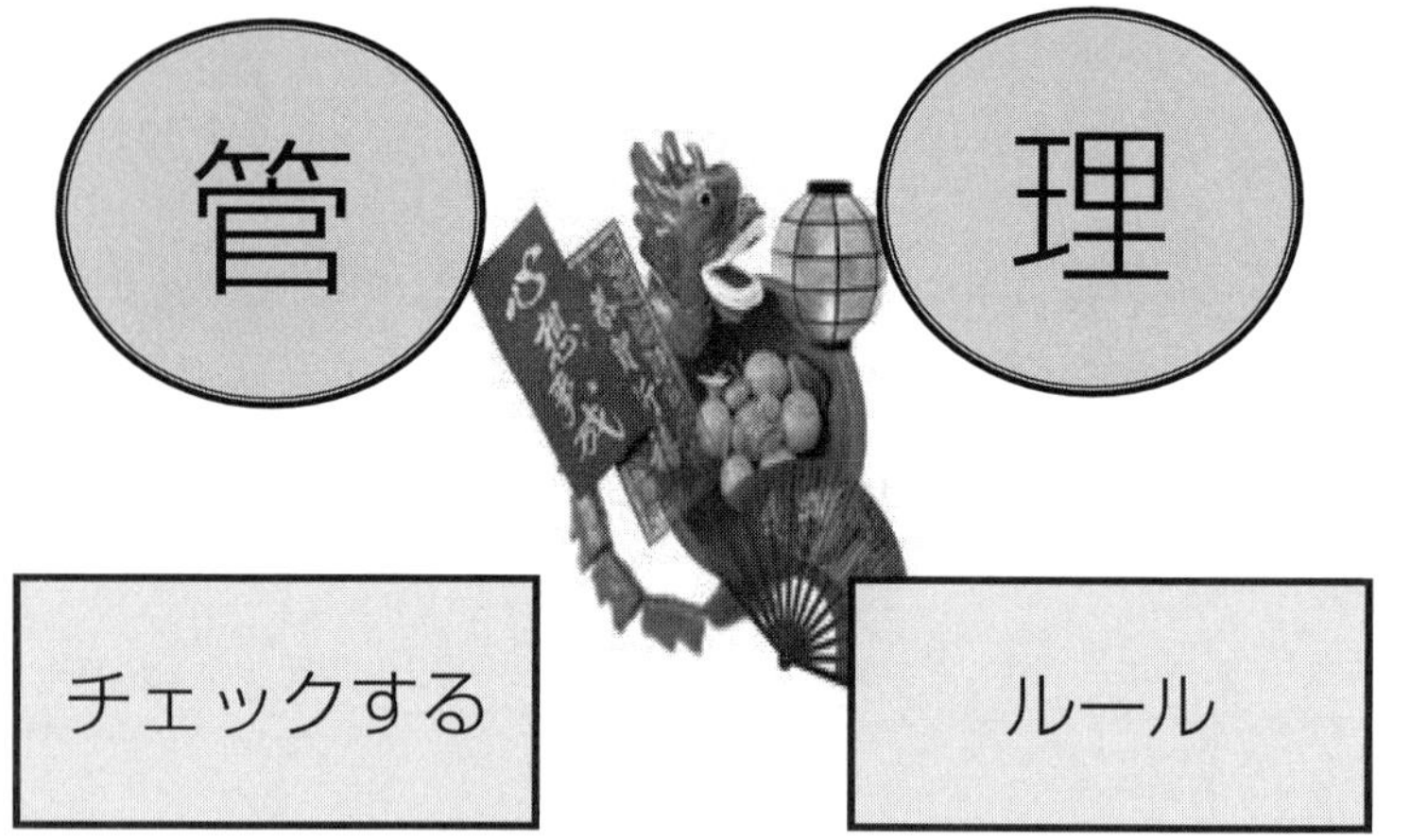

回収のために「完全前金」にしても、その後さまざまな問題が出てくる。仕事を始めると、難癖をつけてくる。契約にないことでも、何でもいってくる。引き取り後も、さまざまなことをいってくる。

さらに、楽観的な中国人と、悲観的で慎重派の日本人と相入れない点も多いが、「違い」を認めて改革／改善を進めたい。そのポイントは、図表７－５「単刀直入・シンプル」に記す。管理とは、中国語で、ルールを決めその内容をチェックするという意味である。

3　ベトナム人に合った改革／改善とは

ベトナムはここ数年、中国の人件費高騰を受け、日系企業の進出が増えてきた。社会主義国であるが、これからさらにベトナム経済発展もあり、もっと増えていく。ベトナムの最も良い点は、親日的である。日本人に、非常に好意的だ。日本に学ぼうという視点も強い。ベトナム企業へ訪問の度にさまざまな贈り物もされる。大きな置物や額に入った民芸品などもらうことも多い。日本国内で、ベトナム人研修生が受け入れている多くの企業のコンサルティングも実施した。全般的に、真面目に一所懸命よく働く。明るく笑顔も良い。日本語も上手な方も多い。日本に来るときは、事前に日本人の気質をよく教え込まれている感じだ。

しかし、現地に行くと違った。元フランス領ということもあり、フランス人に似ている点が多い。まず、プライドが高い。自己主張したがる。感情は繊細である。地位・階級・マナー・学閥を重視する。最も特徴的なのは、議論好きである。お互いの考えを伝え、理解をするため議論を好む。決断する際にはさまざまな側面を考慮する特徴もある。結果的に、会議は長くなる。自分が正しいと思うと徹底的に拘ってくる。

現地ローカル企業ＶＴＮ社について状況を見てみよう。

最初、コンサルティングで困ったことは、「○」か「×」かを確認しているだけなのに、議論が始まる。私は、その議論をただ横で見て待っているだけ。15分後に、全く違う答えが返ってくる。もう一度、違う質問をすると、また15分待たされる。人数が最初３名程度で議論していたが、少しずつ人数が増えてくる。終わりには15名にもなっている。これでは、いくら時間があっても足らない。次から、質問方法を変えるようにした。まず、目的をいう。例えば、次のように。

◆○○の理由で、○○を知りたい。よって、○○はどうなっているか分かるデータを出してほしい

◆この工程を○○で分析すると○○％生産性が上がる。よって、○○を一度やってみたい。○○はどうなっているか教えてほしい

このように起承転結で依頼すると、会話がスムーズとなった。

また、女性の経営幹部も多い。身長が低いため、遠目では若く見える。Ｔシャツを着て仕事し、名刺交換すると、経営幹部のＮＯ．２～３で驚くこともある。過去のベトナム戦争で、男性が多く亡くなったからだという方もいる。頭の回転も速く、ロジカルに理解し、ピン・ポイントで質問し、優秀な方も多い。

昼休みには、事務所では毛布を敷いて昼寝をしている。夕方は道が混むため、定時に仕事を終了し皆帰宅する。例えば、夕方近くになると、あれほど議論していたことが、急に決まるときもある。午前中に入口で、喧々諤々議論していた「細かなこと」に時間を使い、大事なことを終業前だからそそくさと決まることもあった。

ローカル企業は、まだまだやることがたくさんある。製造業でいえば、現場の生産性アップも大事であるが、経営に直結する数値を体系的に捉えている幹部がいなかった。VTN社もそうだった。データを取っているが有効に使われていない。ホワイトカラーとブルーカラーが明確に分かれているため、現場の声も聞こえない。その間で、さまざまな軋轢もある。

ちょうど20年前中国がそうであったように。これから、管理レベル・アップや生産性アップなどさまざまな改革／改善のニーズは増えていく。ローカル企業の改革／改善の着手は、まだまだ先だ。現状、平均年齢の若さにより、「産めよ増やせよ」と人口が増えている状況だ。つくれば、売れる状況で、会社の成長と共に、利益も確実に上がっている。これからのVTN社が楽しみである。

VTN社などの特徴を、図表7－6「ベトナム・ローカル企業の顕著な特徴〔例〕」に示した。

次に、VTN社以外日系ベトナム企業でも、コミュニケーション・ギャップは多い。図表7－7『日系企業でのコミュニケーションの改善点「決める」前の土台づくり〔例〕』、図表7－8

図表 7-6　ベトナム・ローカル企業の顕著な特徴〔例〕

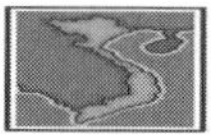

NO	区分	主な内容
1	経営管理	●トップの前では，従順でいわれたことは全て受け入れる ●しかし，決して分かっていないため自ら動けない ●女性の幹部が多く，実質的な権限を持っている
2	運営管理	●データが整備されていない。聞く人によってデータの定義，数値が違い，整合の取れたデータで一気通貫で分かっている人はいない ●製造現場では，監視しないとサボる。改善活動の定着化には，トップの考え方を変え末端まで，浸透させなければならない
3	コミュニケーションのとり方	●依頼内容や結論だけいうと機嫌が悪くなる。背景・目的・根拠を，必要以上に細かなことを知りたがり，自分で消化しないと受け付けない ●並行作業や議論に慣れていない。日本の仕事を進めるスピードには全く慣れていない。無理に進めると却って時間がかかる ●ひとつずつ消化してステップを経ないと前に進まない
4	興味あるが実践力欠如	●新しもの好き ●しかし，知識があっても実践～定着はほとんどできていない

図表 7-7　日系企業でのコミュニケーションの改善点「決める」前の土台づくり〔例〕

NO	区分	主な失敗事例
1	合意形成の不足	●日本人特有の「空気を読む」「以心伝心」「阿吽の呼吸」を要求した。日本語を話すため，分かってくれていると思っていた ●日本人とは，基本的な国民性や考え方のバックグランドが違うことを理解していなかった ●詳細に説明しないと分かってくれない。目的・背景・納得できる根拠を示していなかった
2	伝わらないコミュニケーション	●日本人トップの多い失敗例がある。説明後「なぜか?」と質問されると怒ることである ●ベトナム人は，分からないから聞いている。それに懇切丁寧に答えてあげれば良い ●日本人は，特に40代半ば以上になると頑固となる。自分への侮辱・自分への反発・権限などへの挑戦と受け止めやすい ●理由は「会社(私)の方針だ」「上からの指示だ」「私が希望するからだ」などは理由にならない。「なぜか?」が重要である ●その後，現地スタッフは，反対や意見をいわなくなり，何をいわれても「わかりました」と返事をする ●結果的に自己流な対応をしてしまう ●ローカルスタッフは，判断基準等が分かると自分で優先順位をつけ期限を守る行動にもつながる

図表 7-8　ローカルスタッフの注意すべき指導ポイント〔例〕

NO	区分	主な内容
1	前提	●通訳の良否がコミュニケーションに大きく影響する。適正な複数の通訳を使う。通訳がストレートに訳さない場合も多い ●相手と議論を始める場合もあり，正確に伝わらない ●何度もシツコク目的を分かりやすく納得してもらうことがスタート。明確でストレートに説明できる能力がないと全く動かない
2	情報の絞り込み	●細部に拘ることが多く，横道にそれて時間がかかる。議論すべき内容を絞り込み，不要な参考事例などあまりいわない ●サービス精神で，あまり情報を与え過ぎない。分かったつもりで聞いている。しかし，消化できないことはいえばいうほど大きく動揺させてしまう
3	積み残し課題の集約	●積み残し課題も，2つ多くても3つ以内とする ●3つ以上だと，対応が取りにくい。パニックになるときもある ●抜け漏れが必ず発生する。ベトナムスピードに合わせる ●写真・動画を多用して理解を深めると，抽象論にならなく進みやすい
4	改革/改善の基本的概念	●効率や生産性という概念はない ●忙しくなれば人や機械を増やせばよいと思っている ●大卒は少なくプライドが高くワーカと一緒に仕事をすることには慣れていない。定着率も良くない ●戦争体験により，将来よりも目先の給与が大事である。定着率を上げるためには，給与を同業他社と同額以上にする。重要なマネジャーには，意思決定時の会議に必ず出席させ，将来展望を共有する。地道に時間をかけてお互いの理解をする

4 米国での合意形成の難しさ

米国では、プレゼンテーションで日本のような「起承転結」の話し方は嫌われる。欧米人にとって、ストレスを与えてしまい、なかなか聞いてもらえない。議論でも、日本人・中国人・韓国人・ベトナム人など、上位者が意見をいうと従う。自分の意見があってもいわない。一方、米国では会議で発言しない場合、出る価値がないといわれる。

日米の合弁企業USA社で、米国で会議に参加した。経営方針の打合せをしていた。日本人の幹部が意見を述べると、日本人の部下は一切何もいわない。米国幹部は、全く反対の意見をいい、問題提起する。君はどうなのかと違う日本人課長に意見を聞く。発言を促すが、意見をいわない。米国幹部はストレスを感じていた。

意見があるなら、いわないと分からない。日本人は何を考えているのか分からない。日本人幹部が、耐えられずに、自分の意見の補足をしている。これが、日本側の統一意見だといわんばかりに。米国幹部は、もっと違う意見を聞きたかったのに、同じ意見は聞き飽きたという表情をしている。

USA社は、一向にコミュニケーション・ギャップは解消されず、有効な手も打たれなかった。「チーム・ビルディング」のワーク・ショップも精力的にやったが、効果は限定的だった。

米国側の幹部は途中で退職してしまった。その後、高額で米国側の後継幹部を招聘したが、しっくり行かなかった。

会社組織として、コミュニケーションの問題といえば簡単だが、これでは次の対策が特定できない。お互い合弁はもうコリゴリとお互い思っていた。その要因は確実におさえないと、将来の展望はない。整理すると、次のような状況だった。「基盤整備」でシンプルに考えると、打開策が明確だった。

◆改革／改善の土台づくりの認識が出来なかった
◆決まったようで決まっていない。ゴールは数値目標だけで、方策は合意されていなかった
◆守っているようで守っていない
◆続けているようで、何を続ければいいか不明だった。軌道修正で揺り戻しばかりだった
◆異常時も何が異常時かを決めず、短期的な業績を見て右往左往していた

現地米国では、日本人は何を考えているか分からない。日本人はダメだと評価されている。しかし、卑下する必要はない。我々と習慣が違うからだ。そのバック・グラウンドを理解してみよう。コミュニケーションのとり方で、2種類あることが起因している。

◆価値観が一緒の「ハイ・コンテキスト文化」
◆価値観の違う「ロー・コンテキスト文化」

米文化人類学者のエドワード・ホール氏が唱えている。

「ハイ・コンテキスト文化」とは、「価値観」「ものの見方」「判断基準」「考え方」「情報」がメンバー間で共有されている状態となっている。阿吽の呼吸で考えていることが伝わる。特に、唱えられた30〜40年前は、顕著だった。日本人の教育は、画一的な記憶中心で知識偏重だった。また、「テレビ番組」「娯楽」なども似通っていた。多様性は少なかった。ムラ社会の縮図となっていた。そのまま現在でも組織運営に浸透している。

一方、「ロー・コンクキスト文化」では、「分かりやすく伝えること」「意見交換できるコミュニケーションスキル」が重要となってくる。互いの違いを理解し、合意形成を得るためには、この段階は避けて通れない。自分の意見を表現してアピールすることが重要である。お互いを理解するためのコミュニケーションの量／時間は、2〜3倍は必要となる。

そのために、どのように話せば伝わるか、分かりやすいかを整理したい。

図表7－9『「起承転結」で話をするポイント』、図表7－10「米式3ステップ・プレゼンテーション」、図表7－11「ＰＲＥＰ法による受け取り手に配慮した説明方法」の3種類がある。日本で最も多く使用されているのは、「起承転結」である。欧米人にとっては、この論法ではスト

図表 7-9 「起承転結」で話をするポイント

■中国の六朝時代（紀元 200 － 600 年頃）の民衆の間に始まった漢詩の形式

起	●何をいうかを説明し，動機付ける ●相手が興味を持つように，テーマを説明する
承	●説明を展開する ●それを受け継ぎ，さらに内容の理解深める
転	●内容を見方や場面を変えて、事例などを説明し理解を深める ●聞き手へ具体的にイメージできるようにする
結	●全体をしめくくる ●重要な点は繰り返して「おさらい」をする

図表 7-10 米式 3 ステップ・プレゼンテーション

1	Introduction	最初に結論をいう。何をいいたいのか?」「どうしたいのか?」をいって，その結論を先に述べる。複雑なことばではなく，簡単な短い文を述べる
2	Body	根拠/理由などを説明する。ひとつの文にひとつの根拠/理由を示す 決してひとつの文に二つの内容を盛り込まない
3	Conclusion	最後に1と2を要約する 分かりやすく全体像をまとめる

図表 7-11 PREP 法による受け取り手に配慮した説明方法

Point	結論/ポイント/要点を初めに述べる
Reason	根拠をいう客観(事実)と主観(意見)を分け理由を述べる
Example	分かりやすく「具体的事例」を使い理解を深める
Point	最後にもう一度結論/ポイント/要点を繰り返して述べる

レスを与えてしまう。結論が最後に来ると、今何について説明したいのかの頭の整理が出来ず、関連性が分からない。修飾文ばかり多く、本論が伝わらないことも多い。

ストレスを与えないのが、「米式3ステップ・プレゼンテーション」と「ＰＲＥＰ法」のふたつである。「米式3ステップ・プレゼンテーション」は、結論をいって相手を聞く気にさせる。その後、内容を説明し、理解を深める。最後に要約する。「ＰＲＥＰ法」は、結論のポイントをいい、その理由を説明し、参考例で理解を深め、もう一度結論のポイントをいう。


議論をするのは、さまざまな多面的な意見が出てきた方が良い。その際に、「イケイケドンドン」により、「リスキーシフト」という確率が低く危ない「リスク」が高い選択肢を「勢い」で選びたくない。さまざまな視点により、より的確な結論を選択したい。

その際、個人でもできるし、複数でもできる議論の着眼点として、図表7－12「多面的議論ができる役割分担」に示す。「白」は、「事実」を重視したデータが好きで、「赤」は、感情で人を動かし、直感重視で芸術家タイプとなっている。「ブラック」は、ダメ出しし、アラさがしをする。問題点を指摘する。問題点を指摘されると、日本人だと嫌な気分となるが、視点の違いでリスクを減らす有効な意見となる。「イエロー」は、和を重んじ、楽観的で、チームを束ねうまくやっていく。「グリーン」は、創造性を持ってリードする。「ブルー」は、プロセス重視で段取りが好き。ビジネススクールや教授に多い。「透明」は、無反応で会議の時間が永遠のように、早

図表7-12　多面的議論ができる役割分担

■「シックス・ハット法：Six Thinking Hats」（エドワード・デ・ボノ氏心理学博士）によって開発された議論を活性化させるアイデア発想法

■既成概念ではなく，さまざまな視点 / 側面で，より深く問題解決をする思考〔全てかぶる必要はないが複数かぶっても良い〕

NO	名称	行動特性	改革/改善の対応〔例〕	本来の役割
1	客観的思考〔白〕	事実/データ 情報	●中立的視点 ●事実の意見	●自分の「組織の論理」「立場の論理」を視点に事実・情報をいうのではない ●主観的ではなく客観的に事実・情報を考える
2	感情的思考〔赤〕	直感 感情	●感情的表現 ●好き嫌いで反応	●論理的に考える左脳ではなく，右脳を使う ●直感・勘・本能的な反応・感情で考えて，意見をいう。判断はしない
3	否定的思考〔黒〕	批判的・ 消極的 デメリット	●批判・評論・評価で終わり ●自分ではやらず ●格好良く正論に見える	●実行する場合の想定される問題・欠陥・障害・デメリット・リスクなどリストアップする ●アクション・プランの実施項目をより具体的にするためにこの意見を反映させる
4	肯定的思考〔黄〕	希望的 積極的 メリット	●前向き ●協力的 ●価値検討	●論理的にメリットや利点を整理する ●何に価値があるかを考える
5	創造的思考〔緑〕	斬新な アイデア 可能性	●改革/改善が促進するように具申・提案 ●奇抜/喰い散らし	●提案・探求して，積極的かつ建設的な意見をいう ●さまざまな可能性を発掘する
6	思考的思考〔青〕	俯瞰 全体まとめ 冷静的・ 思考プロセス	●目的/目標達成意欲 ●全体整理 ●優先順位付け	●何を考えるか決める／考える順番を決める／決断する ●議論が途中で脱線しないように軌道修正する ●全体を見ながら，最適な体制を検討する
7	無反応〔透明〕	傍観者	●いわれたらやる ●能動的に動かない	●6ハットには存在しないが，実際には参画していないメンバーが多い

く終わってほしい。

特定の考えに固執すると、環境が変わると、身動きができなくなる。過去の成功体験から得た教訓もやがて陳腐化する。たとえば、会社の「売れ筋」が陳腐化して、別のものに大きく変えなければならない場面がある。日本人だと、ずるずる決定を先伸ばしにして機を逸することも多い。

現状を受け入れたくないと目を背けても、事実は事実となる。「シックス・ハット法」は、日本人の情緒的に流される議論を改革するのに非常に有効である。自分の意見に「ケチ」をつけるという自尊心を傷つけるつもりはさらさらない。慣れにより、日本の会議の生産性を上げていきたい。

米国の改革／改善は、短期志向が多い。10年というスパンでさまざまなことに対処している企業もあるが、実際は少ない。

5　シンガポール・ローカルの見習うべきこと／改革すべきこと

シンガポールは、ものづくり企業は少なく、サービス産業が多い。

一人当たりの生産性も高い。淡路島ほどの国土に5百万強の人口がいる。２０１４年10月ＩＭＦ発表の「世界の一人当たりの名目ＧＤＰ（ＵＳドル）ランキング」は、シンガポールが

8位で日本は24位である。額を見ると、シンガポール１００に対し、日本は70である。

シンガポールにも現地の生産性本部があり、国の機関となっている。現地生産性本部は、サービス産業の生産性向上を目指している。生産性向上については、日本に学ぶ姿勢も強く、日本の生産性本部とのコラボレーションも多い。企業の価値を産む基本は人的資本である。今後、世界経済は混とんとして不安定になっていく。生き残るための最重要戦術として、ますます人的資本を強化しようとしている。

支援したSGP社の事例を見てみよう。SGP社は、中国系の家族経営で、事業意欲も高く更なる成長を目指している。経営に関しては米国を参考に、戦略を明確化してトップダウンにより、改革／改善を進めている。

SGP社の改革は明確で強力だ。日本企業でも見習うべきだ。家族の主要幹部で、データをタイムリーに入手し、決断と実行が速い。ロジカルに進めている。決めれば迷わない。まず、方針を決めたら確実に進める。金額の大小は関係なく、大胆に実行している。中には失敗していることもあるが、失敗と分かれば修正の動きが速い。プライドや言い訳など関係ない。軌道修正がうまい。この経営はぶれていない。見習うべき方針を述べる。

売上高が増えていないのは、顧客に価値提供できていないと考えている。見直しを早急にして、競合を意識しながら、的確なアクションを打つ。業績に関して、停滞への危機感は強い。そこでの何をどう進めるかの方針の分かりやすさである。難しい環境分析や会社の事業計画は全員に説明や周知する必要はない。

理想は事業と従業員が、会社の成長が重なり合うことを念頭に、従業員を育成している。分かりやすく期待することを掲示し、自分は何をやればいいのかを各階層に分かってもらう工夫をしている。その内容は共感を得るように、掲示物・教育・コミュニケーションを工夫している。日本と違い難しい話をしても、8割は聞いていない。早く終わらないかを考えて、目を伏せている。コミュニケーション能力の高い幹部に資料づくり・発表内容づくりをさせている。伝わらないと全く画に描いた餅だ。方針の理解と各階層の距離がつながるようなシンプルなコミュニケーションを心掛けている。

SGP社と比較すると、日本企業は内向きになっている。下り坂を転げ落ちているのに関わらず、眺めているだけ。時計が止まっている。待ちの姿勢で、景気が好転することを希望している。和を重んじるため、競争しない。企業も人も同僚も。「安心」「安定」「安全」を追求しすぎている。そのために、目先のことしか考えず、日本の停滞を招いている。対立を恐れず、変化を起こさなくてはならない。切磋琢磨しないと生き残れないことを感じているが変え方は分からないのが実情だ。しかし、動いていないから何をしたらいいのか分かっていない。

一方、ＳＧＰ社の現場の改善レベルは、日本企業と比較してあまり高くない。現場の従業員のさまざまな管理が行き届いていない。バラツキも多く、「バラツキ」は改善のネタ。日本のサービス業のレベルと比較すると、まだまだ遅れている。きれいなハードだけで、圧倒されないようにしてほしい。

日本で落ち着いてサービスを享受する「当たり前品質」は、シンガポールでは望めない。やはり、日本の方が心地よく、気持ちも良い。日本企業も、これに安住しないように、ビジネスチャンスを獲得してほしい。

「安心」「安定」は逆境を乗り越えるチャンスを阻害する。さらにこれからも必ず逆境が出てくる。どう乗り越えるべきかが改革／改善である。ピンチはチャンスとなる。乗り越えるとさらに強い企業となる。トップ自身もそうである。経営状況が悪くなると、トップは大きなことには目が行届かず、細かなことに目が行く傾向も多い。結果的に、過干渉になってしまう。現場が伸びるチャンスを摘み取ってしまう。

逆境を乗り越える能力を「レジリエンス」という。会社でも「レジリエンス」を強化させたい。できないと苦しむだけでは意味がない。ムリだと考えると、ネガティブな思いが充満する。怒り・諦めなど「できない理由」が頭の中で一杯になる。「やればできるよ」という「レジリエンス」の芽を摘み取ってはならない。トップ自身で気が付いてほしいことがある。自分の中の「レジリエンス」とは、その人の逆境を乗り越える「きっかけ」である。それを気付くことにより、改革／改善を加速させたい。ＳＧＰ社のトップは、常に前向きだった。会話の中で感じたことは、自分の「レジリエンス」で「強み」や「性質」を理解していたことだ。

「レジリエンス」の見つけ方の基本は、今のままで、周りに左右されないポイントを把握する。このままで良いということ。「根気強さ」「おおらかさ」「周囲の愛情」「正義感」「勇敢さ」「忍耐力」「親切心」「熱意」「柔軟性」「曖昧さに耐える」「創造性」「思慮深さ」「誠実さ」「希望」「ユーモア」「感情のコントロール」「チームワーク」「経済的安定」「リーダシップ」「謙虚さ」「好奇心」などである。トップは、自分を励まし、組織を鼓舞・応援し、認めてやって頑張っていく。日本人トップには、このようなメンタルのタフネスさを強化してほしい。

最後に

今回、中小・中堅企業を対象に当書を書いた。しかし、コンサルティングを実施する際の原理原則は、変わらない。製造業を例として図表「一般的な組織比較〔例〕」に記載した。

中小企業庁における中小企業の定義は、業種により規模が違う。具体的には、「製造業・その他の業種」の場合、従業員数３００人以下、または資本金３億円以下で、「卸売業」は同１００人以下、または同1億円以下、「小売業」では同50人以下、または同５，０００万円以下、「サービス業」では、１００人以下、または5，０００万円以下となっている。

この比較表は、規模が重要という意味ではなく、「改革／改善」の取り組みの対象比較をしている。最も進みやすく、「伸びシロ」が多いのは、中堅企業である。企業基盤づくりをしっかりして、さらに成長していくか、現状維持或いは縮小していくかは、トップを主体とした「改革／改善」に関わっている。

例えば、「従業員のロイヤリティ」「組織運営」「幹部の部門間調整」「改革／改善の展開」「改革の深度」など比較を見てほしい。真剣にやれば真っ当な成果も出やすい。トップ次第である。

一般的な組織比較〔例〕

〔300 名以上を中堅企業とする例が多いが，本書では 200 ～ 500 名としている〕

比較内容	中小企業	中堅企業	大企業	備考
一般的人数規模〔製造業例〕	300名未満	300名～ 1,000名未満	1,000名以上	
当書人数規模〔業種関係なし〕	200名未満	200 ～ 500名未満	500名以上	
トップ	個性強い 個人ごとの性格をもとに処遇/配置が多い リーダシップ強い ワンマンになりやすい 血縁関係による承継多い 命懸け 目先主導で長期的視点による改革はやや遅い バランス良い判断が弱い	組織的な企業運営をしている 情報発信力が必要となる 組織の効果的コミュニケーションが難しくなる 現場から遠くなりやすい 情報が入りにくい 業界団体など要職に就くことが多い	穏やか/紳士的 情報発信が特に必要となる 内部登用だと先輩の否定できず改革難しい 現場から遠い 官僚的組織による「組織の論理」「立場の論理」が多い 動きが遅く浸透まで長期間かかる	
組織風土	トップの価値観が全ての基準となる トップの判断基準に沿って行動基準ができる 声の大きな者が優遇されやすい	トップダウン～ボトムアップなど効果的運用必要である 若手は元気があるが，中間になると元気がなくなりやすい	意思決定遅い 内部調整に時間がかかる 組織を大事にする	
トップと従業員との距離	近い 家族構成なども熟知していることも多い	やや遠い 主要な管理・監督者は近い	遠い 意識的に現場主義を貫かないとさらに遠くなる	
トップの在任期間	20年近く長い 全般的に長い 一貫性・継続性あり	10年弱で変わる トップ次第によって会社は変わる	4年程度と一般的に短く,できることは「ひとつかふたつ」しかできない	
計画的人事異動	ない	ややある	ある	
教育訓練	新入社員教育のみ 一部階層別研修	ある程度あるが不十分である トップ次第となる	ある 体系的な階層別教育 戦略と直結したカリキュラム多い	

比較内容	中小企業	中堅企業	大企業	備考
従業員のロイヤリティ	トップ次第 若い従業員ほど,待遇面の良さ・悪さにより希薄になる場合が多い 個人ごとのバラツキ少 長期在職者は高い	トップ次第 それなりに高い バラツキ中	自己実現の可能性/やりがいのある企業は高い しかし,最近は終身雇用が崩れているため,希薄化している バラツキ大	
採用の熾烈さ	集まりにくく,選択余地は少ない	景気変動のより変わる	一般的に人気業種ほど熾烈となる	
組織運営	「結果よければ全て良し」と判断されやすい 経験豊富な「主」がいる 人を計画的に育てるのは苦手。人は育つもの	部門長次第となり,運・不運がある 経験豊富な「主」がいる場合があり,そのメンバーの気に喰わないと何も進まないこともある 不十分であるが計画的に人財育成をしている	会議が増えやすい 「立場の論理」「組織の論理」が大きい メールが多い。1日休むと大変となる 元幹部などの意見が反映される 結果と具体的プロセスの評価が多い 計画的に人財育成している	
幹部の部門間調整	トップが状況を全て把握し指示命令する	ある程度あるが,不充分なことが多い できる人に集中しやすい	トップが指示しないと他部門のことには関与せず 調整は極力しない	
賞与を含めた賃金	少ない	中間	高い	
改革/改善の展開	個人で動く トップ次第 報告/判断/軌道修正が迅速で結果は速くわかる 目先の現象に大きく影響される 折角積み上げたことも,簡単にオールクリアになる場合が多い	組織で動くが,部門長によるバラツキが大きい きれいに活動体系・資料をつくり始める 万人が満足するような内容となりやすくなり,替わり映えしないことが多い 先行する部門/やらない部門が決まっている	一部の活動になりやすい 誤魔化すのはうまい トップが変わると,新しいコンセプトなど,振り回されることが多い 活動が終わると無罪放免となり,各部門の日常業務として自主展開となると,すぐに全て終わる	
改革の深度	深く・言い訳しにくい 無用な資料づくりは不要である	特に,トップ次第となる トップが真剣でないと,表面的となる	表面的になりやすい 資料づくりに腐心する 部門長の在任期間に成果がでないことには興味なし	

努力は正直である。何もない未来のキャンバスに、同じ画を描くのか、書きたい画を描くのかは、トップ自身で決められる。

私の原点というべき「ものの考え方の基本」「キッカケ」をお話したい。

若い頃、何か自分の人生を熱くしたいと思っていた。具体的な人生の目標もなく、ただ漠然と過ごしていた。そんな中、ある小説を読んだ。加賀乙彦著の「宣告」という小説である。上下刊の長編小説で、死刑囚の気持ちを主体に書かれている。文学にはあまり興味は持っていなかったが、書店で平積みがされており、何とはなしに面白そうなタイトルだと思い購入して読んでみた。内容は、死刑囚の心の葛藤が書かれ、ある女性との刑務所での面会等を通じて書かれていた。読みやすく、内容に引き込まれた。あるときは死刑囚の気持ちについて書かれ、あるときには女性の気持ちで書かれている。自分もその死刑囚や女性になったように、感情の起伏に共感を持った。

そんな中、死刑が執行された。

死刑囚はもういない。

場面は変わりそこで衝撃を受けた。

主人公が死んだのに、何もなかったように毎日が過ぎていくことが、淡々と描かれていた。毎朝、新聞は配達される。山の手線（都内の環状線）は、5時前の始発から深夜1時頃まで運転されている。春は毎年来て、きれいな桜を咲かせ、見頃は10日間でやがて散り、梅雨が過ぎ夏に近づく。7時・19時には、NHKでニュースが毎日放送される。毎日バスは走り、通勤客は会社へと急ぐ。多くの人が、駅のターミナルへ吸い込まれ、吐き出されていく。皆、一人ひとりのさまざまな思いを抱きながら。

その死刑囚の気持ちになっていた私はショックだった。何があろうと、時間は流れていく。何の変わりもなく、過ぎていく。時間の流れは無限だが、自分にとって「今」は、絶対取り戻すことができなく、時間は「有限」だという当たり前のことを当たり前に感じた。さまざまな今までの自分の問題意識が、曇り空から青く澄み渡った空のように感じた。

私が学んだことは、何もしないで後悔するくらいなら、「やってみること」「やってみて後悔しないこと」。自分の人生を後悔することは、絶対に嫌だと思った。現状に不平・不満の気持ちを持って、生きていくことは意味がないと考えた。何もせず、無為に時間の経過に任せて流されることが最も避けたいことだと痛感した。

何かをやってみて失敗したとしても、自分の人生に納得できることだと。評論家的に、「世の中が悪い」「タイミングが悪い」「もう少し、○○になったら…」と、何も動かないことは「自分にとっての悪」。

他の人の死と自分の死だけは違うと、勝手に思っている。自分だけは特別なのだと。当然であるが、自分が気にしていることは、世の中のほとんどは全く気にしていない。毎日は、何があろうと流れている。自分がどんなことをしようとほとんど見向きもされない。それが自分という存在を見直すきっかけとなった。その衝撃は、読んでから30年以上経過しているが、全ての自分の考え方の基本となっている。

さまざまな世の中のできごとがあっても、自分だけが特別ではない。ならば、自分で納得のいくことをやろうと考えた。サラリーマンを経て、経営コンサルタントにもなった今でもこの考えは変わらない。企業経営にも通じる考え方となっている。

自分にどのようなことを起こっても、起こらなくても。
自分がどのようなことを思っていても、思っていなくても。
自分が何をやっても、やらなくても。

絵というアウトプットは、経営に似ている。白紙に構図を決め、どのように絵を描いていくかを決める。風景画・人物画・静物画など、同じものを描いても、描く人によって全く違う絵が出来上がる。まさに、経営そのものである。将来は真っ白だ。正解もない。自分の持っている時間・道具・絵具も決められている。その中で、どうするかを決めていく。

「後悔は先に立たず」

「言い訳するのもしないのも全て自分自身に返ってくる」

また、当書を読まれて、「改革／改善」の「良いとこどり」で少しでも明るい将来を自らの手を勝ち取ってほしい。

藤本　忠司

【参考文献】

■『デボノ博士の「6色ハット」発想法』（ダイヤモンド社）E・デボノ　著
■『わが上司後藤田正晴　決断するペシミスト』（文春文庫）佐々淳行著
■『【決定版】　モノ造りソリューション』（同友館）藤本　忠司著
■『調達デザインによる最適購買モデル』（生産性出版）藤本　忠司著
■『【改定2版】　購買が会社を変える「プロキュアメント革新」』（同友館）藤本　忠司著
■『組織が元気になる「業務改善マニュアル」』（中央経済社）藤本　忠司著
■『製造業のコストダウン戦術』（同友館）藤本　忠司著
■『大転換期の資材・購買部長完全マニュアル』（アーバンプロデュース）藤本　忠司著
■『日本経営品質賞アセスメント・ガイドブック』２０１３年版　経営品質協議会編

【著者】
藤本　忠司（ふじもと　ただし）
■公益財団法人　日本生産性本部　主席経営コンサルタント〔専属　経営コンサルタント〕
■中小企業診断士

■【略暦】
1959年（昭和34年）生まれ。

ローム株式会社へ入社後，生産本部および管理本部に所属する。

その後，「日本生産性本部　経営コンサルタント養成一年講座」を修了後，公益財団法人　日本生産性本部　主席経営コンサルタントとして，経営革新活動，生産革新活動等による大手および中堅企業を中心とした企業のコンサルティング・教育にあたる。

製造業（半導体・エレクトロニクス全般，自動車部品，機械，精密，金型，食品，金属加工，射出成型，重工業，造船等），建設・土木業，運輸倉庫業など幅広く経営革新活動・生産革新活動・サプライ・チェーン革新・業務改善活動等実績多数。その他，病院・サービス業などの経営革新活動も数多く推進している。

泥臭い本音の議論の中で会社を良くしていく独特のコンサルティング・スタイルをモットーに，「やることをしっかり決める」「決めたらしっかりやり切る」指導には定評がある。ライフワークは「改革／改善の職人」で，経営をよりよくする活動を展開している。さまざまな企業ごとに発生している違った課題を一緒に手を汚し解決することに，この上のない喜びを持ちながら，コンサルティングを実施している。

公益財団法人　日本生産性本部　主席経営コンサルタント〔専属　認定経営コンサルタント〕

通産省認定　中小企業診断士
日本経営品質協議会認定　日本経営品質賞アセッサー

ＡＰＱＣ認定　ベンチマーキング・インストラクター
毒劇物取扱者
危険物取扱者
有機溶剤作業主任者
特化物作業主任者

■【著書】
『製造業のコストダウン戦術』（同友館）
『【決定版】　モノ造りソリューション』（同友館）
『【改定2版】購買が会社を変える「プロキュアメント革新」』（同友館）
『組織が元気になる「業務改善マニュアル」』（中央経済社）
『調達デザインによる最適購買モデル』（生産性出版）
『大転換期の資材・購買部長完全マニュアル』（アーバンプロデュース）
『情報システム部門の業務改革』リーダ実践ガイド（共著：アーバン・プロデュース）
『ＩＥによる標準時間の設定手順』（共著：宣協社）
『ＩＥ手法による作業改善の進め方』（共著：宣協社）

【連載】
「製造業のサバイバル戦略」他　２００２年１月～２００８年12月（財団法人群馬経済研究所刊：調査月報）
「経営改善の視点」２００２年８月～９月（常陽産業研究所：ＪＩＲニューズ）
「コストダウンの進め方」他２００４年１月～３月，２００５年４月～２００６年３月（鹿児島銀行：ＫＥＲ地域経済情報）
「海外で通用する日本のマネジメント」２０１５年１月～３月（グローバル・ビズ）他

【連絡先】

〒１５０－８３０７
東京都渋谷区渋谷３－１－１
財団法人　日本生産性本部
コンサルティング部
ＴＥＬ：０３－３４０９－１１３０
ＦＡＸ：０３－３７９７－１８１０
Mail Adress : FZQ00653@nifty.ne.jp
URL : http : //www. jpc-sed. or. jp
URL : http : //www. j-management. com

2015年2月25日　初版第1刷発行

中堅中小企業トップのための
コンサルタントが伝授する経営改革マニュアル

著　者　©　藤　本　忠　司
発行者　　　脇　坂　康　弘

発行所　株式会社同友社
東京都文京区本郷3-38-1　（郵便番号113-0033）
TEL　03-3813-3966　FAX　03-3818-2774
URL　http://www.doyukan.co.jp/

落丁・乱丁はお取り替え致します。　三美印刷／松村製本
ISBN 978-4-496-05115-9　Printed in Japan